平安初期の王権と文化

笹山晴生著

吉川弘文館

序にかえて

この書は、私が一九八七年から二〇一〇年までの間に論文もしくは講演のかたちで発表した平安時代史に関する論考に手を加え、一書にまとめたものである。

私は日本古代史の研究を志してから、ことに政治や軍事の面に関心を持ち、一九七五年には中央公論社から『古代国家と軍隊―皇軍と私兵の系譜―』を刊行し、一九八五年には東京大学出版会から『日本古代衛府制度の研究』を刊行した。また政治史の分野について、一九六二年には「奈良朝政治の推移」を、一九七六年には「平安初期の政治改革」をそれぞれ『岩波講座日本歴史』に執筆するなどして、七世紀末から十世紀初頭にかけての政治の動きについて考察を深めてきた。

一方この間、大学での講義や演習を通じて古代の多くの文献に触れ、また『日本書紀』『律令』『続日本紀』などの注解作成の仕事にも携わって、この時代の社会や文化の動きに関心を深めるようになった。この書に載せる九篇の論考は、そうした自分の研究活動のなかから生まれたものである。

私は一九九三年にそれまで勤務してきた東京大学文学部を停年により退職し、その後の十年間は学習院大学文学部で教授として史学科の授業を担当した。大学や学会での講演に招かれ、自分の関心にもとづく話をしたこともあった。講義や演習を通じて問題の所在に気づいたことは多く、講演の機会に自分の研究の課題をまとめることにも努めた。

そうした活動の結果として本書はあるのであり、その間にはさまざまな方から多くの示唆や刺激を受けている。

前著『日本古代衛府制度の研究』を刊行したのは一九八五年であり、それからすでに三十余年の歳月が経過している。幸いに今日を迎えているのは、多くの方々のお力添えの賜物である。感謝の気持ちをこめて、この書物を捧げたい。

二〇一六年九月二十日

笹山晴生

目次

第二部 史書の編纂と文化の動向

第四章　藤原良房の史的位置
――時代の転機に果たした役割――

あとがき
索　　引

図表目次

第一部　平安初期の王権と武力

第一部へのまえがき

第一部に収めるのは、平安初期の政治、王権の性格に関する五篇の論文である。

第一章の「兵衛と畿内の武力―平城宮西宮兵衛木簡の分析から―」は、「兵衛に関する一考察―畿内武力との関係をめぐって―」と題し、一九八七年に吉川弘文館から刊行された青木和夫先生還暦記念会編『日本古代の政治と文化』に発表したものである。再録にあたって、論文の趣旨をより明確にするため、題目を改めた。この論文は一九八五年に刊行した『日本古代衛府制度の研究』の延長上にあり、令制五衛府のうちの兵衛の武力の実態について、平城宮跡出土の木簡を用いて分析したものである。兵衛の武力としては一般に地方の国造出身の兵衛が注目されるのに対し、実際には畿内およびその周辺の出身者が多いことを指摘し、七世紀以降の歴史のなかでの畿内の武力の役割について考察したものである。

この論文の発表後も衛府関係の木簡は平城宮跡・藤原宮跡などから出土しており、ことに近年は、平城宮のいわゆる東方官衙跡から衛府関係の官名・人名を記した木簡が大量に出土している。これらの木簡を史料として生かすには、新しい研究の手法が必要となろう。

第二章「検非違使の成立」から第五章「平安時代の王権」までの四篇は、大学や学会での講演の内容を文章化したものである。したがって個々の事実の論証に踏み込まず、問題の所在や研究の見通しを示唆するかたちのものが多い。

第二章「検非違使の成立」は、九世紀初頭、嵯峨朝に成立した検非違使について、官司としての特異性やその成立の過程について述べ、天皇の強い権力を背景にしたこの官司が、なぜこの時代に成立し、長くその力を持ったのかについて考えている。

第三章「滝口の武者―その武力をめぐって―」は、九世紀の末、宇多天皇のときに置かれた滝口の武者について、武力としての性格や設置の事情などについて述べ、院政期に至るまでの変遷を概観したうえで、滝口の武力を呪術的・象徴的なものとして捉えようとする近年の研究について疑問を提示している。

第四章「政治史上の宇多天皇」は、即位から退位後に至るまでのその活動の様相について触れ、天皇の治世が嵯峨天皇の治世を範とし、それを継承するものであるとともに、のちの摂関・院政期の天皇・上皇のありかたにも大きな影響を及ぼしていることを述べている。

最後の第五章「平安時代の王権」は、二〇〇五年七月二十三日に学習院大学で開かれた日本歴史学協会総会での記念講演の内容を論文化し、二〇〇七年刊行の同会年報二二号に掲載したものである。本書第四章の「政治史上の宇多天皇」をはじめ、この時期にいくつか発表した論文や講演の内容を踏まえ、私なりに平安時代の王権の沿革を通観しようとしたものであるが、個々の事象の検証には至らず、大風呂敷を広げたと言われても仕方がない。忌憚のない御意見を待ちたいと思う。

第一章　兵衛と畿内の武力

――平城宮西宮兵衛木簡の分析から――

はじめに

大宝・養老令制の五衛府のうち、武力として衛士とともに注目されるのは、左右兵衛府の兵衛八〇〇人である。兵衛はツハモノノトネリといわれ、大化前代の舎人の武力を継承したもので、七世紀後半の天武朝には早くも成立し、九世紀初期の衛府制度改革の後まで存続した。令制五衛府のなかでもっとも伝統的で、変化の少ない存在であったといえる。また八世紀に新たに成立した中衛府・近衛府・外衛府の武力がいずれも舎人を称し、兵衛と共通する性格を持っていることや、その任務が天皇側近の守衛というもっとも重要なものであったことからも、兵衛の武力が令制五衛府のなかで基幹的な武力であったことは間違いない。

養老軍防令では、兵衛の任用について、㈠郡司子弟の貢上（38兵衛条）、㈡内六位以下八位以上の嫡子の中等者からの採用（47内六位条）という二種の方途を規定している。このうち㈠が、大化前代の国造など在地首長の服属の表徴としての舎人の貢上に由来するものであり、兵衛の伝統的な武力としての性格を示すものであることは、早くから指摘されているところである。[1]しかし㈡については、それがどのような歴史的過程を経て成立した制度であるのか、

㈠とどのような関係にあるのか、等の問題について、井上薫・平野邦雄などを除いては、(2) 関説されることがきわめて少ないように思われる。

かつて私は、この問題について、㈠が檜隈舎人・金刺舎人など、六世紀前半以後に成立した、主として東国国造層の子弟を貢上させる体制から出発したものであるのに対し、㈡は、長谷部舎人・白髪部舎人など、主として五世紀代の、名代の部によって資養される、畿内およびその周辺の小氏族の出身者からなるトモとしての集団に由来するものではないかと推測し、八世紀の兵衛の実例についても、この両様のものが見られることを指摘した。(3) このような仮説が成立するかどうかははなはだ心もとないが、ここではそのような問題意識を踏まえ、令制下の兵衛の実態について、ことに畿内武力との関係に注目しつつ、より立ち入った考察を行うことにしたい。

一　平城宮西宮兵衛木簡の分析

天武朝から大同三年（八〇八）の六衛府制成立に至るまでの間に兵衛として名の見える者は、表1の通りである。左右計八〇〇人の定数を擁する兵衛の百余年間の総数と較べて、その数はあまりにも少なく、偶然に史料に名を留めたこれらをもって全体を察することは、かなり無理があるといわなければならない。

しかし幸いなことに、ある特定の時期の、かなりの数の兵衛の集団の姓の知られる例が一つある。すでに周知の史料である、平城宮跡出土のいわゆる西宮兵衛木簡の一群がそれである。これらの木簡は、一九六三年、平城宮跡の推定第二次内裏外郭部東北隅のSK八二〇土壙から出土した計四三点で、天平十七年（七四五）―十九年（七四七）頃のものと推定され、その内容は西宮（中央部大極殿の恭仁宮移転後に造営された、推定第二次内裏か）諸門などの守衛に当

表1　左右兵衛府在任者一覧（天武8年～大同3年）

左右	年　時	姓　名	資料・備考
	天武8・3・丙戌	大分君　稚見	日本書紀
	持統3・7・辛未	生部連　虎	日本書紀
右	神亀3・	出雲臣　国継	山背国愛宕郡雲上里計帳（古1―337頁）
左	天平5・	次田連　福徳	右京計帳（古1―487頁）
左	天平9以前	大荒木　牛養	賦役令21集解古記
	天平17～19	牟儀　猪養	（兵衛か）平城宮木簡54
	〃	県　若虫	〃　〃　54
	〃	日下部　太万呂	〃　〃　100
右	天平宝字2・9・5	牟佐　人成	造東寺司解案（古14―40頁）
左	〃　5・5・丙申	達沙　仁徳	続日本紀（河内国志紀郡の人）
右	〃　6・正・18	物部　東人	右兵衛物部東人解（古5―65頁ほか）
左	〃　7・10・乙亥	板持　鎌東	続日本紀
	（年時不明）	狛首　乙山	平城宮木簡（概報14―12・13頁）
右	延暦7・12・23	江野臣　老麻呂	大和国添上郡司解（平安遺文5）
右	延暦23・4・壬申	山村曰佐　駒養	日本後紀

たる兵衛の結番の交名を記したもの、もしくはそれらの兵衛などに対する食料の請求に関するものである。(4) これらの木簡は、その大部分が同一時期のものである可能性が強い。したがって、これらの兵衛の姓を分析することによって、天平期の兵衛がどの地域のどの階層から採用されていたのか、その分布の大体を把握することができると考えられる。(5)

これらの木簡に見える兵衛の姓は、計五一である。以下やや煩瑣ではあるが、個々についてその調査の結果を記してみたい。順序は『平城宮木簡』の番号に従い、姓氏名の下のカッコ内に、その姓氏の見える木簡の番号を示した。

(1)　磯（九一）『皇太神宮儀式帳』に、孝徳朝の伊勢国度会評の助督磯連牟良が見える。磯部であるとすれば、同儀式帳の伊勢国多気評の助督磯部真夜手をはじめ各地に見られ、とくに天平神護二年五月物部公姓を賜わった上野国甘楽郡の人磯部牛麻呂は、同郡の人に中衛物部公蜷淵がいることから注目される。(6) しかし木簡の記載から見ると、ことさらに「部」字を省いたとは考えられない。

(2)　宗我（九一）　宗我部首もしくは宗我部か。『新撰姓氏録』河内皇別に蘇宜部首があり、平城宮跡出土木簡に、同国讃良郡山家郷の人宗我部飯麻呂が見える（概報六―八頁）。宗我部はこの他各地に広汎に分布する。

(3)　八戸（九一）『新撰姓氏録』河内諸蕃に八戸史。『三代実録』元慶三年十月二十二日条に河内国検非違使八戸史野守らに姓高安宿禰を賜わったとある。同条によると、野守らの祖高向公陽倍が孝徳朝に高安郡を立てたとある。

(4)　河内（九一・九四〈五百足〉・一〇三〈同〉・一一八）『新撰姓氏録』河内諸蕃に河内連。百済系の渡来氏族で、本来は河内直。『三代実録』貞観四年三月二十日条に、河内国河内郡大領の河内連田村麻呂が見える。あるいは摂津・河内神別の凡河内忌寸の可能性もある。

(5)　養徳（九一）『和名抄』に大和国城下郡大和郷。大倭国造の大倭宿禰、もしくは大倭連か。「(大)養徳」の表記は、天平九年（七三七）十二月、大倭国を大養徳国と改めたことによる。天平十四年十一月十七日の優婆塞貢進解（古文書二―三一八頁）に、城下郡大領の大養徳連友足が見える。

(6)　若麻（九一）若麻績部の略か。『和名抄』下野国芳賀郡若続郷、『続日本紀』延暦元年五月乙酉条に同安蘇郡主帳若麻続部牛養、『万葉集』巻二十、上総国の防人に若麻続部諸人がある。東国出身者の可能性が強い。

(7)　石前（九一）『和名抄』丹波国氷上郡に石前郷があり、類似の姓氏に石作があるが、未詳。

(8)　錦部（九一・九二・九八・一〇二・一一〇・一二五）『和名抄』河内国錦部郡、同若江郡錦部郷。『新撰姓氏録』河内諸蕃に錦部連。なお錦部郡には錦部毗登（首）姓もあり、また『姓氏録』和泉諸蕃にも錦部連がある。

(9)　道守（九一）中央貴族としての道守朝臣、もしくは道守臣か。『新撰姓氏録』は左京・河内・和泉の皇別に道守朝臣、右京・山城・摂津・河内の皇別に道守臣を載せる。延喜十一年四月十一日の東大寺上座慶賛愁状（薬師院文書、平安遺文二〇六号）には、大和国添上郡少領として道守是則の名が見える。

⑽　枝井（九一）『平城宮木簡』（一）解説では榎井・朴井かとしているが、上代特殊仮名遣では、枝はヤ行のエ、榎・朴はア行のエである。枝井は他に所見がない。榎井であるとすれば物部氏の一族で、壬申の乱に朴井連雄君が活躍し、践祚大嘗祭・元日朝賀の儀に石上氏とともに楯槍を立てる役を継承するなど、武門としての家柄である。

⑾　田部（九一）田部忌寸・田部臣・田部直などもあるが、ここは桜井田部宿禰（連）か。河内国の桜井屯倉を管理した氏族で、『日本書紀』崇峻即位前紀には、物部守屋の配下に桜井田部連胆渟があり、その飼い犬が餌香川原で戦死した主人の屍を守ったとの伝承がある。ただし『三代実録』貞観十五年十二月二日条には、讃岐国三野郡の人右近衛将監桜井田部連豊貞の名が見えるので、ここも讃岐国の可能性がある。

⑿　尾張（九一・九二・一一〇）尾張宿禰（連）。尾張国愛智郡・春部郡・中島郡・海部郡の郡領に尾張宿禰が見える(7)。

⒀　室（九二・一一二・一一四・一二二）『和名抄』に紀伊国牟婁郡、大和国葛上郡牟婁郷がある。姓としては他に所見がないが、『続日本紀』神護景雲三年四月癸卯条に牟漏采女熊野直広浜の名が見えることからすれば、紀伊国牟婁郡の郡領の姓は熊野直であると推測されるから、ここは大和国出身の兵衛か。

⒁　矢田部（九二・一一八・一二〇）畿内に本拠をもつ、矢田部を管掌する氏族か。『新撰姓氏録』には、左京神別に矢田部連、摂津神別に矢田部造、また河内神別に矢田部首がある。他に山背国宇治郡にも矢田部造が居住する（東南院文書）。『続日本紀』天平宝字八年九月己巳条に見える中衛将監矢田部老も、矢田部連もしくは矢田部造であろう。

⒂　膳（九二）膳臣（朝臣）氏の本宗は、天武朝に高橋朝臣に改姓した（『新撰姓氏録』）。豊前国京都郡少領に膳臣広国（『日本霊異記』上ノ三〇）、同国仲津郡の権少領に膳（臣か）東人（『続日本紀』天平十二年九月己酉条）があり、膳

臣は他に若狭にも分布する。ここも畿外出身の兵衛か。
⒃　川上（九二・九七・九八・一〇一・一〇四〈足桙〉・一二二〈同〉）『日本書紀』雄略二年十月条に河上舎人部を定めたとあり、『三代実録』貞観四年七月二十八日条に近江国犬上郡の人川上舎人名雄を右京職に貫附したとある。『新撰姓氏録』右京神別に川上首を載せる。
⒄　茨田（九二・九五・九五・九七・一〇一・一〇二・一〇五・一一二・一二二・一三四）『和名抄』に河内国茨田郡茨田郷、『新撰姓氏録』河内皇別に茨田宿禰（もと連）、同諸蕃に茨田勝がある。なお山背国紀伊郡にも茨田（連）姓が分布する。
⒅　舘（九二・一〇八）　未詳。
⒆　檜前（九二）　同一土壙出土の八一号木簡に檜前舎人倭麻呂の名が見える。檜前舎人姓は駿河・武蔵にあり、ここも東国出身の舎人か。
⒇　漆部（九二・一〇〇）　天平宝字八年（七六四）の恵美押勝の乱に活躍した人物に漆部直伊波があり、翌天平神護元年、勲六等、右兵衛佐となり、神護景雲二年（七六八）には姓相模宿禰を賜わり、相模国造に任じられている（『続日本紀』）。他方『和名抄』には大和国宇陀郡に漆部郷があり、『日本霊異記』には同里の人漆部造麻呂が見える（上ノ一三）。
(21)　三野（九二・九七・九八・一一〇）『延喜式』神名に河内国若江郡御野県主神社二座。『新撰姓氏録』河内神別に美努連（もと三野県主）がある。備前国津高郡少領に三野臣浪魚の名が見えるが（古文書六—五九二頁ほか）、ここはやはり、河内国若江郡の三野連であろう。
(22)　土師（九二・九八・一〇八・一二七）『和名抄』河内国志紀郡・丹比郡に土師郷。『新撰姓氏録』では右京・山

城・大和・和泉の神別に土師宿禰（もと連）、摂津・和泉の神別に土師連がある。『続日本紀』天平宝字四年十一月丙申条に、中衛舎人土師宿禰関成の名の見えることが注目される。ここは畿内、ことに河内もしくは和泉出身の土師宿禰・土師連か。

(23)　田口（九四〈牛甘〉・九六〈同〉・一〇三〈同〉）　蘇我氏の一族。『新撰姓氏録』左京皇別に田口朝臣があり、蝙蝠臣が推古朝に大和国高市郡田口村に住したので、田口臣と号したとある。大化元年（六四五）の古人大兄皇子の変に川堀（蝙蝠か）が加わり、同五年の蘇我石川麻呂の変には筑紫が坐して処刑されている。八世紀の衛府官人には、右兵衛率益人（和銅二年）、右衛士佐安麻呂（神護景雲元年）がある。

(24)　日下部（九五・一〇〇〈万呂〉・一一二）『和名抄』和泉国大鳥郡に日下部郷、『延喜式』巻九神名上に同郡日部神社、『新撰姓氏録』和泉皇別に日下部首がある。天平二年書写の『瑜伽師地論』巻二十六の跋語に、和泉監大鳥郡大領日下部首麻呂の名が見える。

他方、『新撰姓氏録』には、山城・摂津の皇別に日下部宿禰（もと草壁連）があり、衛府官人として、右衛士督老（類聚三代格巻十八養老六年二月二十二日勅）・左兵衛督子麻呂（天平宝字元年）が活躍している。また、摂津国武庫郡大領として、同姓浄方の名が見える（『続日本紀』天平神護二年九月壬申条）。摂津国にはこのほか、東成郡擬少領主守（「東南院文書」天平宝字四年十一月十八日安宿王家家地倉売買券、古文書四―四五二頁）など、日下部忌寸姓の郡領も存在する。

さらに但馬国には、養父郡・朝来郡の郡領としての日下部氏があり、『日下部系図』別本（『続群書類従』系譜部所収）では、弘道・大継・子祖父の三名に「国造兵衛」（もしくは国造兵衛尉）の注記がある。(8) そのほか、豊後国には日下部君・日下部連姓の郡領があり（天平九年正税帳）、東国にも、伊豆国造・伊豆直姓を賜わった日下部直（『続日本紀』天平十四年四月甲申条）、上総国周准郡大領たる日下部使主（正倉院調細布銘）がある。ここは畿内出身の日下部宿禰・日下部忌寸・日下部首姓か、畿外の郡領の子弟か、いずれの可能性もあるが、『日下部系図』の「国造兵衛」の記載を重く見て、但馬国の郡領氏族の出身者と見ておきたい。

(25) 鴨（九五）　賀茂朝臣もしくは賀茂君。大倭・大神・倭漢氏などと並ぶ大和の有力な土着豪族。葛上郡を本拠とし、賀茂神（鴨都波八重事代主命神社）を祀る。八世紀には角足が紫微大忠・左兵衛率などとして活躍、天平宝字元年（七五七）の橘奈良麻呂の変に関わって獄死する。虫麻呂も天平勝宝年間に右兵衛率であり、同八歳（七五六）五月、左衛士督坂上犬養とともに聖武天皇の山陵に侍することを請い、表彰されている。また天平宝字年間には、中衛舎人賀茂君継手も存在した（『続日本紀』天平宝字元年八月甲午条）。

(26) 奈林（九五・九七・九八・一〇一）　他に不見。ただし河内国志紀郡に拝師郷があり、同郷に居住する大伴氏を伴林宿禰といい、伴林神社を祀っている例からすれば（『続日本後紀』天長十年二月丙戌条・『延喜式』巻九神名上）、この同郷に居住する氏族とも見られる。

(27) 上（九六〈広足〉・九九・一〇四〈広足〉・一一二）　九六・一〇四号木簡の上広足は、宝亀五年の奉写一切経経師写経手実帳に名の見える人物である（古文書二二―四五二頁以下）。上氏には上村主・上曰佐・上忌寸・上連・上勝等があるが、写経所で活躍した上村主馬養は河内国大県郡津積郷の戸主であるから、ここの広足を正倉院文書中の広足と同一人とすれば、河内国の人である可能性が強い。なお天平宝字四年六月の文書に、中宮職の舎人上村主真人の名があり（古文書一四―三九九頁）、また天平神護元年（七六五）閏十月の称徳天皇の河内行幸時に、上村主五十公に叙位が行われ、同人が河内国大県郡の人であったこと（『続日本紀』神護景雲三年八月癸丑条）も注目される。『和名抄』には同郡に賀美郷がある。

(28)　安曇（九六〈島〉）『新撰姓氏録』に安曇宿禰（右京神別）・安曇連（河内神別ほか）等がある。安曇宿禰はもと連で、比羅夫が百済救援の役に将軍として活躍した。ただし隠岐国海部郡少領に阿曇三雄があり（古文書一―四五六頁）、畿外郡司層の出身の可能性もある。

(29)　大原（九六〈大魚〉・一〇九・一二〇〈大魚〉）『新撰姓氏録』摂津諸蕃に大原史がある。同国嶋上郡大原駅を本拠とする氏族であろう。天平宝字八年の恵美押勝の乱に押勝方にあったと見られる左兵衛佐宿奈麻呂は真人姓であり、天武天皇の後裔である。この他正倉院文書には、大和国平群郡坂門郷に本拠を持つ大原史もある（古文書二五―九三頁）。

(30)　民（九六〈金万呂〉）大和国高市郡に居住する倭漢氏の一支族。もと民直。天武朝に連、ついで忌寸と改姓。天平十七年十月、右兵庫大允民伊美吉古麻呂（古文書二―四七七頁）、天平神護元年十二月、左衛士佐民忌寸総麻呂（『続日本紀』）の名が見える。他に尾張国春部郡大領に民連がある。

(31)　大伴（九七・九八・一〇〇）大伴宿禰は伝統的な武門で、八世紀の諸衛の長官・次官の地位を多く占める。同時に大伴氏は、大和・紀伊などの在地勢力としても注目すべき存在である。『日本霊異記』には、大部屋栖野古連を紀伊国名草郡宇治の大伴連らの祖とし（上ノ五）、『続日本紀』神亀元年十月壬寅条には、同郡少領大伴櫟津連子人の名が見える。他方東国に、安房国造の大伴直（国造本紀）、武蔵国多磨郡大領の大伴（直）（『日本霊異記』中ノ九）があり、また隠伎国役道郡大領に大伴部がある（古文書一―四六〇頁）。

(32)　綾（九八・一〇五）讃岐国阿野郡を本拠とする氏族。日本武尊の子武卵王（建貝児王）を讃岐綾君の祖と伝える（『古事記』・『日本書紀』）。天武十三年、綾公に朝臣を賜姓。ここは讃岐国の在地の郡領としての綾公か。

(33)　春部（九九・一二五）春日部、もしくはそれを管掌する伴造氏。尾張国に春日郡があるほか、地名としての春日郷（里）・春部駅、人名としての春日部は各地に分布しており、特定しえない。『続日本紀』天平宝字四年十一月丙中条に、授刀舎人春日部三関の名が見えることが注目される。

(34) 大野（九九）　中央貴族としての大野朝臣か。壬申の乱時の近江方の将に果安があり、その子東人は八世紀の征夷や内乱鎮圧に活躍、天平十四年没した。天平十七年四月二十一日の左兵衛府移に、大志大野我孫麻呂の名の見えることが注目される（古文書二―四二五頁）。この後も、陸奥鎮守判官横刀（『続日本紀』天平勝宝元年閏五月甲辰条）、恵美押勝の乱に孝謙上皇方にあって活躍した真本（同天平宝字八年九月壬子条）、伊治城の築造に功のあった石本（同神護景雲元年十月辛卯条）などがあり、平安初期にも、左近衛中将真雄、その子右近衛中将真鷹などの武人を輩出している。

(35) 船（九九）　船連（もと史）。河内国丹比郡に住む、王辰爾を祖とする渡来氏族。平城宮木簡（三―三〇〇七）に「大尉船連船主」があるが、五衛府のいずれかは不明。また貞観五年（八六三）八月、河内国丹比郡の人左兵衛権大志船連貞直に御船宿禰の姓を賜わっている（『三代実録』）。

(36) 達沙（九九）　『続日本紀』天平宝字五年五月丙申条に、左兵衛河内国志紀郡の人達沙仁徳らに姓朝日連を賜わったとあり、ここの達沙は仁徳である可能性が高い。同五年三月庚子条には、仁徳を高麗人と記している。『日本書紀』斉明二年八月条に高麗の大使達沙があり、同使が帰化したものか。

(37) 丹比部（九九・一〇二）　丹比部の管掌者としての蝮部（丹比部）臣（出雲国仁多郡大領・同秋鹿郡権少領、『出雲国風土記』）・蝮部公などか。河内国丹比郡よりは、むしろ畿外出身者の可能性が強いかと思われる。

(38) 額田（一〇〇・一〇二・一一三）　『和名抄』に大和国平群郡額田郷がある。天武十三年連姓から賜姓された額田部宿禰、もしくは倭漢氏系の額田村主（「坂上系図」所引姓氏録逸文）[9]か。ただし河内国河内郡にも額田郷があり、

『新撰姓氏録』河内皇別に額田首があるから、河内国の出身者とも考えられる。また、出雲国大原郡の郡領としての額田部臣（『出雲国風土記』）、長門国豊浦郡の郡領としての額田部直（天平十年周防国正税帳・『続日本紀』天平十二年九月戊申条・同神護景雲元年四月戊申条）等である可能性もある。

(39)　林（一〇〇・一三二）『和名抄』に河内国志紀郡拝志郷。『新撰姓氏録』河内皇別に林朝臣（もと臣）、同神別に林宿禰（もと連）、同諸蕃に林連がある。出雲国にも林臣姓があるが、ここは河内国の林氏であろう。

(40)　神（一〇〇・一三二）大和国の大神朝臣（もと三輪君）であれば、大神もしくは三輪と書くであろうから、ここは神直・神首等で畿外の出身者か。

(41)　各務（一〇〇・一二七）『和名抄』に美濃国各務郡各務郷。大宝二年の同郡中里戸籍に少領各牟勝小枚（古文書一―四六頁）、『三代実録』貞観八年七月九日・同二十六日条に美濃国各務郡大領各務吉雄・同厚見郡大領各務吉宗の名が見える。美濃国の郡領子弟。

(42)　秦（一〇〇・一三二）山城国葛野郡を本拠とする渡来系の雄族で、八世紀においても、天平十二年の聖武天皇の伊勢行幸時の供奉をはじめ、政変時に氏族単位の武力として活躍している。『三代実録』元慶五年十月十日条の左近衛秦忌寸常吉をはじめ、平安時代には左右近衛府の下級官人・舎人として著しい活躍を見せる。近江・摂津などにも分布するが、ここはやはり山城の秦集団の人か。

(43)　県（一〇〇）五四号木簡の兵衛府召喚状に見える県若虫（四四一号木簡にも見える）であろう。召喚の対象としての牟儀猪養が美濃国武儀郡出身の兵衛であるとすると、『平城宮木簡』一の解説が指摘するように、この若虫は大宝二年御野国加毛郡半布里戸籍に見える県造若虫（当時六歳）と同一人の可能性がある。美濃国には方県郡があり、大宝二年の加毛郡戸籍には、県造のほか、県主・県主族の姓が多数見える。

(44)　服結（一〇〇）　服部か。『新撰姓氏録』では大和・摂津の神別に服部連、河内神別に服連を載せる。

(45)　君子（一〇六・一一三・一三三）　宝亀十年九月、吉弥侯横刀が近衛将監となり、延暦二年正月には、「夙夜在公、恪勤匪懈」とのことで従五位下に叙され、同三月、下毛野朝臣の姓を賜わっている。また天平勝宝八歳二月六日の相模国朝集使解に、同国鎌倉郡司代君子伊勢麻呂の名が見える（古文書四―一一四頁）。東国もしくは陸奥・出羽の出身者であろう。

(46)　春米（一〇七）　『新撰姓氏録』左京神別に春米宿禰（もと連）がある。他方筑前国糟屋評造に春米連があり（妙心寺鐘銘）、同国には搗米氏が分布する。ここは筑前国の郡領の子弟か。

(47)　多紀（一〇九）　丹波国に多紀郡。『古事記』に孝昭天皇の皇子天押帯日子命を多紀臣の祖と伝える。延喜十五年九月十一日の東寺伝法供家牒（東寺文書、平安遺文一―二一二号）の郡判に、多紀郡権大領多紀臣安氏の名が見える。丹波国の郡領の子弟か。

(48)　敢（一一三）　伊賀国に阿拝郡。『延喜式』巻九神名上に、同郡敢国神社がある。天平二十年十一月十九日の同郡柘殖郷舎宅墾田売買券に加えられた翌天平勝宝元年六月二十四日の郡判などに、大領敢朝臣安万呂の名が見える（古文書三―一三五・五〇一頁）。

(49)　鳥取（一一七）　『和名抄』に河内国大県郡・和泉国日根郡に鳥取郷。『新撰姓氏録』にも河内・和泉の神別に鳥取がある。『正倉院文書』に河内国高安郡の人鳥取連国麻呂の名が見える（古文書一五―一三三頁他）。『姓氏録』には右京・山城の神別に鳥取連があり、また出雲国には鳥取部臣・鳥取部造・鳥取部首等があるが、ここは河内・和泉の出身者か。

(50)　紀（一一八）　中央貴族としての紀朝臣、もしくは紀伊国造としての紀直か。紀朝臣（もと臣）は伝統的な武門で、八世紀にも征夷等の将軍として活躍。衛府官人としても、ことに宝亀—延暦年間に多くの人材を輩出している。なかでも注目されるのは、天平宝字八年の恵美押勝の乱に、孝謙上皇方にあって授刀として活躍、のち近衛大将にまで昇進した船守、また延暦二年正月、「夙夜在」公、恪勤匪」懈」として叙位された右兵衛佐木津魚等である。他方紀直には、紀伊国名草郡大領として、摩祖（『続日本紀』神亀元年十月壬寅条）・国栖（同天平神護元年十月庚辰条）がある。(10)このほか紀氏の郡領としては、豊前国上毛郡擬大領紀宇麻呂の名が見えるが（同天平十二年九月己酉条）、衛府官人・舎人としての活躍から見て、ここは中央貴族としての紀朝臣か。

(51)　軽（一二六）　軽部朝臣（もと臣）・軽部造等もあるが、「軽」とのみあることからすれば、軽忌寸（「坂上系図」所引姓氏録逸文）か。軽は大和国高市郡の地名。軽忌寸は同郡に居住する倭漢氏の一支族でもと直。『常陸国風土記』久慈郡の条に、天智天皇代の中央からの使人として、軽直里麻呂の名が見える。

以上の考察をもとに、平城宮西宮兵衛木簡記載の兵衛についてその出自を分類してみると、なかには断定できないものを多く含むものの、ほぼ次のようになるであろう。

A　武門としての中央貴族、もしくはそれに準じる氏（四氏）—大伴・大野・紀・道守。

B　畿内に基盤を持つ在地の中小豪族（二五氏）

［大和］額田（平群郡）・室（葛上郡）・養徳（城上郡）・田口（高市郡）・民（同）・軽（同）。

［河内・和泉］錦部（錦部郡・若江郡）・上（大県郡）・八戸（高安郡）・河内（河内郡）・田部（同）・宗我（讃良郡か）・茨田（茨田郡）・三野（若江郡）・奈林（志紀郡）・達沙（同）・林（同）・船（丹比郡）・土師（河内もしくは和泉）・鳥取（同）。

［摂津］大原（嶋上郡）。
［山城］秦（葛野郡）。
［その他］服結・矢田部。

C　畿外の伝統的在地首長（十氏）
i　敢（伊賀）・尾張（尾張）・各務（美濃）・県（同）・多紀（丹波）・日下部（但馬）・綾（讃岐）。
ii　磯（伊勢）・勝（若狭・豊前）・春米（筑前）。

D　近国・東国の在地層（四氏）―川上（近江）・若麻（東国）・檜前（同）・君子（同）。

E　その他不明、もしくは出自を確定しえない氏（八氏）―石前・枝井・錦・漆部・安曇・春部・丹比部・神。

以上の分類に大きな誤りがないとすれば、そこで注目されるのは、Bの畿内の中小豪族、なかでも河内・和泉出身者の多さである。河内・和泉関係の氏族は五一氏のうち一四氏にのぼるが、木簡に出現する頻度数からいうと、総数一一三のうち四四となり、ほぼ四割に近い。すでに『平城宮木簡』一の解説が指摘しているように、九五号木簡には茨田姓の者が二名見えており、これらの氏のなかには、同一氏で二名の兵衛を同時に出しているものも存在することを示している。

先に述べたように、大宝・養老令制の兵衛の定員は、左右兵衛府各四〇〇人である。このうち郡司の子弟として貢上される者は、全体のほぼ半数であると推定される(11)。『延喜式』における河内国の郡は一四で、それは木簡の年代である天平十七―十九年まで遡ると推定されるから、河内国の場合、郡司子弟から兵衛として貢上される者は、軍防令38の規定により、十四の三分の二の一〇人となる。しかし河内国出身の兵衛がこれ以上に達していたことは確実で、茨田氏のように一氏で二人以上の兵衛を出しているものがあり、またたとえば志紀郡に本拠を持つ可能性のある氏に、奈林・達沙・林・土師の四氏があることからもそれは推測される。したがって、河内国出身の兵衛の場合、郡司子弟として貢上された者はむしろ少なく、大部分はそれ以外の経路、すなわち軍防令47内六位条の規定により、いわゆる位子として出身した者であったと推測される。左右兵衛府全体として見た場合、現実には郡司子弟からの貢上というよりは、むしろ畿内の中小豪族からの、位子としての出身者がより大きな比重を占めていたという事態が推測されるであろう。先に掲げた左右兵衛府在任者一覧（表1）によっても、その中には、牟佐（大和）・板持[12]（河内）・狛首（河内もしくは山城）・山村曰佐（大和もしくは山城）など、明らかに畿内出身と見られる者が多いのである。

ところで、視野を広げて、この時期の左右兵衛府の官人構成全体について見てみよう。大宝以後天平宝字元年の橘奈良麻呂の変に至るまでの左右兵衛府官人は、左記のとおりである（表2）。これらの中には、大伴・大野・鴨・日下部など、西宮兵衛木簡と共通する姓が相当程度見られる。左右兵衛府以外の衛門府・左右衛士府について見ると、大伴・佐伯両氏が長官（督）・次官（佐）の地位を多く占めるが、その中で倭漢氏の坂上犬養が、天平二十年から天平宝字七年に至るまで、長期にわたって左衛士督の要職を占めていることがとくに注目される[13]。この間左右兵衛府の長官は、同じく大和国の土着の豪族である鴨氏の角足・虫麻呂が占めていた。これらの点から、天平年間の衛府の構図として、大伴・佐伯・橘・藤原氏などの中央豪族のもとに、坂上・鴨など大和の在地性の強い豪族がその実権を握り、彼らを中心に、畿内の中小豪族と畿外の在地首長層とを兵衛あるいは中衛・授刀舎人などの武力として結集させる体制が存在していたことが浮かび上がってくるのではあるまいか。

天平期の左右兵衛府における畿内武力の存在の大きさを確認したうえで、そのような畿内武力の系譜について、兵衛の制度と関連させ、歴史的にあとづけることを以下に試みたい。

表2　左右兵衛府官人在任者一覧（大宝元年～天平宝字元年）

(1)　率（督）

左右	任官年時	姓　名	資　料	備　考
*右	大宝元・正・丁酉	坂合部宿禰大分	続日本紀	任遣唐副使
左	和銅元・3・丙午	佐伯宿禰垂麻呂	〃	
右	〃	高向朝臣色夫知	〃	和銅2・11転山背守
右	〃　2・11・甲寅	田口朝臣益人	〃	
右	天平4・10・丁亥	大伴宿禰御助	〃	
*右	〃　9・8・壬寅朔	橘宿禰佐為	〃	この日卒，中宮大夫
左	〃　10・閏7・丁巳	小野朝臣東人	〃	
*左	天平勝宝元・8・辛未	鴨朝臣角足	〃	兼紫微大忠．天平勝宝8・7にも在任（東大寺献物帳）
*右	〃　8・5・乙亥	鴨朝臣虫麻呂	〃	
左	天平宝字元・6・壬辰	日下部宿禰子麻呂	〃	
右	〃	石川朝臣人公	〃	

(2)　翼（佐）

左右	任官年時	姓　名	資　料	備　考
*左	（天平9以前）	葛井連男成	集解古記	賦役令21免朞年徭役条
*左	天平勝宝6・正・4	大伴宿禰千室	万葉	20―4298.「督」は「翼」か

(3)　その他

官　職	任官年時	姓　名	資　料
*左兵衛大志	天平17・4・21	大野我孫麻呂	左兵衛府移（古2―245頁）
*　〃　大直	〃	安倍朝臣宮道	〃
*右兵衛少直	〃	津史秋主	右兵衛府移（古2―426頁）
*（左右兵衛か）少志	（天平17～19）	櫓原造総麻呂	平城宮木簡61
*左兵衛府生	天平20・正・9	文忌寸子虫	正倉院宝物銘文集成7頁

（備考）(1)　＊は任官年時不明で，初出の年月を示す．
(2)　大直・少直は大宝令における左右兵衛府の第3等官の称で，養老令の大尉・少尉に当たる．

二　畿内武力の系譜

1　六―七世紀の政変

六世紀末から七世紀にかけては、東アジアをめぐる国際的緊張が激化するとともに、国内においても支配層内部の権力抗争が激化し、政変があいついで起こった。しかし六七二年の壬申の乱を除いては、政変にさいしての武力衝突が畿外にまで及んだことはなく、また武力的にも、畿外からの武力の動員が行われたと見られる例はない。

敏達天皇十四年（五八五）、天皇崩後の殯宮の儀において蘇我馬子と物部守屋との対立が尖鋭化し、三輪君逆は隼人に殯庭を守衛させた(14)。翌用明元年五月、逆は殯宮に入ろうとした穴穂部皇子に対し、「兵衛」に命じて宮門から入るのを拒ませ、このことから皇子と物部守屋によって誅殺された。三輪氏はいうまでもなく大神神社を祀る大和土着の豪族であり、逆は敏達天皇の信任を受け、内外の事を委任された人物であったという。ここでの「兵衛」は宮門の守衛者に対する後代の制度からする表現であると思われるが、大和土着の豪族である三輪君が宮門守衛者の統率に当たっていることは、注目に値しよう。

用明二年（五八七）、天皇の没後、蘇我馬子のもとに結集した皇族や大夫層によって物部守屋は滅ぼされる。この事件で、蘇我馬子方の武力として迹見首赤檮、物部守屋方では捕鳥部万の活躍が伝えられている。前者は大和国添下郡鳥見郷、後者は和泉国日根郡鳥取郷と関係ある氏族であろう。物部方の戦死者の中にはまた桜井田部連胆渟があり、河内国河内郡の出身者と考えられる。物部方の武力は、ことに河内・和泉地方の在地武力であったと推測される。

用明天皇の没後即位した崇峻天皇は、崇峻五年（五九二）、馬子と対立し、東漢直駒によって殺害された。大和国高市郡を本拠とする渡来氏族倭漢氏は、この後蘇我氏の武力として活躍し、皇極朝には蝦夷・入鹿の邸宅を守衛し、中大兄皇子らによる六四五年の政変においても蝦夷の側に立って軍陣を張った。他方、皇極二年（六四三）の山背大兄王の変では、三輪文屋君が王の配下の軍の指揮者となり、その下には、やはり大和の出身かと見られる舎人田目連・菟田諸石らが従っている。また孝徳天皇即位後の大化元年（六四五）の古人大兄皇子の変で、皇子に従った蘇我田口臣川堀・物部朴井連椎子・吉備笠臣垂・倭漢文直麻呂・朴市秦造田来津も、吉備笠臣を除くと、いずれも大和を中心とする畿内および近江の出身者であった。蘇我田口臣はこの後、同五年の蘇我石川麻呂の変にも同族筑紫が関わって処刑され、また物部朴井連椎子（鮪）は、斉明四年（六五八）の有間皇子の変に、蘇我赤兄の命により造宮丁を率いて皇子の家を囲んでおり、やはり蘇我氏配下の武将としての性格を示している。

以上の考察によれば、六世紀末―七世紀には、皇族や蘇我氏・物部氏、さらにその下の大夫層がそれぞれに私的に動員できる武力を持ち、政変のおりの機動力として活躍したことが分かる。その武力の中心は三輪君・田口臣・倭漢直など大和に基盤を持つ土着的な豪族であり、その配下には畿内の小豪族や農民を多数結集させていたと考えられる。物部守屋や山背大兄王の討伐など朝廷として武力を組織する場合には、阿倍・巨勢・紀・平群・高向・大伴・佐伯など、大夫層のなかで軍事的能力に秀でた者が指揮者となり、その統率に当たったのであろう。

2 壬申の乱

六世紀末以来の動揺を克服し、天武・持統両天皇による政権の安定をもたらした六七二年の壬申の乱については、どのように評価しうるだろうか。

畿内武力という観点でまず注目されるのは、やはり大和に決起した大伴吹負とその配下の武力であろう。吹負は飛鳥の留守司坂上直熊毛と共謀し、漢直の内応によって飛鳥古京の奪取に成功し、三輪君高市麻呂・鴨君蝦夷などの豪傑もことごとくその麾下に集ったと伝えられる。三輪氏・鴨氏はいずれも伝統的な大和の在地土豪で、彼らが吹負の挙に応じたことの基底には、天智天皇の行った近江遷都への反発があったと見られよう。大和を中心とする戦闘には、坂上老・長尾真墨・倉墻麻呂・民小鮪など倭漢氏一族の活躍が著しいが、近江朝が坂上熊毛を飛鳥の留守司に任じていたことは、近江朝もまた倭漢氏の武力を頼りにしていたことを示すものであり、事実近江方にも、書薬・忍坂大摩侶・谷塩手など倭漢氏の者の名を見ることができる。倭漢氏が当時の朝廷の武力に大きな位置を占めていたことがうかがわれよう(15)。

他方、大海人皇子に随行し、その麾下の兵の指揮に当たった舎人たちについて見ると、そこには村国男依（美濃）・身毛広（同）・大分恵尺（豊後）・大分稚見（同）など畿外の国造系の豪族に属する者があり、著しい活動が認められる。しかし他方、多品治（大和）・三輪子首（同）・書智徳（同）・県犬養大伴（河内）・書根摩呂（同）・安斗智徳（同）・安斗阿加布（同）・朴井雄君（和泉）・黄書大伴（山城）山背小林（同）など、畿内の在地氏族がその多数を占めていることにも注目される。高市皇子や大津皇子の従者になるとその傾向はいっそう著しく、高市の場合、坂上国麻呂・民大火・大蔵広隅と倭漢氏一門がその中心をなし、他にも竹田大徳（大和か）・赤染徳足（河内）・古市黒麻呂（同）・胆香瓦安倍（近江）と、すべて畿内および近江を本拠とすると見られる者である。大津の場合も、山辺安麻呂（大和）・小墾田猪手（同）・漆部友智（大和か）・根金身（和泉か）・難波三綱（摂津）・泥部　枳（山城か）と、やはり畿内の小豪族出身と見られる者がほとんどである。これらは七世紀の皇族の従者（舎人―のちの帳内に相当する）の武力が、畿内中・小豪族のそれに大きく依拠していたことを示すものであろう。

壬申の乱は、武力の動員が全国的規模で行われたばかりでなく、騎馬兵の活躍、大陸的な兵法の採用など、各種の面でそれまでとは一時期を画する戦乱であったと考えられる。しかし他面、それぞれの側の中核となる部分においては、六世紀以来の伝統的な武力に依存する面のなお強かったことが、上記の考察から推測される。乱に勝利して強大な皇権を確立した天武天皇は、このような皇族・豪族の伝統的な武力基盤に対して、どのような施策を講じたのであろうか。

3 天武朝における畿内武力の再編

壬申の乱後の天武朝においてまず行われた施策の一つは、大舎人の創設である。天武二年（六七三）五月、今後初めて出身する者は、まず大舎人として奉仕すべきことが命じられた。それまでの舎人は皇族の私的従者としての性格を強く持っていたが、舎人はここで官人の供給源として官僚制のなかに位置づけられることになった。この時の対象は中央官人層である「公卿大夫及諸臣連并伴造等」であったが、五年四月には外国（畿外）の人についても、臣連伴造の子、国造の子を中心に、官人への道が開かれた。

『日本書紀』に「兵衛」の称が現れるのは、この直後の天武八年三月条、大分君稚見の死没記事である。稚見が豊後国出身の武人であることを考えると、兵衛は、天武五年の外国人の出仕の許可にあたり、その出仕の道の一つとして認められた可能性が強い。大舎人・兵衛制の成立当初においては、中央官人の子弟は大舎人、地方首長層の子弟は兵衛、という道が判然と分かれていた可能性がある。しかし中央官人のなかにも多くの階層があり、ことに錦位（直位）以上の大夫層と山位（勤位）以下の下級官人層との間の差は、天武朝を通じて、八色の姓の制定や食封制の整備などによっていよいよ明確になっていったと考えられる。したがってそれを一律に大舎人として出身させる体制はしだいに矛盾を生じ、階層に応じた出身法の分化を生んだであろう。令制の内舎人―大舎人―兵衛―使部―帳内・資人という階層的区分が最終的に成立するのには大宝令の施行を待たねばならないだろうが、兵衛の場合にはすでに天武朝から、畿内下級官人層の武才ある者を採用する体制が形成されていたのではあるまいか。持統三年（六八九）七月、河内国渋川郡の人柏原広山が偽兵衛として配流される事件が起こるが、それには、畿内出身者がこの時期兵衛として出仕していたことが前提として考えられなければならない[16]。

六世紀以来、皇族や中央豪族に従属し、その武力の主要な基盤になっていた畿内の中小豪族は、天武朝に至り、それらの皇族・豪族から切り離され、官僚制のなかに組みこまれていった。彼らのうち武才ある者の多くは、兵衛に組織されていったであろう。すでに天武朝以前の舎人においても、諸国の在地首長層とともに畿内の中小豪族が大きな部分を占めていたと思われるが、天武朝に始まる令制の舎人においては、そのような伝統を継承しつつも大きな脱皮がはかられ、かつての臣連大夫層の配下の人々をも含みこんだ、より広汎な基盤をもつ国家的な制度へと高められていったと考えられる。

天武朝の武事に関する施策として注目されるのは、周知のとおり、畿内官人層に対する武備増強策である[17]。天武四年十月の詔以降、持統・文武朝にかけて一貫して行われたこの政策は、地域的には京・畿内を対象とし、階層的には親王以下すべての有位者にわたっているが、天武九年九月の朝嬬行幸のおり、大山位以下の馬を長柄社で観閲し騎射させたとあり、また翌十年十月、軽市で行われた装馬の検閲では、「小錦以上の大夫」は樹下に列坐し、大山位以下が騎乗して行進したとあるように、実際に乗馬して聚会し、武事に当たるのは大山位以下、すなわちのちの六位以下の下級官人層であった。このような政策は、宮廷における儀礼の整備と関わり、国の内外に朝廷の権威を誇示するとともに、中央官人層の精神的結束を固める意味をも持っていたと考えられるが、その主たる担い手となった階層は、実質的には兵衛の出身階層と重なるものであった。職務の上から見ても、朝賀・藩客入朝などの儀式、行幸時の儀仗など、兵衛と共通する性格が考えられる。天武朝に始まる官人武備増強策のなかで、兵衛はその中核としての役割を担うものであったと考えてよい。

官人武備増強の政策が開始された天武四年は、兵政官長・兵政官大輔の任命が行われた年であり、両者の間には密接な関係が考えられる。兵政官大輔に壬申の乱の功臣大伴御行が任じられたことは、八世紀前半を通じて、大伴・佐伯両氏が兵部省・五衛府の長官・次官を数多く占める体制の嚆矢をなすものであった。さらに六年六月には、倭漢氏に対し、武力をもって政争に暗躍してきたそれまでの罪を許すむねの詔が出されている。壬申の乱時の戦功と、また飛鳥に都を定めた天武天皇にとって、飛鳥地方に基盤を持つ倭漢氏を宮廷側近の武力として利用しようとはかってのことであろう。先述したように、八世紀の五衛府においては、大伴・佐伯両氏のもとに、坂上氏や鴨氏などの大和の土着豪族が大きな役割を担っていたことが考えられるが、そのような体制は、壬申の乱時の大伴吹負配下の軍の体制と共通するもので、おそらくそれを受けて天武朝に形成されたものと考えられるのではなかろうか。

4　律令制下の畿内武力

続いて八世紀、大宝・養老令制下の畿内武力の動きについて考えたい。

七世紀末の持統朝から八世紀初頭にかけて、天皇の行幸に供奉し、また新羅使や蝦夷・隼人入朝のおりの儀仗として、騎士（騎兵）を徴発することが頻繁に行われる[18]。これらの騎士・騎兵は、その徴発が全国に及び、また一般農民からも徴発されているが、任務においては、天武朝における畿内官人武装政策の延長線上にあるものと捉えられる。律令では、行幸にあたって兵衛は内舎人とともに天皇のもっとも近くを護衛するものと定められているから[19]、兵衛はこれら騎兵の集団と深い関係を持ち、その中核にあったと考えられる。和銅二年（七〇九）八月、平城新宮への行幸にあたり、従駕の「京畿兵衛」の戸の雑徭を免じていることは[20]、兵衛のうちでもことに京・畿内出身の兵衛が行幸に大きな役割を果たしていたこと、行幸が彼らの晴れの舞台であったことを推測させる。

八世紀中葉、聖武天皇即位後の状況について次に考察しよう。神亀元年（七二四）、天皇即位の直後平城宮内で行われた五月五日の猟騎の儀には、一品以下無位に至るまでの豪富の家、左右京・五畿内・近江国の郡司・子弟・兵士・庶民の勇健で装飾に堪える者をことごとく奉仕させた[21]。これは、遊楽的な要素が強いにせよ、天武朝以来の、畿内武力を朝廷の儀礼のために結集させる伝統を示すものであろう。しかしこれら畿内の武力は、同時にまた皇族・貴族の私兵となり、国家にとって好ましくない用途に用いられる可能性もあった。長屋王変後の天平三年（七三一）十一月、畿内に惣管を置くにあたって、京および畿内の兵馬の差発権が与えられ、「自ら衛府に非ずして兵刃を執持するの類」の処断が命じられていることは、当時の畿内の武力の状況を示唆するものである[22]。また天平宝字元年（七五七）の橘奈良麻呂の変の直後、同年七月、諸司とともにとくに京畿内の百姓村長以上を南院に召集し、奈良麻呂の変とその鎮圧のことを告げ、逆徒にあざむかれた百姓を出羽国小勝村の柵戸に移配することを宣し、さらにその四日後、逆徒のための武器がなお民間に隠匿されているとして、京職に命じて一〇日以内に提出させていることも、京畿の人々の間にこの事変に関わった者の多かったことを示していよう[23]。

天平十二年（七四〇）、藤原広嗣の乱が勃発し、十月、聖武天皇は伊勢に行幸した。この時、騎兵・東西史部・秦忌寸計四〇〇人が徴発された。十一月、伊勢の赤坂頓宮で陪従者に叙位が行われ、この時、騎兵の父には、陪従していなくても二階が叙されている。十二月、美濃国不破頓宮で騎兵司を解き、帰京させているから、この騎兵は京・畿内から徴発されたものと見られよう。騎兵の父にも叙位が行われていることは、これら騎兵が京・畿内の豪富の家、有位者層に属していたことを物語っていると思われる。

この行幸にあたっては、騎兵とともに東西史部・秦忌寸の渡来氏族の集団が徴発されている。この後、これら渡来氏族集団の武力は政変のたびに登場し、天平宝字元年の橘奈良麻呂の変には、秦氏が奈良麻呂方につき[24]、同八年の恵美押勝の乱には、檜前忌寸二三六人が押勝方と交戦、また内裏の宿衛に当たり、秦忌寸三一人が北門の守衛に当たったという[25]。これら渡来氏族の武力は、一見それだけで独立した武力組織のように見えるが、実際には衛府の官人や舎人のなかにこれら氏族の者がかなり存在し、それと有機的な関連をもって活動していたものと推測される。倭漢氏の場合、その中心となる坂上氏は、壬申の乱で活躍した老のあと、大国（右衛士大尉）—犬養（左衛士佐・左衛士督）と衛府の官人として活躍、押勝の乱には犬養の子苅田麻呂が授刀少尉として孝謙上皇の命を受け、押勝の子訓儒麻呂を射殺しており、宮城内における檜前忌寸の活躍は、この苅田麻呂の指揮のもとに行われた可能性が高い。天平神護元年（七六五）十二月に左衛士佐となった民忌寸総麻呂も倭漢氏で、翌二年二月坂上苅田麻呂らとともに功田を賜わっているから、やはり押勝の乱に功を立てた者であり、檜前忌寸の一員であったと思われる。河内の書氏や山城の秦氏の場合は、倭漢氏ほどには衛府との緊密な関係は考えられないが、壬申の乱に活躍した書根摩呂は、おそらくは初代の左衛士督となっており（墓誌）、秦氏もまた衛府の下級官人・舎人にかなりの地位を占めていたことが推測される。以上の考察から、八世紀の渡来氏族の武力は畿内武力の大きな要素であり、しかもそれは、衛府の武力と緊密に関わるものであったと結論づけられるであろう。

行幸や蕃客入朝のさいに騎兵を徴発することは、八世紀の後半にも行われている。天平神護元年の称徳天皇の紀伊行幸にあたっては、出雲大目正六位上の坂上子老が騎兵として叙位され、さらに騎兵一等二三二人、二等四八人、三等二八人と等級が分かたれ、それぞれ叙位が行われている[26]。また宝亀九年十二月には、唐客孫興進らの入京を控え、左右京に命じて六位以下の子孫八〇〇人を騎兵として差発している。これら八世紀後半の騎兵が、六位以下の官人層を臨時に徴発したものであり、坂上氏を中心とする倭漢氏や、畿内の在地層の武力を主体とするものであったことは明らかであろう。

天武朝に始まる畿内官人層に対する武備増強の政策は、八世紀の初頭においても、行幸時や朝廷の儀礼のための騎兵として継承された。それは儀礼的・臨時的なものではあるが、律令制の支配を象徴するものとして大きな意味を担っていたといえる。律令の規定では騎兵は農民層から動員される軍団兵士から選抜される定めであり、畿内の在地層の武力を騎兵として組織する制度は存在しなかった。しかし聖武天皇の即位後、皇族や貴族層内部の対立に根ざす政争の激化にともなって、潜在する畿内在地の武力に対する取り締りが強化される一方で、騎兵や渡来氏族集団などのかたちでそれを利用しようとする動きが強まった。授刀舎人・中衛舎人・騎舎人などのなかにも、畿外の在地首長層と並んで彼らは大きな位置を占めたのではなかろうか。衛府の官人のなかには、坂上氏や鴨氏などの大和の土着の豪族が枢要な地位を占めており、それが衛府ばかりでなく、さらに広汎な畿内武力の中核になっていたと考えられる。

5　兵衛の武力の実態

大宝・養老令制下の兵衛に関する施策として正史に見えることの多くは、資物・養物に関することか[27]、ある特定の国郡からの貢進の開始、もしくは停止に関することである[28]。このことは当時の国家の兵衛に対する関心が、おもに郡司子弟からの貢進者に対して向けられていたことを示すと思われる。それは、在地首長層の武力が国家にとって現実に必要であったことを示すとともに、この制度が地方首長層の国家に対する服属の表徴であり、国家にとってゆるがせにできない意味を持っていたことを物語っていると思われる。

先述したように、令の規定では、左右兵衛府の兵衛各四百人は、郡司子弟からの貢進者と、中央下級官人の嫡子（位子）からの採用者が、ほぼ半数ずつ占めることになっている。このような出自を異にする人々が、単一の武力機構のなかでどのようなかたちで存在していたのかは大きな問題であろう。しかし少なくとも平城宮の西宮兵衛木簡に示される勤務形態について見るかぎり、両者は渾然として同一部署の守衛に当たっており、職場における両者の間の上下関係とか、職務分担の差とかは考えられない。畿内出身者が多いことは、畿外の郡司子弟出身者が内裏以外の、より重要度の低い区域の警衛に当てられていたことを示すとも考えられようが、現実に両者がほぼ同数であったという証左もないので、断定はできない。

ここで目を転じて、郡司子弟から貢進される兵衛について、その実態を考えてみよう。兵衛を貢進すべき郡司として畿内の郡司も含まれていたか否かは、それ自体一つの問題である。しかしいずれにしても、その主体が畿外の在地首長層にあったことは否定できまい。

兵衛は左右各四〇〇人が一〇〇人ずつ四番に分かれ、番長にひきいられて勤務する形態をとった(29)。一番の勤務は一五日である(30)。しかし非番の日も、緊急時の召集に備えて待機している必要があった。そのことから、畿内の兵衛は下番時には帰宅が自由であったのに対し、外国の兵衛にはそれができず、一日程以上に赴く場合には本府に申牒する必要があった(31)。したがって畿外出身の兵衛は、通常平城京内、もしくは京外近辺の地を宿所とし、そこで生活していたと考えられる。延喜十四年（九一四）四月の三善清行の意見封事十二箇条の第十一に、当時六衛府舎人が東西帯刀町を住所とし、非番の日はそこに休息していたとあるのは、基本的には八世紀の平城京の場合にも当てはまるものであろう(32)。平城宮木簡（一―五四）の兵衛召喚状で、召喚の対象となった牟儀猪養も、美濃の在地ではなく、平城京内もしくはその近辺にいたと考えられ、召喚の使に当たった県若虫も美濃の出身と推定されるから、あるいは直木孝次郎や村井康彦がすでに指摘しているように、京上の人が国単位で居住する、いわゆる「国名村」に居住していたのかも知れない。(33)

このように畿外出身の兵衛も、その任にある間はほとんど平城京をその生活の場としていた。彼らのなかで官人身分にまで進んだ者には、畿内に土地を所有するなど、より畿内官人層に近い生活形態をとる者もあったことが推測される。(34)

畿外の在地首長層のなかには、かなり特殊な例かとも思われるが、その氏族集団の一部が畿内に本貫を移す場合も存在した。神亀三年（七二六）の山背国愛宕郡出雲郷（雲上里・雲下里）計帳には出雲臣姓が多く見られ、雲上里戸主出雲臣真足の戸には戸主の弟授刀舎人国上、同右兵衛国継の名が見られる。これら出雲郷の出雲臣集団は、神賀詞奏上など国造としての服属儀礼への奉仕の必要上、出雲国意宇郡の本拠から移住してきたものと考えられ、その時期は七世紀に遡ると推測される。(35)右兵衛国継の場合、それは出雲国の郡司子弟としての貢進ではなく、中央下級官人の子（位子）としての出身であろう。(36)

兵衛としての中央での勤務は、国造制下の舎人の伝統をつぐ、在地首長層の朝廷に対する奉仕であった。在地首長層の子弟が、青年の時期に上京して舎人や兵衛として出仕し、のち在地に帰って郡領・軍毅となるのは、おそらく古い伝統に根ざす慣習であって、一種の若者修行としての意味を持っていたと思われる。兵衛には、兵部省の校練を経て中央の文武官へと進む道が開かれていたが、郡司に任じる場合には、兵部省を経て奏聞のうえ放出することになっており、郡司の子弟の多くはこの道をとったことであろう。(37)内位を帯する郡司がしばしば見られるのも、青年の時期に中央官司に勤務して得たものと考えられる。

このような中央への出仕は、彼らに律令官人としての行政能力を身につけさせる場となり、武才ある者にとっては、兵衛や中衛など衛府舎人としての出仕を縁としてその力を発揮し、中央政界に地歩を占めるための踏み台ともなった。伯父にともなわれて武蔵国から上京し、その膂力を認められて内豎所に出仕し、右衛士大志に任じられた肖奈（高倉）福信をはじめ、[38]陸奥の牡鹿（道嶋）嶋足、備前の上道斐太都などはその好例であろう。そして衛府舎人としての勤務の場は、同時に畿内の中小豪族層との接触・交流の場でもあったと考えられる。

天平宝字元年の橘奈良麻呂の変にあたり、奈良麻呂方のもと左兵衛率賀茂（鴨）角足は、平城京外の額田部の宅に、高麗（肖奈）福信・奈貴王・坂上苅田麻呂・巨勢苗麻呂・牡鹿嶋足らを招き、酒を飲ませた。これは、これらの武才ある者をクーデターの場から遠ざけるための策謀であった。[39]平安初期には、衛府の長官は就任するとその士卒を集めて饗宴を開く慣例があったが、[40]このような酒宴は、衛府の官人・舎人の平常の勤務においても、しばしば行われたことなのであろう。畿内中小豪族と在地首長層出身者とは、このようなかたちで一つの衛府の武力としてまとめあげられていたのであった。

西山良平は、郡司の再生産は下級官人への出仕を媒介としており、彼らの舎人としての都城での活動が、律令制下の彼らの地位を規定する面のあったことを強調している。[41]在地首長層の朝廷に対する奉仕自体は律令制以前から存在しており、律令制下における形態とそれ以前の形態との間に本質的な差異があるかどうかはなお検討すべき一つの課題であろう。しかし、令制下における在地首長層出身の舎人が平城京内に生活の足場を持ち、それが畿内中小豪族出身の舎人との交流をうながし、ひいては令制の武力機構としての衛府がその機能を発揮するための一つの支えとなっていたことは、認めてよいと思われる。平安遷都後の九世紀には、下級官人層の京もしくは畿内への移貫という新しい動きが起こるが、この時期には在地首長層と中央との関係が大きく変化していったことが考えられる。

6　九世紀以降への展望

兵衛を郡司の子弟から貢上させるという制度は、郡司になる家柄がある程度固定しているということ、すなわち郡司の譜第による任用が一つの前提になっていたと考えられる。しかし八世紀後半から九世紀にかけて、在地における伝統的首長層の地位は動揺し、桓武朝の対郡司政策の展開とあいまって、譜第郡司制は大きな転機を迎えた。そしてそれは、兵衛貢進の制にも大きな影響を及ぼすことになった。

延暦十七年（七九八）、郡司の譜第による任用を改め、式部省の簡試した者を郡領に任用することにした(42)。この政策は嵯峨天皇の弘仁二年（八一一）に改められ、譜第による任用が復活するが(43)、延暦十七年の措置が兵衛に与えた影響は大きく、同年三月には国造兵衛が停止され(44)、四月には停止された国造について、国造の名を除き一般の兵衛として補すべきことが命じられている(45)。国造兵衛とは国造を帯する兵衛の意であり、郡司の子弟として貢上される兵衛のなかに国造（一国一員のいわゆる令制国造）の身分を帯する者が多く存在していたことによる称であろうが、三月の詔に「但し采女は旧に依りて貢せよ」とあることからすれば、ここでいう国造兵衛の停止とは、実は軍防令38兵衛条に規定する、郡司子弟からの兵衛貢上の制そのものの停止ではなかったかと考えられる(46)。『延喜式』では、采女については諸国から名簿を奉る規定があるのに対し(47)、兵衛については郡司子弟の貢上に関する規定がなく、近衛と同じく、一般には位子・留省・勲位・蔭子孫のなかから補されるものとされている(48)。『延喜式』の段階で郡司子弟からの兵衛貢上の制が存在しなかったことはほぼ確実で、それは延暦に遡るものとみなされよう。兵衛の養物の制度も、おそらく延暦十七年に廃止されたものと考えられる(49)。

九世紀以降、改新以前の舎人の系譜を引く兵衛の特異性、その伝統的性格は失われ、兵衛は近衛舎人など他の舎人と同質化し、その採用の中心は位子や蔭子孫に移っていったと考えられる。十世紀の兵衛の実例を検すると、兵衛には依然として八世紀以来の郡司の系譜を引く者が多く見られ、強い守旧性を示しているが、しかしその出自は、依智秦（近江）・平群（大和）・伊賀（伊賀）など、畿内とその周辺に限られている。(50) 近衛舎人の場合にも、この時期には、その出自が全国的なものから畿内近国中心のものへと矮小化していく傾向が認められる。(51) 郡司子弟から兵衛を貢上する制の停止は、出雲国造による神賀詞奏上儀礼の停止や、蝦夷・隼人の入貢の停止などと軌を一にする、律令国家の全国支配の達成にともなう服属儀礼の停止の一環ともみなされるものであり、これ以後、中央政府と地方との関係は新たな段階に入っていくものと考えられる。(52) しかし、服属した在地首長層の武力を組織したという性格を持つ左右兵衛府にとっては、それは存在意義の大半を失う意味を持つものであり、左右近衛府の発展のかげに形骸化していく大きな要因となったものと思われる。

伝統的首長層の衰退のなかで、他方畿内の在地武力は、九―十世紀以降、あらたな意味を担うようになった。新興の有力農民層は、院宮王臣家との結びつきを強める一方で、衛府の舎人となり、その権威を自己の勢力拡大に利用した。元慶五年（八八一）、畿内官田の設置にともない、「諸司官人幷近衛兵衛二宮舎人及雑人等」のうち郷里の推挙する者を惣監に任じ、郷ごとに配置して経営の監督に当たらせたことは、畿内の在地の有力者が、近衛・兵衛・中宮舎人・東宮舎人をはじめ、広く政府の下級官人・舎人の地位を占めていたことを物語るものであり、政府もまた、彼らの力を支配のために利用しようとしていたことを示すものである。(53)

衛士の無力化や舎人の召募範囲の矮小化のなかで、政府は武力的にも畿内近国の在地小領主層・有力農民層への依存を強めていった。そのなかでとくに注目されるのは、政府にとって緊急の課題である京中の警備を担当する警察機構としての、検非違使の人的構成である。すでに概要を述べたことがあるように、(54) 左右衛門府の大少志以下の官人・

職員（大少志・府生・番長・府掌・案主・看督長／鎰取・門部など）について、弘仁二年（八一一）から万寿四年（一〇二七）まで二一七年間の在任者の氏族別分布を調べると、一八〇名（一〇八氏）のうち、左記のように、畿内、ことに河内・摂津に基盤を持つと思われる氏が著しく多いことに注目される。

［山城］秦*（一四）・時原（秦）（一）。

［大和］秋篠（一）・多（一）・大蔵（一）・鴨*（一）坂上（一）・額田*（二）・布瑠（一）。

［河内］美努*（三野）（四）・飛鳥部（三）・桜井田部*（三）・阿刀（二）・茨田*（二）・県犬養（一）・赤染（一）・台（一）・掃守（一）・宗我部*（一）・常澄*（八戸）（一）・錦部*（一）・林*（一）・船*（一）・御春（飛鳥部）（一）・若江（一）。

［和泉］穴師（一）・高志（一）。

［摂津］垂水（四）・凡河内（三）・大原*（三）・清内（凡河内）（一）・住吉（一）。

［その他畿内およびその周辺に関係ある氏］紀*（一〇）・日下部*（四）・伴*（大伴）（四）・穴太（二）・宇治部（二）。

（＊は平城宮西宮兵衛木簡に見える氏を示す）

この調査はまだ不十分なものであるが、おおよその動向は把握できよう。上記一〇八氏のうち、同一氏族から三名以上の官人を出している氏は一三あるが、そのほとんどはこの中に入る。ことに河内出身者の活躍は顕著である。たとえば長徳三年（九九七）五月、京中西寺の辺の逃脱盗人の追捕には、志美努理明・府生美努伊遠・飛鳥部好兼らが弓箭を帯してことにあたり、[55] 長保三年（一〇〇一）七月、仁和寺辺において藤原寧親の従者を殺害した犯人藤原致与を追捕するために赴いた一〇人のなかには、大志美努理明・県犬養為政・少志林重親・府生茨田種理らがあった。[56] 彼らはまた、長徳三年の河内国若江郡における美努兼倫襲撃事件に見られるように、在地において「同類」的な結合を持ち、威を振るう存在であった。(57) 永観元年（九八三）二月京中・畿内で弓箭兵仗を帯する輩を捕糾すべきことが命じられ、(58) その後も非職帯仗の禁制がしばしば出されているのは、(59) このような畿内の在地の状況を反映したものといえる。(補注)

上記の左右衛門府の官人のなかには、＊印を付したように、八世紀の平城宮西宮兵衛木簡と共通する氏が多い。両者の間には数世紀にわたる変動に根ざす社会的・経済的基盤の相違が考えられるから、単なる氏姓の一致だけで両者を結びつけることには慎重でなければならない。しかし、律令制の時代から摂関政治の時代にかけて、畿内の武力が、目立たないかたちではあるが、つねに国家の武力の中核にあって重要な役割を果たしてきたことは、否定しえないであろう。

おわりに

本章は、平城宮西宮兵衛木簡の分析を通じて、八世紀の兵衛に畿内中小豪族出身者の多いことを明らかにし、さらにそのような畿内武力と古代政権との関係を、歴史的に考察しようと試みたものである。左右兵衛府の武力としては、国造の系譜を引く在地首長層の武力に関心が集中しがちであるが、もう一方の武力としての畿内在地層の存在を、歴史の表面に取り出してみたものである。

本章で明らかにしえたことは、兵衛および畿内武力に関することのごく一部であって、残された問題は数多い。本章の考察の出発点となった、大化前代の舎人、ことに某部舎人の実態や、それと令制舎人との関係の問題は、なお明らかにするにはほど遠い状況であり、それと関連して、畿外の在地首長層と畿内の在地武力という二種の異なった武力が、舎人なり兵衛なりの一つの武力として組織されることの歴史的な可能性ないし必然性というものについても、究極の解答を与えることはできなかった。これらは大化前代の部制の構造全体に関わることであり、より広い視野に立つ考察が必要であろうと思われる。

次に律令制下の都城、ないし畿内の在地社会の実体についても、さまざまな検討課題がある。律令官制は、六位以下のおびただしい数の官人・雑任によって支えられているのであり、そのほとんどは、兵衛と同様、畿内の在地層によって占められていたと考えられる(60)。それらの実体を、官司の側から、あるいは特定の地域ないし集落の側から、たとえば造寺・造仏・写経の知識集団の分析などを通じて明らかにしていく道が模索されるべきであろう。本章で扱った畿内武力の問題も、それによってよりその実態が明らかになると考えられる。

近年、平城京を初めとする古代の都城について、住民のありかたを通じてその性格を明らかにしていこうとする研究(61)や、律令国家における畿内の持つ意味を新しい視角から究明していこうとする研究(62)が現われている。本章はそれらの研究から多くの示唆を受けた。本章の考察が今後の研究の進展に何らか寄与するところがあれば、幸いである。

注

（1）井上光貞「大和国家の軍事的基礎」（『井上光貞著作集』四所収、岩波書店、一九八五年。初出は一九四九年）。

（2）井上薫「舎人制度の一考察」（『日本古代の国家と宗教』所収、吉川弘文館、一九六一年。初出は一九六〇年）。平野邦雄『大化前代社会組織の研究』第二編第三章（吉川弘文館、一九六九年）。

（3）笹山晴生「令制五衛府の成立過程」（『日本古代衛府制度の研究』Ⅰの第一。東京大学出版会、一九八五年）。

（4）奈良国立文化財研究所編『平城宮木簡』㈠（一九六九年）解説。同書二七―三九頁に「西宮兵衛木簡」と題し詳細な考察が行われている。ＳＫ八二〇土壙からは一八四三点にものぼる木簡が出土したが、ここでは同「解説」により、木簡番号九一―一二〇、一二二―一三四の計四三点を兵衛関係のものとして、主たる考察の対象とした。

（5）これら兵衛の姓については、すでに今泉隆雄「平城宮木簡の郡領補任請願解」（『国史談話会雑誌』二三号、一九八二年）において、郡領氏族との関連についての考察が行われている。
（6）『続日本紀』天平神護元年十一月戊午朔条。なお以下本章での氏姓の調査は、竹内理三他編『日本古代人名辞典』一—七巻（吉川弘文館、一九五八—七七年）、池辺彌『和名類聚抄郡郷里駅名考證』（吉川弘文館、一九八一年）、佐伯有清『新撰姓氏録の研究』考證篇一—六（吉川弘文館、一九八一—八三年）などの成果に負うところが大きい。
（7）今泉隆雄「平城宮木簡の郡領補任請願解」（前掲）参照。
（8）但馬の日下部氏は越前朝倉氏の祖とされる氏で、系図にはその祖表米を孝徳天皇の皇子（または天皇の孫、有間皇子の男）とするなど、明らかに後世の仮託と見られる部分がある。しかし八—九世紀の郡領補任の記述に関しては何らかの依拠した所伝があったものと考えられ、『三代実録』貞観十七年十月八日条に但馬国美含郡権大領日下部良氏の名が見えることとも考えあわせ、あえて例に加えた。日下部系図の存在およびその性格については、森公章の示教によるところが大きい。
（9）大和の額田郷と額田部氏との関係については、狩野久「額田部連と飽波評—七世紀研究の一視角—」（『日本古代の国家と都城』第二部の二、東京大学出版会、一九九〇年。初出は一九八四年）参照。
（10）紀伊国名草郡を中心とする紀直氏の分布状況、紀伊国造の存在形態については、薗田香融「岩橋千塚と紀国造」（『日本古代の貴族と地方豪族』所収、塙書房、一九九二年。初出は一九六七年）参照。
（11）笹山晴生『日本古代衛府制度の研究』（前掲）三九頁参照。
（12）『続日本紀』天平宝字七年十月乙亥条（新訂増補国史大系本）に見える「板振鎌束」の「板振」が「板持」の誤写であり、『新撰姓氏録』河内諸蕃の板茂連に擬すべきことについては、佐伯有清『新撰姓氏録の研究』考證篇五（前掲）および井上薫「続日本紀と東大寺献物帳」（『続日本紀研究』二三〇号、一九八三年）。なお新日本古典文学大系本三補注24—五二参照。
（13）『続日本紀』天平宝字八年十二月乙亥条坂上犬養伝の記述では、犬養は天平宝字元年播磨守に任じられ、左衛士督の職を去ったかのように見えるが、造東大寺司関係の文書では天平宝字年間を通じて同司長官兼左衛士督としてその名が見え、その最後は天平宝字七年正月三日の造東大寺司告朔解である（古文書五—三八二頁）。同年正月壬子（九日）、大和守に任じられた時点で職を去ったと見るのが正しい。
（14）以下本章の記述は、特記しない限り『日本書紀』・『続日本紀』による。

(15) 壬申の乱における倭漢氏の活躍については、直木孝次郎「壬申の乱と坂上氏」（『続日本紀研究』一―一、一九五四年）参照。

(16) 『日本書紀』持統三年七月辛未条。偽兵衛柏原広山を捕えた兵衛生部連虎には追広参位が与えられた。この虎は常陸国の出身者である可能性が高い。野田嶺志「兵衛・兵衛府成立の意義―偽兵衛柏原広山配流事件を中心として―」（岸俊男教授退官記念会編『日本政治社会史研究』上所収、塙書房、一九八四年。のち「兵衛・兵衛府成立の史的意義」と改題し野田嶺志『日本古代軍事構造の研究』所収、塙書房、二〇一〇年）は、この事件について、この年六月に施行された浄御原令において制度の改変があり、帝都周辺の小豪族集団をもって大王を護衛する軍役が解除され、東国からの集団がこれに代わったにもかかわらず、広山がその地位に留まろうとしたために処罰されたものと推定している。野田は広山の罪を兵衛の身分を偽ったことにのみ求めているが、身分を偽って宮内に侵入するなどの罪を犯し、虎に発見されたのであろう。浄御原令時代であるため、どのような法令によって処罰されたのかは明らかでないが、『法曹至要抄』上、闌入事に引く養老衛禁律闌入宮門条逸文には、「闌二入宮門一、徒一年。殿門、徒一年半。閤門、徒三年。持レ仗者各加二一等一。至二御在所一者絞。持レ仗者斬（下略）」とある。また広山が配流された土左国は、『延喜式』巻二十九では遠流の地に当たる。兵衛に畿内出身者を採用することは令制以前の舎人からほぼ一貫した体制であったと思われ、また天武―持統朝を通じての畿内武力重視政策から見ても、浄御原令において兵衛の採用制度に大きな変改が加えられたと見ることは困難である。

(17) 天武朝における畿内官人の武備増強策の意義については、関晃「天武・持統朝の畿内武装政策について」（『関晃著作集』第四巻所収、吉川弘文館、一九九七年。初出は一九八二年）参照。

(18) 行幸時の例としては、『日本書紀』持統六年三月壬午条、同甲午条、『続日本紀』文武三年二月戊申条、同大宝元年十月己未条、同二年十一月戊子条、同慶雲三年十月乙酉条。新羅使等入朝時の例としては、『続日本紀』慶雲二年十一月己丑条、同和銅二年十月戊申条、同三年正月壬子朔条、同七年十一月乙未条、同霊亀元年正月甲申朔条。

(19) 衛禁律17車駕行衛隊条。

(20) 『続日本紀』和銅二年八月辛亥条。

(21) 『続日本紀』神亀元年五月癸亥条。

(22) 『続日本紀』天平三年十一月癸酉条。

(23) 『続日本紀』天平宝字元年七月戊午条、同壬戌条。壬戌条の「職」は宝亀十年九月戊子条の類例から左右京職と解した。

(24)『続日本紀』天平宝字元年八月庚辰条。
(25)『続日本紀』天平神護元年二月乙丑条。
(26)『続日本紀』天平神護元年十月庚辰条、同閏十月丁酉条。
(27)『続日本紀』養老四年五月癸酉条、同天平元年四月庚午条など。
(28)『続日本紀』大宝二年四月壬子条、同養老六年閏四月乙丑条、同神亀三年九月己卯条、同天平勝宝七歳六月壬子条など。
(29)職員令62左兵衛府条。
(30)宮衛令3兵衛上番条集解古記。なお奈良国立文化財研究所編『平城宮木簡』㈠(前掲)解説三五―三九頁参照。
(31)宮衛令21上番条、同条集解古記・釈説。
(32)『本朝文粋』巻二意見封事。
(33)直木孝次郎「国名を持つ大和の地名」(『奈良時代史の諸問題』所収、塙書房、一九六八年。初出は一九五八年)、村井康彦「平城から平安へ」(竹内理三ほか編『古代の日本』1所収、角川書店、一九七一年)、同『古京年代記―飛鳥から平安へ―』(角川書店、一九七三年)。
(34)天平神護元年十二月に右兵衛佐となった漆部直伊波はのち姓相模宿禰を賜わり、相模国造となったが(『続日本紀』神護景雲二年二月戊寅条)、これより先、天平宝字四年のころ、すでに摂津国に土地を所有していたことが、同年十一月七日の摂津国西生郡美怒郷庄地売買券(古文書四―四四八頁)から知られる。
(35)門脇禎二『出雲の古代史』(日本放送出版協会、一九七六年)一五八―一六一頁の叙述参照。門脇は出雲郷の動向を分析した旧稿(『日本古代共同体の研究』東京大学出版会、一九六〇年、第五章)では、出雲郷の出雲臣氏を国造家とは別の、中央律令官人としての出雲臣氏であるとしたが、『出雲の古代史』では移住説をとっている。
(36)門脇は、神亀三年九月、安房国安房郡・出雲国意宇郡の采女を停めて兵衛を貢させた措置(『続日本紀』同月己卯条)と、この計帳の右兵衛出雲臣国継とが関係あるものとし、出雲臣はそれまで、本国意宇郡からは采女を差し出し、山背国愛宕郡からは兵衛を貢上していたが、この年の計帳提出により、愛宕郡の郡司子弟でないのに兵衛となっていたことが発覚し、ために上記のような措置がとられたのだとしている(前掲『出雲の古代史』一五八―一六一頁)。しかし同計帳には、国上・国継のほかにも、正六位下出雲臣大嶋をはじめ、内位の八位・初位を持つ者が二〇名を数え、史生・大舎人・使部・帳内・資人などの職にある者が数多い。

したがってこの兵衛の場合も、大舎人・使部と同じく、位子としての出身と見るのが妥当である。

位子の出身については、軍防令47内六位条に、内六位以下八位以上の嫡子の二十一歳以上の者を簡試して三等に分かち、上等を大舎人、中等を兵衛、下等を使部にするとある。この場合、国継の父は不明で、また兄国上とは名および年齢から推して同母の兄弟と思われるので、嫡長子ではないが、しかし軍防令同条は、兵衛の場合に限り、不足の場合庶子からも採用しうると定めており（「如レ不レ足者、通取二庶子一」の文が大宝令にも存在したことは、学令2大学生条集解古記の引用によって知られる）、兵衛となる資格を持っていたと考えられる。『続日本紀』神亀三年九月条の意宇郡の采女停止・兵衛貢進の措置は、安房国安房郡と同時の措置であることから見て、郡司の子女を神事に奉仕させる必要など、神郡としての特殊性によると見るのが妥当であろう。出雲国意宇郡および山背国出雲郷の兵衛については、なお井上薫「舎人制度の一考察」（前掲）Ⅰの二、および岸俊男「山背国愛宕郡考」（『日本古代文物の研究』所収、塙書房、一九八八年。初出は一九七八年）参照。

(37) 軍防令37兵衛考満条。今泉隆雄「八世紀郡領の任用と出自」（『史学雑誌』八一編一二号、一九七二年）参照。平城宮SK八二〇土壙から出土した木簡（八〇号）は、郡領氏族出身の兵衛が郡大領に補任されることを願って作った解の下書きと解される。今泉隆雄「平城宮木簡の郡領補任請願解」（前掲）参照。『延喜式』では毎年左右近衛各二人、兵衛各一人を郡領に任じるとし、兵衛のみは主政帳にも通任しうるとしている（巻十八式部上諸衛任官条）。

(38) 『続日本紀』延暦八年十月乙酉条高倉福信伝。

(39) 『続日本紀』天平宝字元年七月庚戌条。

(40) 『三代実録』貞観十六年九月十四日条。検非違使起請五条の第二「応レ許二六衛府長官初任時一度饗宴一事」に、「衛府長官、職掌異二於文官一。欲下其選二練武衛一、与二士卒一共中其甘苦上。而初任之日、聊無二饗会一、何能閲二彼庸旅之面一、成二其皃藻之心一」とある。貞観八年正月二十三日太政官符（『類聚三代格』巻十九）で任官時の宴会を禁止したのに対し、その例外措置を求めたもの。

(41) 西山良平「「律令制収奪」機構の性格とその基盤」（『日本史研究』一八七号、一九七八年）。

(42) 『類聚国史』巻十九国造延暦十七年三月丙申条。なお今泉隆雄「八世紀郡領の任用と出自」（前掲）参照。

(43) 『日本後紀』弘仁二年二月己卯条、『類聚三代格』巻七同月二十日詔。

(44) 『類聚国史』巻十九国造延暦十七年三月丙申条。

(45) 『類聚国史』巻十九国造延暦十七年四月甲寅条。

(46) 軍防令38兵衛条の郡司子弟からの兵衛貢上の制度が、現実には国造の子弟を主たる対象としていたことは、大宝二年四月、諸国の国造氏を定めた二日後に、筑紫七国および越後に采女・兵衛を簡点させていることからも推測される（『続日本紀』同月庚戌条・同壬子条）。

(47) 『延喜式』巻十二中務省采女条。

(48) 『延喜式』巻二十八兵部省近衛条。

(49) 兵衛の養物の制に関しては、『日本古代衛府制度の研究』（前掲）四〇―四一頁の叙述参照。采女の養田（肩巾田）の制は『延喜式』に継承されるが（巻二十二民部上養田条）、兵衛の養物に関する規定は見えない。

(50) 「平安前期の左右近衛府に関する考察」（『日本古代衛府制度の研究』前掲Ⅲの第一）第一章四の叙述参照。

(51) 笹山晴生「左右近衛府官人・舎人補任表―下級官人・舎人その㈠」（『東京大学教養学部人文科学科紀要』六一輯、一九七五年）、同「その㈡」（同六六輯、一九七八年）。

(52) 出雲国造による神賀詞奏上は、天長十年が最後かと思われる（『続日本後紀』同年四月壬午条。蝦夷入朝の停止は宝亀五年（『続日本紀』同年正月庚申条）、隼人貢進の停止は延暦二十年（『類聚国史』巻百九十隼人同年六月壬寅条、『日本紀略』同日条）。なお吉田孝「律令国家の諸段階」（『律令国家と古代の社会』Ⅷ、岩波書店、一九八三年）参照。

(53) 『類聚三代格』巻十五元慶五年二月八日太政官符。

(54) 笹山晴生「平安時代における中央武力について」（史学会第六十九回大会シンポジウム「古代末期の軍制と国家」報告、一九七一年十一月十四日、東京大学。『史学雑誌』八〇編一二号大会報告記事参照）。同『古代国家と軍隊　皇軍と私兵の系譜』（講談社学術文庫、二〇〇四年。初出は一九七五年）第三章。なお十世紀の左右衛門府官人については、朧谷寿の一連の研究がある（「十世紀に於ける左右衛門府官人の研究―佐・権佐―」〈『平安博物館研究紀要』四輯、一九七一年〉、「(同)―尉を中心として―」〈同五輯、一九七四年〉、「(同)―志および下僚を中心に―」（古代学研究会編『日本古代学論集』所収、一九七九年同会）。

(55) 『西宮記』巻二十一与奪事所引或記長徳三年五月十六日条。

(56) 『権記』長保三年七月十七日条。ただし茨田種理は竹田ともある。

(57) 長徳三年六月十一日美努兼倫解（三条家本北山抄裏文書、平安遺文三七二号）。同文書で犯人とされている者のなかには、美努・坂上・多米・茨田など当時の検非違使と同姓の者が多い。同事件の分析および検非違使との関係については、吉田晶「平安中期の武力について」（『ヒストリア』四七号、一九六七年）、河音能平『中世封建制成立史論』（東京大学出版会、一九七一年）第一部第一章、堀内和明「平安中期検非違使の武力について」（日本史論叢会編『論究日本古代史』所収、学生社、一九七九年）など参照。

(58)　『日本紀略』永観元年二月二十一日条。

(59)　『日本紀略』永観二年五月二十六日条、『新抄格勅符抄』長保三年閏十二月八日太政官符、『法曹至要抄』中禁制。

(60)　すでに鬼頭清明は、平城宮跡出土の選叙・考課関係の木簡によって、八世紀の律令下級官人の本貫地を調査し、畿内、ことに河内国に本貫地を持つ者が著しく多いことを指摘し、畿内中小豪族の歴史的位置についても考察している（「平城宮出土木簡と下級官人」『日本古代都市論序説』第三章補論1、法政大学出版局、一九七七年）。

(61)　北村優季「京戸について―都市としての平城京―」（『史学雑誌』九三編六号、一九八四年）、中村順昭「律令制下における農民の官人化」（『律令官人制と地域社会』第Ⅰ部第一章、吉川弘文館、二〇〇八年。初出は一九八四年）。

(62)　大津透「律令国家と畿内―古代国家の支配構造―」（『律令国家支配構造の研究』第一部本論、岩波書店、一九九三年。初出は一九八五年）。

（補注）　平安時代の検非違使の人的構成についてのこの考察は、注54に記すように、もと一九七一年十一月の史学会大会におけるシンポジウム「古代末期の軍制と国家」（報告：石井進・笹山晴生、司会：井上光貞・永原慶二）での報告「平安時代における中央武力について」にもとづくものである。報告の要旨は『史学雑誌』八〇編一二号の大会報告記事に掲載されているが、史料の収集も考察も不十分なため、論文にまとめることはしていない。発表の趣旨はその後、一九七五年刊行の『古代国家と軍隊―皇軍と私兵の系譜―』（中公新書）のなかに記し（のち講談社学術文庫〈前掲〉）、本書第一部第二章「検非違使の成立」（初出は二〇〇四年）でも言及している。

第二章　検非違使の成立

はじめに

検非違使は、高校の教科書にも出てくる周知の名だが、その実態はなかなか分かりにくい。ことにその成立の事情については、史料が少なく、不明の点が多い。

検非違使とは「非違を検する使」、法律に対する違反行為を取り締まる、そのための使という意味で、平安時代、左右衛門府の官人を、平安京のなかの違反行為の取り締まりに当たらせたものである。成立は西暦の九世紀、平安時代の初めのことで、その後、平安時代から室町時代にかけて、京都の治安維持に大きな役割を果たした。

南朝の中心人物である北畠親房が、朝廷のさまざまな官職の由来について述べた『職原抄』には、検非違使について、「朝家此職を置きて以来、衛府の追捕、弾正の糺弾、刑部の判断、京職の訴訟、併《しかしなが》ら使庁に帰す」と書かれている。つまり、朝廷が検非違使を置いて以来、それまで衛府の行っていた犯人の逮捕、弾正台の行っていた違法行為の取り締まり、刑部省が行っていた犯罪行為に対する法的な判断、平安京の行政を担当する京職の行っていた民事訴訟などのさまざまな権限がすべて検非違使庁に帰してしまった、というのである。

これは検非違使の歴史的意義について初めて触れた言葉であると思う。さすがに北畠親房だけあって、検非違使の歴史的な役割を的確に表現している。以下この章では、検非違使に関することのなかでもことに問題の多い、成立に関わる問題を中心に述べていきたい。

一　検非違使の特質とその研究史

検非違使とは、律令制の官職とは別のものである。律令制の官司である左右衛門府の官人のある者に、とくに命じて京中の違反行為の検察に当たらせたもの、ということになる。したがって律令制の官職そのものではなく、律令制の官職についている者のなかから、とくに天皇の命令＝宣旨によってその任を付与される性格のものである。つまり検非違使だけという人はおらず、多くは衛門府の官人であるが、その衛門府の官人のなかから検非違使に補される、ということになっている。

その点では、同じ平安時代の初め、嵯峨天皇のときにできた蔵人所に属する蔵人も、やはり律令制の官職、左大弁・右大弁といった弁官や、左中将・右中将といった近衛のなかから蔵人の役につく者が出て、天皇の秘書官的な仕事をする。そういう点で、検非違使も蔵人と同じような仕組みを持つものだということができる。

蔵人や検非違使を令外官ということがある。令外官とは令の制度で定められた以外の官職ということだが、蔵人や検非違使は実際にはそうではなく、令の制度で定められた官職についている者の中から、とくに天皇の命令＝宣旨によってその職務に当たるもので、したがって「官」ではなくて「職」であり、それを区別することが必要である。

検非違使の持つ一つの特色は、それが「使」であるということである。「使」と名のつく官職は、国外に遣わされる遣唐使・遣新羅使、諸国に遣わされる検税使・班田使、地方行政の監督に当たる巡察使・観察使など数多くあるが、それらにはいくつかの特性がある。第一には遠方に遣わされるということ。朝集使など諸国から都に遣わされる使もあるが、多くは中央からの使である。第二には多くの場合臨時の官職であること、第三には特定の使命を帯びていること、そういったところであるが、またそこから、天皇もしくは朝廷からの特別の使命を帯びた、地域的にも権限の上でも、律令の規定を超えた活動をする官職であるという特性があるようにも思われる。

平安時代に入ると、そうした「使」のなかで、ことに武力を持った衛府の官が地方への使に活躍することが多くなる。盗賊などを捕らえるための追捕使など、武力的な使命を帯びる場合はもちろんのこと、地方での紛争の調停や、民事関係の視察にも衛府の官人が遣わされる例が増えてくる。検非違使の場合にも、その設置にはやはりそうした当時の衛府の活動との関係が考えられる(1)。

検非違使は都の中に派遣されるのになぜ「使」なのか。検非違使にはもともと衛門府の官人がなるが、その衛門府の本来の職務は宮城の守衛、つまり天皇の住まいである内裏や、国家的な儀式が行われる朝堂、さまざまな役所や倉庫などのある宮城の守衛に当たるのが本来の職務であった。その衛門府の官人が宮城を出て、都の中の警衛に当たるという意味で「使」と名づけられる、ということであろうと思われる。検非違使は律令の官職の制度を超え、天皇から指名されて都の中の違反行為の検察に当たる、そういう特殊な任務を帯びて派遣されるものであったといえる。病人や貧窮の者に物を賜わる賑給使《しんごうし》や、防鴨河使《ぼうかし》・看督使《かどのつかい》なども、これと同性格のものであろう。

検非違使の研究は戦前から行われていた。谷森饒男《にぎお》の『検非違使ヲ中心トシタル平安時代ノ警察状態』(一九二一年)といった、平安時代の社会状況のなかで検非違使の果たした役割について、多くの事例を挙げて考察したすぐれた研究もあるが、どちらかというと、戦前には法制史的な研究がその主流であった(2)。しかし戦後は、成立の時期や成立過程の研究をはじめ、研究の範囲が広がり、時代的にも、鎌倉時代や室町時代の検非違使による洛中支配の問題にまで、研究が進んできている。さらに最近では、天皇の行幸や春日祭などの神社の祭りにあたり、穢れを清めるために儀礼を行う、そういった宗教的な側面も検非違使が担っていたことが指摘されるようになってきた(3)。検非違使については、武力や法制の問題から平安京＝京都の宗教儀礼に関わる面にまで、その研究が及んできているわけである。

二　検非違使の職制

検非違使にはどのような職員がいたか。完成期の職制について見ると、別当・佐・尉（大尉・少尉）・志（大志・少志）、これらが使庁の上級の職員で、その下には府生・看督長《かどのおさ》・案主《あんじゅ》・放免《ほうめん》などの下級の職員があった。案主は文書の作成や保管、看督長は捕らえた犯人を収容する獄舎の番をする。放免はかつて盗みなどをして獄に繋がれ、罪を許された人である。こうした人は犯罪人の内情をよく知っていて、こういう人を使えば便利だということで、検非違使の配下に属していた。ところがつい昔の癖が出て、検非違使でありながら盗みをしたりする者もあった。

検非違使は中央だけでなく、地方にも置かれた。国検非違使《くにけびいし》といって地方の国ごとに置かれたもの、また神宮検非違使といって、全国の有力な神社で神郡のなかの司法や警察のことに与るもの、などがそれである。神宮検非違使の代表的なものが大神宮検非違使で、伊勢の神郡のなかの司法権・警察権を掌握していた。伊勢公卿勅使には中央から護衛として検非違使がついてくるが、中央から派遣された検非違使は櫛田川《くしだがわ》まで来て、そこからは大神宮検非違使が任務を引き継ぎ、内宮まで勅使を護衛した。神郡内では、中央の検非違使の力が及ばない力を大神宮検非違使が持っていたことが分かる(4)。

三　検非違使の成立

最初に述べたように、検非違使にはその設置を示す文書とか詔勅とかが残っていない。これは同じ時期に成立した蔵人所についてもいえることである（表3参照）。

検非違使のことが最初に見えるのは弘仁七年（八一六）のことで、『文徳実録』の興世書主《おきよのふみぬし》の伝に、この年、左衛門大尉の書主に検非違使のことを行わせたとある。さらに二年後の弘仁九年（八一八）、『類聚三代格』に検非違使に関する命令が出てくる。したがって弘仁七年、もしくはそれをやや遡る時の成立ではないかということになる。

その後の検非違使の動きを見ていくと、どうも検非違使は最初から計画的に、恒久的な官職として置かれたものではない、ということが考えられる。新しい官職を置く場合、在来の官司と職務上の調整をする必要があるが、検非違使の場合、そうした様子が見られない。そのためにいろいろな事件が引き起こされることになる。

その一つは、盗賊を捕らえた場合の処置。弘仁九年（八一八）には「犯盗の人は軽重を論ぜず、皆役所に配せよ」という宣旨が出される（『類聚三代格』）。つまり泥棒をした者は罪の軽いか重いかを問題にせず、みな獄舎に入れて苦役させよ、という命令である。これはかなり乱暴な法令で、検非違使はこれ以後、強盗・窃盗の区別や、盗んだ品数が多いか少ないかを無視して犯人を苦役させる。このため軽罪であるのに何年も苦役させられ、死んでしまう者も出る、ということになった。罪の軽重を定めるのは刑部省の仕事なのにそれが無視されて不都合なことが起こっている、ということで、弘仁十三年（八二二）には犯罪の軽重に応じた苦役の年限が定められ、刑部省との間の職務の調整が図られることになった（同）。

表3　検非違使の成立

年	時	事項・史料
816	弘仁 7	左衛門大尉興世書主に検非違使の事を行わせる（文徳実録）
818	9	検非違使に命じ，犯盗の人は罪の軽重を問わず皆役所に配させる（三代格）
820	11	犯罪者の贓物の催徴を検非違使に行わせる（同）
822	13	盗人を逮捕した時は刑部省に報告のうえ，着鈦して役所に配させる（同）
824	天長元	初めて検非違使の佐を補する（帝王編年記）
832	9	贓物の催徴を検非違使に行わせることを停止（三代格）
834	承和元	文室秋津を検非違使別当に補する（公卿補任）
839	6	犯人逃走・姦盗隠遁の場合，弾正台と検非違使とが連絡し，看督長らに追捕させる（続日本後紀）
858	天安 2	初めて検非違使の志を補する（政事要略）
870	貞観 12	検非違使の職務を強竊二盗・殺害・闘乱・博戯・強姦の追捕に限定（同）
874	16	私鋳銭者の田宅私財の没官を検非違使の職務とする（三代格）
875	17	左右検非違使式を制定（本朝書籍目録）
894	寛平 6	今後左右検非違使庁で毎日政を行わせる（政事要略）
947	天暦元	左右検非違使庁を統合し，左衛門府の政舎で毎日政務を行わせる（同）

また承和六年（八三九）には、犯人逃走・姦盗隠遁の場合には弾正台と検非違使とが連絡をとり、検非違使の看督長らに追捕させるように、ということが命じられる（『続日本後紀』）。本来違反行為の取り締まりに当たる弾正台がこうした場合に無視されているのはよろしくない、ということで、今後は弾正台と検非違使とが連絡した上で、実際には検非違使が追捕を行う、というかたちがとられたわけである。

このように検非違使が成立した後になって、刑部省や弾正台など他の官司との職務の調整が進められた。しかし実際に強権を発動できるのは検非違使なので、どうしてもそうしたなかで検非違使の実権が強まり、他の官司の職務を奪っていくことになる。

検非違使の職務がさまざまな面に拡大し、繁雑になってくると、こんどはそれを整理しようという動きが出てくる。たとえば弘仁十一年（八二〇）に、犯罪者の贓物の催徴を検非違使に行わせる、つまり盗賊が家に蓄えている品物を没収する仕事を検非違使に行わせることにしたが、天長九年（八三二）には職務が多忙になってきたことを理由に、これを停止している（『類聚三代格』）。また貞観十二年（八七〇）には、検非違使の職務を強盗・窃盗・殺害・闘乱・博戯・強姦の追捕に限定することになった（『政事要略』）。

こうして検非違使と他の官司との間の職務の調整が進み、その結果として、貞観十七年（八七五）には『左右検非違使式』が制定される。検非違使の職務を「式」という法令のかたちで規定したわけで、これによって検非違使はその法的な地位を確立したということができる。

これと関連して検非違使の機構の整備も進み、職員の数も増えた。最初は衛門府の「尉」、すなわち第三等官が中心であったのが、天長元年（八二四）には検非違使の「佐」、すなわち衛門府の次官が検非違使となるようになり（『帝王編年記』）、さらに承和元年（八三四）には文室秋津を検非違使別当に補するということで、「別当」が置かれる（『公卿補任』）。検非違使は最初左右に分かれ、左衛門府の検非違使が左京、右衛門府の検非違使が右京の検察に当たっていたが、両者を統括するものとして別当が置かれたわけである。

検非違使の政務を行う体制も整備された。宇多天皇の寛平六年（八九四）には、処理を要する仕事が溜まってきたため、今後は左右検非違使庁で毎日政を行うこととした（『政事要略』）。さらに村上天皇の天暦元年（九四七）には左右検非違使庁を統合し、左衛門府の政舎で毎日政務を行わせることとした（同）。右京で起こった犯罪は右庁で、左京で起こった犯罪は左庁で、といっても、盗賊は自由に動くし、被害者もあちこちにいるわけだから、それを右や左と分けたのでは不便だということで、一つの政庁に統合したわけである。こうして十世紀の半ばには、検非違使の職務や官制が整ってきた。

検非違使は、法制よりも現実が先行するかたちでその職務を拡大させていった。その結果、法的な規定にもとづかない行動をすることになり、他の官司との間で職務の調整が必要となり、その結果として法規が整備され、法的権限が確立していった。検非違使については、このようにその成立の過程をまとめることができると思われる。

四　成立の背景

検非違使は嵯峨天皇の弘仁年間に生まれ、九世紀＝平安初期を通じてその制度が整えられた。どうしてこの時期に検非違使が生まれたのか、その成立の背景について考えてみることにしたい。

先に述べたように、検非違使の成立の過程を見ていくと、法制よりも現実の方が先行していった様相が非常に強い。嵯峨天皇の時代に検非違使ができた背景には、当時の現実が検非違使の設置を緊急に必要としていたのではないか、ということが考えられる。

最初に政治情勢について。弘仁七年（八一六）から九年（八一八）という時期は、嵯峨天皇の治世が非常に安定していた時期ということができる。天皇の治世の初めには、平安京の嵯峨天皇と、病のため平城の旧宮に移った平城上皇との対立から「二所の朝廷」と呼ばれるような状況が出現し、弘仁元年（八一〇）にはいわゆる藤原薬子の変が起こった。しかしその後は、宮廷は嵯峨天皇を中心に安定した時期を迎えることになる。宮廷の儀式が整備され、唐風文化が平安京を中心に発展した。唐風文化の盛行には、遣唐使とともに中国に渡った空海や菅原清公が大きな役割を果たす。弘仁九年（八一八）には朝廷の儀礼や服装が唐風に改められ、また平安宮の殿舎や門の名が中国風のものに改められた。

平城上皇は桓武天皇が開始した平安京の造営をやめ、奈良の都に戻そうと企てたが、嵯峨天皇の時代はそうした危機が去り、新しい都としての平安京の地位が確立した時代であるといえる。したがって検非違使創設の当時、政治的な情勢としては都の警備を強化する必要性はとくに認められないが、別の視点から言えば、宮中の儀礼が整備され、威容を誇るようになった新都について、その治安の安定を図ることが、国家の威信を増すものとして重んじられた、ということもできると思われる。

そこで社会の情勢について見ていきたい。社会の方も、嵯峨天皇の治世の初期にはあまり問題はなかった。その前の平城天皇の時代に大規模な官制の改革が行われ、官人の定員を削減し、朝廷のさまざまな儀礼についても簡素化が行われた。そのために朝廷の財政は、嵯峨天皇の初期には良好であったと思われる。しかしその後、弘仁三年（八一二）あたりから飢饉が続くようになった。

平安京の市民生活は、地方からの貢納物に依存していた。米が不作になると京中の米価が騰貴し、政府は官倉の米を貧民に供給した。さらに長雨で不作が続くと、諸国の租税を免除したり、富豪の蓄えを貧民に分け与えることが命令されたりもした。弘仁十三年（八二二）には、都の飢えた人の救済のため、近江国の琵琶湖沿岸の諸郡の米十万斛を都に送り、食料に充てることも行われている。

長雨が続くと疫病も流行する。京の社会不安は増大し、治安が悪化し、盗賊が横行するようになる。盗賊は盗んだあとをくらますために火をつける。そのために火事も頻発する。

これは検非違使が生まれたあとのことだが、弘仁十四年（八二三）には盗賊が大蔵省の長殿に侵入し、放火するという事件が起こる。長殿は倉庫で、大蔵省は宮廷の必要とするさまざまな物を蓄えていたから、それに放火されるということは宮廷の経済に打撃を与えることになるが、それ以上に、実は大蔵省の長殿は天皇の住まいである内裏のすぐ北にあり、そこに火がつくことは天皇の身辺を危険に陥れ、朝廷の威信にも響く、重大なことであったと思われる。

こうした当時の社会情勢が、この時期に検非違使が緊急に置かれることになった背景にあることは、間違いないと思われる。

平安京に起こる社会不安の背景には、平安京という都の持つ特殊性が大きく関係していた。ことに遷都直後の平安京は、非常に不安定な状況に置かれていたと考えられる。

平安京は山城の地に造られたが、当時の貴族の本拠地のほとんどは大和、もしくは河内で、山城を本拠地とする貴族はほとんどいなかった。桓武天皇が大和から山城に都を移し、長岡京・平安京ができるが、貴族たちにとっては、それは自分たちの生活拠点からの移動を意味していたのである。

また一般庶民の場合も、それまでの平城京での生活から新しい土地での新しい生活に移るわけで、遷都当初の生活は非常に不安定なものだったと考えられる。

先述したように、平安京の人々の生活は、ひたすら地方からの貢納物に依存していた。そのため、地方の不作がたちまち都の食糧事情に影響し、盗賊・放火・殺人などが横行するようになる。こういうことで、当時の社会不安の背景には平安京のもつ特殊性があり、それを放置することは平安京の基盤を揺るがす、天皇や貴族にとって切実な問題であった。したがって、何としてでも平安京の治安を、強い権力によって維持する必要があったわけである。

嵯峨天皇の時代は平安京の草創期で、朝廷の諸機関も、社会的な基盤も未整備であった。ことに平城上皇によって都を奈良に戻そうとする動きがあり、そのような危機を乗り越え、中国風の威儀の整った都を造るためには、ぜひとも都の治安を安定させる必要があったと考えられる。

検非違使は宣旨というかたちで天皇から直接任命され、天皇の権力を背景に強い権限をもって行動した。それまでの官制や法規にこだわらず、機敏に行動する新しいかたちの警察として、京とその周辺の治安の維持に大きな役割を果たした。最初は臨時的に置かれたものが長く続いたことは、やはりその時代にとって必要であったからだと思われる。

五　検非違使を構成した人々

検非違使やその母胎である衛門府の官人には、どのような人が在職していたのか。そうした問題については朧谷《おぼろや》寿《ひさし》などの研究がある。(5) また宮崎康充は『検非違使補任』を編纂し、検非違使となった人物をさまざまな史料から集め、年次ごとに整理する仕事を行っている。(6)

私もかつて、研究の必要から、弘仁二年（八一一）から万寿四年（一〇二七）までの間の検非違使の下級職員（この場合は大志・少志以下）の出身地について、氏族別の分布を調べたことがある（本書第一部第一章「兵衛と畿内の武力」第二節6の叙述参照）。その結果、当時の検非違使の出身地は河内・摂津を初めとする都の周辺の諸国に集中しており、河内の場合には美努・飛鳥部・桜井田部・阿刀・茨田・県犬養・錦部など、摂津では垂水・凡河内・大原など、ある特定の氏族から多く出ており、しかも検非違使として顕著な活動を示す人がいく人もいることが分かった。

たとえば長徳三年（九九七）、右京の西寺のあたりで獄から逃げ出した盗賊の追捕に当たったのは美努理明・美努伊遠・飛鳥部好兼で、みな河内国の出身である（『西宮記』）。また長保三年（一〇〇一）、仁和寺の付近で藤原寧親の従者が殺されたおりには、犯人追捕のため十人ほどが赴いたが、そのうち大志美努理明・県犬養為政・少志林重親・府生茨田種理らはみな河内国の出身であった（『権記』）。

彼らは出身地ではどのような活動をしていたのか。美努氏の場合についていうと、長徳三年（九九七）、河内国で美努兼倫という人が襲撃される事件が起こる。三条家本の『北山抄』の裏文書に、その時の事情を詳しく述べた文書がある。それによると、河内国若江郡に住む美努公忠・美努利忠・坂上致孝・多米清忠・茨田友成・恩智忠正・弓削重忠その他が共謀してこの美努兼倫を殺害しようとし、私宅を襲ったとある。主犯の美努公忠は騎馬の兵を多く集め、襲撃事件を起こす、在地の実力者であった。この事件は検非違使とは直接の関係はないが、注目されるのは、関係者の中に検非違使と同じ姓の者が多く出てくることである。都の周辺の在地の有力者が検非違使に取り立てられているといったが、彼らは在地において武力を蓄え、同じ仲間で同類的な結合を持っていた。このような人々が検非違使の武力の基盤になっていたと思われる。

周知のように平城宮跡からは多くの奈良時代の木簡が出土しているが、そのなかに兵衛に関する木簡がある。兵衛は内裏の警衛に当たる舎人で、地方の有力者の子弟が採用されるが、木簡に記されている兵衛の氏の名を見ると、茨田・三野（美努）・錦部・林・大原・秦など、先ほど見た、十世紀から十一世紀にかけての検非違使や衛門府の官人と共通する氏が多い（前出「兵衛と畿内の武力」）。平城宮は八世紀の都であり、検非違使は十世紀から十一世紀であるから、その間の社会的変動を考えると、両者を直接結びつけることには危険があるが、こうした都の周辺の人々の武力が朝廷の武力として大きな役割を果たし、それが奈良時代から平安時代まで続いた、ということがいえるのではないかと思う。

六　その後の展開

九世紀に生まれた検非違使は、その後どのように変遷していったのだろうか。

十世紀初め、醍醐天皇に始まる時代は、律令制の支配が崩れ、新しい体制に移り変わっていく時期にあたっていた。地方の支配は動揺し、平将門が関東で、藤原純友が瀬戸内海で、あいついで反乱を起こした。京の治安も乱れ、飢饉や疫病があいつぎ、災厄から逃れようとする人々の間からは、政治的な事件で死んだ人の怨霊を祀るいわゆる御霊信仰が発展し、菅原道真の御霊を祀った北野天満宮が建立されたりした。また純友の反乱の直後からは、死後に極楽浄土に生まれ変わることを祈る浄土教の信仰が急速に広まった。そうした社会の動揺のなかで、検非違使の活動の必要はいっそう高まったと思われる。

検非違使を必要としたもう一つの事態として、院宮王臣家の活動ということがある。九世紀以降、特権的な身分に属し、富を蓄えた皇族・貴族が、経済力をもとに権威を振るうようになってきた。これらの人々は、それぞれ配下に家人とか院人とかという人々を蓄えたが、彼らは主人の権威を背景に、しばしば京中で乱暴を働き、あるいは院宮王臣家どうしで闘乱事件を起こした。そうした院人・家人の闘乱・乱行を抑えるものとして、検非違使が大きな役割を果たすようになった。長徳三年（九九七）には、花山院（花山法皇）の院人が京中で乱暴を働き、検非違使が取り締まる事件が起こっている（『小右記』）。

こうして十世紀から十一世紀にかけて、検非違使の活動の範囲は大幅に広がった。京中の警備のほか、京外にも検非違使は出ていくようになる。奈良の春日祭には多くの人が集まるが、それらの人々の取り締まりにも当たっている。また犯人が京外に逃亡した場合にも、検非違使が出向して捕まえる。地方の国司が、税の徴収のために検非違使の下向を願い出ることもある。

こうしたなかで、検非違使は京の人々の暮らしの中にまで入りこんでいった。夜間のパトロール（夜行）が検非違使の仕事となり、鴨川の堤防の修理に当たる防鴨河使も、検非違使が兼ねるようになった。京の行政の単位である

「保」の一つ一つに検非違使が置かれ、検非違使は京中の民事裁判を行うようになっていった。

平安の終わりになると、世の乱れが大きくなる。京では延暦寺や奈良の興福寺などの寺院の武力、いわゆる僧兵の強訴が次々に起こり、皇族や貴族の配下の武力集団の規模も大きくなった。そうすると、従来の検非違使の武力では手に負えないことになり、武士が検非違使のなかに入ってくる。そして検非違使の武力の主体も、従来の京周辺の在地の武力から、武士の武力へと変わっていくことになった。

おわりに

検非違使は平安時代を通じて、京の治安維持に大きな役割を果たした。なぜ検非違使が大きな役割を果たせたかというと、それはやはり天皇から特別の権限を付与されたことにある。王権と直結した機構であることが検非違使の権威の根源にある。それが嵯峨天皇の弘仁年間に生まれたのは、当時の特殊な政治的・社会的事情によるもので、当時の社会不安が成立後間もない平安京の基礎を崩壊させかねないものであったため、治安の悪化を防ぐという緊急の要請から、検非違使は生まれたものであったといえる。そのようにして成立した検非違使がその後の時代にも続いて発展していったのは、その後の歴史的展開が検非違使の警察力を必要としたことによっている。

検非違使は平安京という都の性格と密接に結びついた機構であり、平安京とともに生まれ育った機構であるということができよう。

注
（1）　笹山晴生「六衛府制の成立と左右近衛府」（『日本古代衛府制度の研究』Ⅲの第一の第一章。東京大学出版会、一九八五年）。

（2）　検非違使関係の主要文献
谷森饒男『〈検非違使ヲ中心トシタル〉平安時代の警察状態』（明昇舎、一九二一年。柏書房、一九八〇年から復刻）。

小川清太郎「庁例の研究」「検非違使の研究」（『早稲田法学』一一六～一一八号。一九三七年～一九三九年。名著普及会、一九八八年から復刻。森田悌編「検非違使文献目録」を付す）。

森田悌『日本古代官司制度史研究序説』（現代創造社、一九六七年）。

森田悌『平安初期国家の研究』（現代創造社、一九七〇年）。

渡辺直彦『日本古代官位制度の基礎的研究』（吉川弘文館、一九七二年）。

大饗亮『律令制下の司法と警察―検非違使制度を中心として―』（大学教育社、一九七九年）。

井上満郎『平安時代軍事制度の研究』（吉川弘文館、一九八〇年）。

丹生谷哲一『検非違使　中世のけがれと権力』（平凡社、一九八六年）など。
（3）
（4）　渡辺直彦「神宮検非違使の研究」（『日本古代官位制度の基礎的研究』（前掲）所収）など参照。櫛田川で中央の検非違使から大神宮検非違使へ任務を引き継ぐさまは、藤原宗忠の『中右記』永久二年二月二日条などに見える。
（5）　朧谷寿「十世紀に於ける左右衛門府官人の研究―佐・権佐―」ほか（本書第一部第一章注（54）参照）。
（6）　宮崎康充編『検非違使補任』全三巻（続群書類従完成会、一九九八～二〇〇六年）。

第三章　滝口の武者
――その武力をめぐって――

はじめに

「滝口の武者」と聞いて、どのようなことを思い出されるだろうか。国文学に詳しい方であれば、清少納言の『枕草子』の、夜、清涼殿の東廂で行われる「名対面《なたいめん》」といった点呼の行事に出てくる滝口の姿、あるいは『平家物語』の滝口入道の話などを思い浮かべられるかも知れない。

「滝口」とは、平安宮の清涼殿の東の庭の北方、「滝口の小戸」と呼ばれる場所を指す。諸殿の屋根に降った雨がしたたり落ち、排水溝に集まるが、その御溝水《みかわみず》が落ちる位置にあったので「滝口」と称した（図1参照）。「滝口の武者」とは、滝口の陣とか滝口の小戸、滝口北廊とか呼ばれるその所に詰めて禁中の警衛に当たった武者をさし、略して滝口とも呼んでいる。

滝口の武者は平安時代の初め、九世紀後半の宇多天皇の寛平年間に置かれ、平安時代を通して存在した。そのおもな仕事としては、蔵人所に属して天皇の日常の居所である清涼殿の宿直を勤めたほか、宮廷に関わる使いや警察的な行動に関わった。こうした一つの武力機構としての滝口については、すでに戦前に吉村茂樹が「滝口の研究」という

論文を一九二九年に『歴史地理』誌に書いており、これが滝口に関する基礎的な研究になっている。(1)

また比較的最近では、米谷豊之祐が「滝口武者考」という精密な研究を行っている。米谷のこの論文は、院政期の院の北面に関する研究などとともに『院政期軍事警察史拾遺』という本にまとめられ、一九九三年に近代文芸社から刊行されている。(2)

以下に私が滝口の武者について考えていることを述べるが、吉村や米谷の研究に負うところが多いことをあらかじ

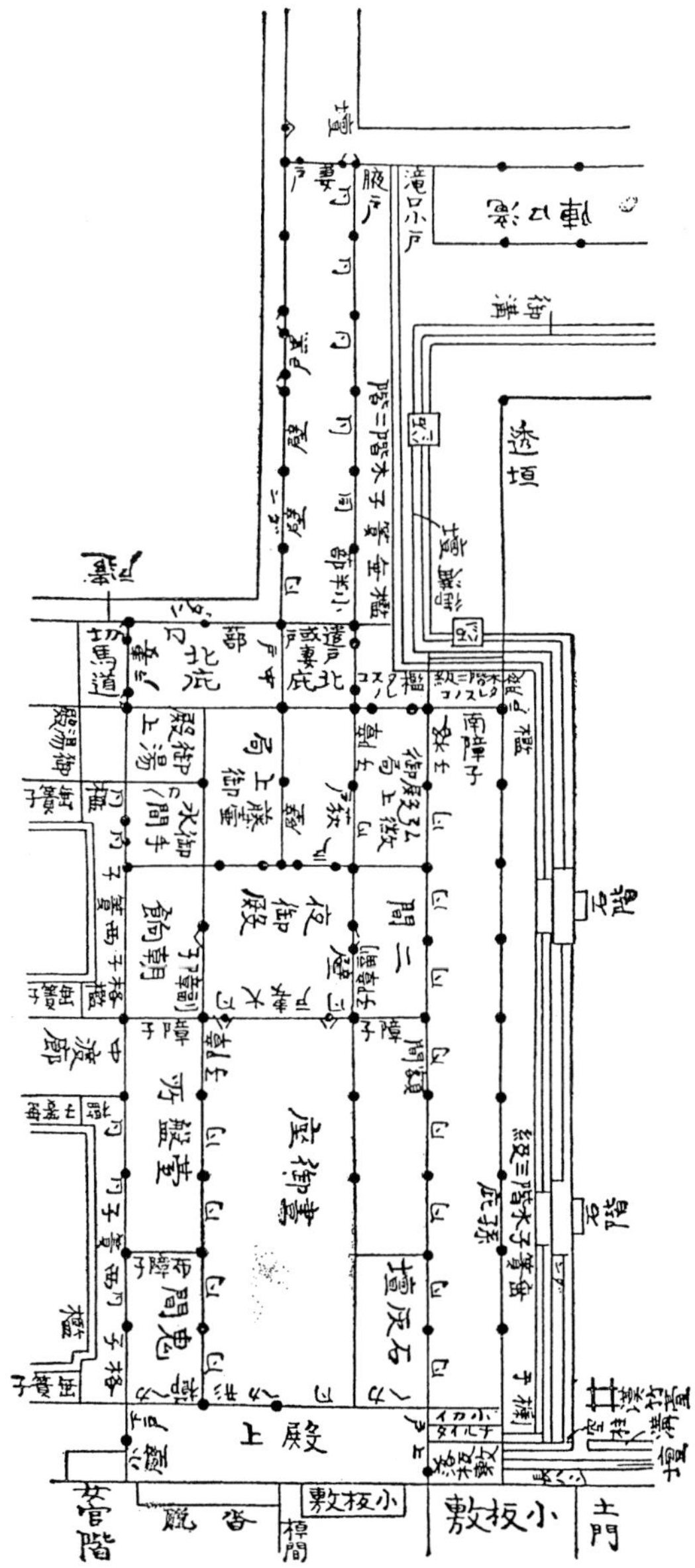

図1　清涼殿と滝口
裏松光世（固禅）『大内裏図考證』の「清涼殿全図」による。
上方（北方）に「滝口陣」が見える。

め申しあげておきたい。

一　どのような点が問題となるか

滝口の武者はどういう点で問題となるのか。自分なりに考えていることは五点ほどある。

第一に、この滝口の武者が寛平年間（八八九―八九七）に成立したことである。寛平年間は宇多天皇の時代で、宇多天皇は父の光孝天皇から皇位を継承し、当時関白であった藤原基経との間で阿衡の紛議という関白の職掌をめぐる事件があるなど大変苦労するが、やがて基経が没すると、菅原道真を抜擢し、天皇の政治的主体性を回復するために活発な政治を展開した。そのような宇多天皇の時代に成立したということが、滝口の武者というものを考えていく上でかなり大事なことではないかと思うのである。

第二に問題となるのは、滝口という場所である。滝口という場所が、内裏の清涼殿という殿舎に附属しているということである。もともと律令国家の時代には、大極殿を中心とする朝堂院が、国家の政務、あるいは儀式の中心であったが、平安時代に入ると、本来は天皇の居所であった内裏の方に政務の中心が移っていき、内裏の正殿である紫宸殿が公的な儀式の場としての性格を強めていく。そうしたなかで、紫宸殿の西に当たる清涼殿が天皇の私的な空間として重要性を増していくわけで、ちょうど宇多天皇の寛平年間は、清涼殿が天皇の居所としてその地位を確立してくる時期に当たっている。滝口の位置は、その清涼殿と、内裏の北方に展開する、天皇の后の住む空間である後宮との接点に存在している。そういう点で、滝口という場所の持つ重要性が注目されてくるわけである。

第三に問題となるのは、「滝口の武者」という称呼である。「武者」という称呼は、十世紀以降、一つの職能・身分として宮廷のなかに位置していくが「滝口の武者」はそのかなり早い、あるいはもっとも早い例になるのではないかと思われる。

当時、国家の公的な武力としては、衛府があった。内裏の警衛に当たるのはそのなかで左右近衛府であった。そのような衛府が存在しているときに、それとは別の武力として滝口の武者が設置された、その意味はやはり大きいのではないかと思われる。

九—十世紀にかけては、特権的な皇族や貴族の身分が形成されてくる。「諸院諸宮諸王臣家」などと史料には出てくるが、そのような院宮王臣家が私的な財産を貯え、武力の面でも私的な武力を形成し保持していく。院人や家人、あるいは諸家の兵士といったかたちでそれはうかがえるが、そういう私的な武力が形成されていく時期に、天皇のもとでも、それまでの公的な武力としての衛府とは別に、武者というものが置かれるようになる。そういう点でやはり注目されるわけである。

それから第四に注目されるのは、第一の点と関連するが、滝口の武者が蔵人所に属しているということである。蔵人所は嵯峨天皇の時に置かれ、その創設は平安初期に遡るが、この宇多天皇の時代、つまり九世紀の終わりの時代は、後で述べるように、『蔵人式』がつくられたり、五位の蔵人が置かれたりするように、蔵人所が大いにその職務を発展させていく画期にあたっていた。そうした時期に滝口が置かれ、それが蔵人所に属したということは、当時の蔵人の役割との関連においても注目されるところである。

第五の点は、第三の点とも関わるが、滝口の武者は天皇が退位したのち、その多くが退位した天皇、つまり上皇に所属する、いわゆる院武者所の武者となって奉仕を続ける、ということである。

『西宮記』によると、上皇脱屣の後、つまり天皇が退位して上皇となると、公卿以外の蔵人頭は院の別当に、五位の蔵人は侍者に、六位の蔵人は別当判官代となる。それぞれのうち補さざるものは蔵人のまま、また出納は主典代となる。その次に「滝口は武者所となす」とある(3)。

滝口の武者のうち、上臈の三人だけが次の天皇の滝口になることが慣例化していくが、その他の滝口の多くは院の武者所となるわけで、これは滝口というものが、一つの制度とか機構としての存在というよりは、個々の天皇に附属する、天皇と人格的な関係を持った私的な性格の武力であったことを示している。その点で、国家の機構としての衛府とは違った性格を持っているといえるのである。

以上の諸点が、滝口の武者が平安時代の武力として注目される点ではないかと私には思われる。

滝口の武者は、一〇人とか多くても三〇人というように、数の少ないものである。したがって、武力としてどれほどの意味があったのかという問題が当然出てくる。

以前、私は皇太子に属する帯刀舎人について論文を書いた(4)。帯刀舎人は滝口に似た、多くても二〇人から三〇人という武力で、そのような小規模な武力について研究することに意味があるのかという批判を当時頂いた。滝口の場合にも、それと同じようなことがいえよう。しかし、平安時代の貴族社会において武者がどのような役割を占めていたかを考える場合には、滝口の性格をじっくりと究める必要がある。私としては、やはり研究をしていく必要があると思っている。

二　滝口の創設と宇多天皇

それでは以下、簡単に滝口の歴史的な動きをたどってみたい。

最初に滝口が創設された宇多天皇の時代というものについて、先ほどの問題点を敷衍するようなかたちで触れよう。滝口についての包括的な叙述として普通よく使われるのは、『禁秘抄』の記述である。(5) これは比較的詳しい記述だが、『禁秘抄』は順徳天皇、つまり鎌倉時代初めの撰述であり、『禁秘抄』の中の滝口についての記述は、院政期の十二世紀から十三世紀にかけてのものになるわけで、創設期の滝口とはかなり違った様相がそこには見られる。創設期の滝口について考える場合には、もっと遡った当時の史料で見ていかなければならない。

創設されたのはいつかというと、それは宇多天皇の寛平年間ということになる。『西宮記』には、「御所の近辺にあり。寛平に置かる。衆十人、廿人、時議に随ふ」とある。(6)『拾芥抄』にも同じような記述がある。『西宮記』は十世紀の編纂物であり、寛平当時の史料とは言えないが、しかしやはり滝口の創設は寛平と見て間違いない。というのも、一つには蔵人所との関係である。

先ほど述べたように、宇多天皇は、藤原基経の死後国政の掌握に意欲を燃やし、宮廷の整備、儀式の充実に努めた。そのなかで、蔵人所の充実にはとくに努力を傾けた。

『侍中群要』という、蔵人所の職務に関わることを書いた編纂物を見ると、巻一の冒頭に寛平二年（八九〇）十一月二十八日の宇多天皇の勅というものがあり、そこに蔵人の職務の重要性、蔵人の働きについての心得が書かれている。寛平二年にはそれまで讃岐守であった菅原道真が京都に帰ってきて、翌三年三月には蔵人頭に補せられる。滝口の武者の創設は、こうした当時の蔵人所の動きと密接に関わって行われたことが考えられる。

また前にも述べたが、清涼殿との関わりについていうと、宇多天皇は即位の当初は東宮にいた。東宮は内裏の東方、雅院というところにあり、そこに天皇はいたのである。藤原基経が存命のあいだ、天皇は内裏には入らず、寛平三年正月に基経が没すると、すぐその翌月、寛平三年二月に天皇は東宮から内裏の清涼殿に遷御したと『日本紀略』には出ている。

菅原道真は蔵人頭に任命されたが、道真はそれを固辞した。何度か蔵人頭の職務を解いてほしいと宇多天皇に願い出る。道真の文章を集めた『菅家文草』によると、寛平三年四月二十五日に道真は重ねて蔵人頭の職務を辞めさせてほしいという状を天皇にたてまつっているが、それによると、道真は蔵人頭に補されたのち、式部少輔つまり式部省の次官にも任命され、さらに左中弁という弁官の職にも任命される。この式部少輔と左中弁という二つの職務だけでも大変なのに、その上いろいろな職務を負っているということで、「況やまた滝口撰書の所に直し、御前侍従の職に候す」と述べている。(7)

ここで「滝口撰書の所」という、この「撰書」が何に当たるのかは、よく分からない。道真が関係したものとして『三代実録』の編纂があるが、『三代実録』の編纂は『日本紀略』によると寛平四年（八九二）九月からで、これより後のことである。また『蔵人式』の編纂があるが、『蔵人式』は橘広相が中心になってやっている。このように「撰書」の内容はよく分からないが、いずれにしても寛平三年四月二十五日とは天皇が清涼殿に移った直後で、その時菅原道真は滝口に直して撰書の仕事に当たっていたことになる。この時期に滝口が天皇に近侍する者の場所として重要な位置を占めていたということが、これによって推測される。

先述した後宮との関係という点でも、宇多天皇の時代は非常に重要な時期に当たっている。天皇が東宮から清涼殿に移ったのは寛平三年二月のことだが、同年七月には天皇の母の中宮班子女王が東宮から内裏に移ってくる。『日本紀略』によると、その後この後宮でさまざまな行事が行われる。寛平四年三月には常寧殿で、常寧殿は後宮の中央、その正殿に当たる建物であるが、その常寧殿で班子女王の四十歳の算賀が催される。さらに同じ寛平四年十二月には、班子女王が生んだ忠子・簡子・綏子・為子の四人の内親王が、この常寧殿で母の班子女王のために経典の供養を行っている。『菅家文草』の中にも、道真がその行事に参加した記事が残っているのである。『古今和歌集』にその時の歌が多く残され、文学史上著名な「寛平御時后宮歌合」がどこで行われたかは明確ではないが、おそらくこの常寧殿であったと思われ、これを主催したのもやはり班子女王であった。

そのようなことで、宇多天皇の宮廷には、女御として、橘広相の娘の義子とか藤原高藤の娘の胤子、藤原基経の娘の温子などがいたが、その後宮は天皇の母の班子女王が中心となり、それを中心とする体制が形成されていたと思われる。

滝口の位置する所は後宮に近く、また清涼殿の東北の隅には「弘徽殿の上の御局」や「藤壺の上の御局」といった、後宮の女房などがやってくる殿上の局がある。『枕草子』に記される名対面などはこのあたりの殿上の庭で行われるもので、出欠をとる点呼のさいの「誰それおるか」「おります」というのを後宮の女房たちが耳を澄まして聞いていて、「名のりよし」「あし」「聞きにくし」、誰それの返事はさっぱり聞こえないとか、あの人の声はよいとか、勝手な品定めをやっている情景が描かれている(8)。

宇多天皇の時代は、後宮が非常に重みを持った時代であり、その点からも、その時期に清涼殿と後宮とを結ぶ滝口に武者が置かれた可能性は強いのではないかと思われる。

最後に、九世紀末以後の一般的な情勢として、飢饉とか疫病、盗賊・放火などが続出し、都をめぐる治安が非常に悪化してくるということがある。こういった様相が激化するのは、宇多天皇の時代よりも十世紀初めの醍醐天皇の時代だが、その兆候はすでに宇多天皇の時代にも現れており、京中の治安維持に当たる検非違使の体制も、蔵人所とともに宇多天皇の時期に整備された。このような点からも、天皇の側近の警護に当たる武者を置く必要が生じてきたと考えられる。

以上、創設期の滝口について考えてきた。やはり『西宮記』に書かれているように、宇多天皇の寛平年間に滝口が設置されたことは間違いないといってよい。

そこで問題となるのは、内裏を守衛する滝口が、近衛府とどのような関わりを持っていたかということである。内裏は本来、左右近衛府が警備を担当する場所であった。それについては、天皇の寝所を護衛するガードマンとしては、衛府の武力より機動的な武力が必要であった。そのためには衛府とは別の、少数ではあるが弓の術にたけた武者を置く必要があった、と見るのがよいと思われる。

滝口の武者が弓箭を帯することは国家から認められていることで、『西宮記』や『日本紀略』などの記述によれば、滝口が定まった場合には蔵人所から左右近衛・兵衛・衛門といった衛府の警衛場所である諸陣に連絡をとり、弓矢を帯びたままで出入りすることを認める、という措置がとられているわけである(9)。

実は蔵人所の職員の多くは近衛府の官人であって、頭中将というように近衛中将が蔵人頭に補せられる。それから蔵人少将、蔵人将監というように、近衛府の官人の多くは蔵人にも補せられているわけであるから、事実上滝口と近衛府とは密接な関係にあるわけで、必ずしも対立的なものと考える必要はない。蔵人でもある近衛府の官人の下に滝口が従属する、ということになるわけである。

三　滝口の活動

こうして滝口は成立したが、その後の様相はどうであったか。十世紀以後の滝口については、先ほど挙げた米谷の論文が詳しく述べている。

十世紀から十一世紀にかけて滝口の制度は整備されていくが、人数については定数がなかった。『貞信公記抄』によると、天慶九年（九四六）、村上天皇が即位したおり、新帝の滝口を何人にするかについて関白の藤原忠平は朱雀上皇に伺いを立て、「先帝の御時の程に依るべし」、先帝、つまり醍醐天皇の時と同じようにせよとの上皇の返事を得てことを決している。したがって、ここでは滝口の数は固定していなかったことになる。[10]

また後一条天皇の即位した長和五年（一〇一六）の『日本紀略』の記事によれば、新たに滝口十七人を寄せ、今三人は先朝の三労を以て加え寄せた。[11]ここでは滝口の定員は二〇人で、そのうち三人は三臈、つまり先帝の滝口の中から勤務年数の長い三人を選定している。勤務年数の長い順に三人、一番長い人を一臈、次は二臈、三臈といい、この上臈の三人を先帝から賜わるというかたちで、新帝の滝口とする。このような体制はこの後も続き、摂関期には滝口の人数はほぼ二〇人に固定され、そのうち三人は先朝の滝口から採るという体制ができてくる。上臈は月に一〇日、それ以外は月に二〇日の勤務で、これも院政期まで継続する。天皇の退位後、滝口が院の武者所として勤務するということも、この時期から行われている。

この時期に滝口がどのような活動をしていたのかについても、米谷の論文に詳しい。滝口は禁中の宿直のほか、宮中の警察的な任務にも当たっており、放火犯や盗賊を捕まえている。『日本紀略』長元元年（一〇二八）十一月二十九日条には、今夜滝口藤原忠道が中院（中和院）の辺りで窃盗を射殺したとあり、[12]また安和元年（九六八）三月二十六日条には、春宮坊の西門から中院に入ってきた狼を滝口の武者が射殺したとあって、[13]弓術にたけた滝口のようすがうかがわれる。

また警察的な任務のほかに、政治的に緊迫した状況の時には、それに応じた警戒体制のなかに滝口が加えられることもある。『栄花物語』によると、長徳二年（九九六）、一条天皇の時に、藤原道長と藤原道隆の子の伊周・隆家の兄弟とが対立し、伊周・隆家が花山上皇の狙撃事件を起こして配流されるということになるが、その時、配流に当たって内裏の警衛が強化され、「東宮の帯刀よ、滝口など云もの共、夜る昼候て、関を固めなどしていとうたて有」と書かれていて、禁中の警衛に春宮坊の帯刀などとともに参加していたことが分かる(14)。

また『本朝世紀』天慶五年（九四二）の条によると、この年六月、平安京に入る道をすべて固めて盗賊の大捜索が行われたが、その時に滝口が参加している。滝口の武者を毎夜四人、諸衛・検非違使に副えて巡回させ、滝口が乗るための馬も左右馬寮から調達させたとあって、滝口が検非違使などとともに京中の盗賊の捜索に当たったさまが記されている(15)。

米谷がこの時期の滝口の武者の行動についてまとめている所を引用すると、十世紀の一条天皇の頃までは滝口の武力の充実について努力が払われ、滝口の選任にあたっても全面的な権限を蔵人頭の責任において行っていた。したがって武力にすぐれた者が滝口になり、滝口自身もその地位を誇りにして野性的な行動を行っていた。そして、滝口を辞めた後、検非違使になる者が非常に多かった。ところが十一世紀、後一条天皇の時代から後になると、公卿が滝口の推挙権を持つようになって蔵人所の権限は弱まり、滝口もまた自分を推薦した公卿に対する私的な奉仕に陥って勤務を怠るようになっていき、以後貴族政権のなかで滝口の武力は衰えていく、と指摘している。

四　院政期の滝口

こうして十二世紀、院政期に入る。以前私が春宮坊の帯刀について調べたところでは、院政期の帯刀舎人は、米谷がいうような、院や女院、摂関とか公卿とかが推挙する、いわゆる給所というかたちでの任命が行われていた。そして、本主の皇太子が新帝として即位した後は、その地位に応じて衛門府や兵衛府の尉、馬寮の允などに任命されるといった昇進の過程が形成される。また武士的な身分の者が増加し、しかも特定の家の流にその職が継承され、源氏と平氏とがそれを統率する地位に立つようになる。このような武力の強化がはかられたのは白河院政期で、特定の家の流に職が継承されていく契機となったのは、白河上皇の恩寵によるものが多い。院政期に入ると、白河上皇や鳥羽上皇といった院が武勇にすぐれた者をみずからの近辺に集め、それらに滝口や帯刀・検非違使、あるいは院の北面といった地位を与えるようになる。この場合の官とか職とかは、本来の官制上の組織ではなく、武勇の者が帯びる身分の象徴としての名目的なものに転化してしまっている。こうしたなかで畿内近国の在地の武士たちが組織され、源平両氏に統率されて古代政権の武力機構を構成していった、と自分は考えたのである。(16) 滝口についても、大筋として、かつて私が帯刀について考えたのと同じようなことが見られるといってよいと思う。

公卿や院が滝口を推挙するようになることは、米谷が述べているとおりで、具体的な例が院政期のさまざまな記録、『中右記』『兵範記』『山槐記』などに出てくる。後白河天皇の滝口の場合では、一二所の院・女院などから滝口が推挙される。鳥羽天皇の場合だと一〇所、高倉天皇の場合だと一二所、というふうに、それぞれ有力な皇族・貴族から滝口が推挙される。これは院政期の一般的な状況で、成功とか栄爵の制が行われ、また院の分国や知行国の制度が出てくるという動きと一致するものがあるわけである。

特定の氏族によってその職が継承されるということも、滝口の場合、帯刀と同じである。滝口はことに嵯峨源氏、中でもいわゆる渡辺党と称する一党。嵯峨源氏は嵯峨天皇の皇子以後、源常、源融、源順などとみな一字の名をつけていて、それが後まで継承される。渡辺党の場合も名前が一文字で、「渡辺一文字の輩《ともがら》」と呼ばれていた。そのほかでは藤原氏のなかの藤原秀郷の流、あるいはやはり鎮守府将軍を務めたといわれる利仁の流、河内の文徳源氏、それから紀氏。嵯峨源氏と紀氏とがことに滝口を多く出している氏族である。詳細は米谷の論文に、それぞれの天皇についてどのような人が滝口になっているかについてのリストが挙げられており、またそれが系譜的にどのように繋がるかについても、系図が載せられ、詳しく述べられている。

その中で渡辺党についていうと、これは摂津の大江御厨にいるが、同じ摂津の多田荘を本拠とする清和源氏のなかの多田源氏（摂津源氏）と深い関係がある。渡辺党の最初の渡辺綱が大江山の酒呑童子を退治した時に源頼光の郎党となったと言われており、以来多田源氏との関係が深く、十二世紀末の源平の争乱期には、多田行綱のもとで渡辺党が活躍することになる。この嵯峨源氏がなぜ滝口になったのかについてはよく分からないが、おそらく大江御厨が蔵人所に所属し、贄を貢上する御厨となっていた関係で、蔵人所と関係を持つようになったのではないかと思われる。ちなみに多田源氏の一族も蔵人になっている者が多く、多田行綱も蔵人になっている。

また紀氏については、『尊卑分脈』等を見ると、同時に御厨子所の預や蔵人所の出納、御蔵の小舎人を務めている者が多い。おそらく地縁的に御厨の預などとして蔵人所に奉仕していたことが、滝口となった機縁かと思われる。ちなみに紀氏は滝口となるのがかなり早く、摂関期の藤原道長の時代から滝口として紀宣明という名が出てくる。

以上院政期の滝口について見てきたが、帯刀と同じように白河上皇の時代から武力が強化され、畿内近国の武力が編成されてくる。滝口もその武力編成の一環と位置づけられていたと見ていいわけで、滝口の場合にはやはり蔵人所との関わりあい、御厨としての御贄の奉仕、あるいは諸役の奉仕、そうした関係を通じて滝口となった者が多いのではないかと思われる。

こういった院政のもとでの武力集団は、その後源平の争乱期を通じ、さらに鎌倉時代初めの承久の乱における京方の武士の武力にまで繋がり、古代末期の内乱期の朝廷方の武力として、大きな役割を果たしていくことになる。

五　滝口の武力をめぐる問題

以上、九世紀から十二世紀までの滝口の歴史的な変遷について見てきたが、残った問題として、滝口の武力についてどう捉えるかということがある。これについては、近年、武力というよりはむしろ呪術的な、あるいは象徴的な意味を強調する考えが出されている。高橋昌明や野口実などで、ことに野口は、中公新書から一九九四年に出された『武家の棟梁の条件　中世武士を見直す』や、同年角田文衛編の『平安の都』（朝日選書）の中の「王権のガードマン滝口の陣」などの中で主張している。

述べていることの要点は、滝口を今までは新しい武力として強調してきたが、それは事実に反する。『紫式部日記』に、寛弘五年（一〇〇八）十二月の末に清涼殿に盗賊が入り、女房の衣を剝いでいった。悲鳴に式部が駆けつけると、裸で震えていた。その日は大晦日で、追儺の行事があった後であり、滝口には所衆が誰もいなかった。ということから、当時の滝口に期待されたのは物理的な武力ではなく、名対面・宿直申の時に滝口が「鳴弦」を行うことに示されるように、外敵から天皇を守る、辟邪の武力としての非物理的な、呪術的な力であった、と捉え、平安時代の王権に服属する武士は、鎌倉時代の東国武士とは異質のものであったと主張している。

これは、平安時代の王朝の武士を新しい見方で捉え直そうとしたものである。平安時代の貴族社会が呪術的なものに支配されていたことは『大鏡』の記述などからよく分かり、滝口にもそのような役割が期待されていたことは当然あろう。しかし滝口の武力の意味を正しく把握するためには、宮廷の体制のなかでその武力がどのように必要とされていたかを正しく把握する必要がある。その点で、高橋や野口の考察には、十分でない点があると思われる。

例えば高橋の論文のなかで、滝口という守衛の場所が水と関わりのあること、また滝口が八十島祭の祭祀に携わったという点でも水との関わりがあるということで、摂津の渡辺党と滝口との関係を論じているが、これはやはり蔵人所との関係で捉えていくのがよいであろう。このような制度・体制を語る場合には、それぞれの時期に担った役割がそれぞれ別にあると思われるから、それを一つ一つ考察し、全体的に見通す必要があるのではないかと思われる。そういう点で、まだ今後いろいろと検討し直す必要があるのではないかと私は思っている。以上は現在の段階での私の考えをまとめたもので、今後このようなことに関心を持たれる方によって研究が進められていくことを期待したい。

注

（1）吉村茂樹「滝口の研究」（『歴史地理』五三巻四号。一九二九年）。
（2）米谷豊之祐「滝口武者考」（『院政期軍事警察史拾遺』所収。一九九三年、近代文芸社）。
（3）（『西宮記』臨時二、院宮事）「上皇脱屣之後、（中略）頭為二別当一、五位蔵人為二侍者一、六位蔵人為二判官代一、不レ補者蔵人如レ元。出納為二主典代一、滝口為二武者所一（下略）。」。
（4）笹山晴生「春宮坊帯刀舎人の研究」（『日本古代衛府制度の研究』Ⅳの第一。東京大学出版会、一九八五年。初出は一九七二年）。
（5）（『禁秘抄』中）「滝口　員廿人。無二有官一。大略同二所衆一。但白地不二昇殿一。公役体同。但公役者、必滝口也。着二布衣一旦暮候レ砌。九条関白殊制申。但非レ難歟。遠所勅使等公役、随レ仰奉仕、無二定様一。又栽草木様雑役、皆例也。無官或内舎人・将曹・志等補レ之。院宮・親王・公卿・侍臣等、皆挙申。頭下二知蔵人一、蔵人仰二出納一召付。若有レ試、蔵人一人、於二左近馬場一試二能射一、例也。天徳四年、七人召加。又於二弓場試時一、公卿・侍臣等試之。凡学士試者、於二弓場一試也。」。
（6）（『西宮記』臨時五　所々事）「滝口在二御所近辺一。寛平被レ置。衆十人、廿人、随二時議一。有二内官一。有二熟食一。食二年官一。進二月奏一。」。
（7）『菅家文草』巻九。寛平三年四月二十五日重請解蔵人頭状。
（8）（『枕草子』五十六）「殿上の名対面こそなほをかしけれ。御前に人侍ふをりは、やがて問ふもをかし。足音どもしてくづれ出づるを、上の御局の東おもてにて、耳をとなへて聞くに、知る人の名のあるは、ふと例の胸つぶるらんかし。また、ありともよく聞かせぬ人など、此のをりに聞きつけたるは、いかが思ふらん。「名のりよし」「あし」「聞きにくし」などさだむるもをかし。

果てぬなりと聞く程に、滝口の弓鳴らし、沓の音し、そそめき出づると、蔵人のいみじくたかく踏みごほめかして、丑寅のすみの勾欄に、高膝まづきといふゐずまひに、御前のかたにむかひて、うしろざまに、「誰々か侍る」と問ふこそをかしけれ。たかくほそく名乗り、また、人々侍はねば、名対面つかうまつらぬよし奏するも、「いかに」と問へば、さはる事ども奏するに、さ聞きてかへるを、方弘きかずとて、君たちの教へ給ひければ、いみじう腹立ち叱りて、かうがへて、また滝口にさへわらはる。（下略）」。

（9）（『日本紀略』貞元二年十一月九日条）「左大臣仰云、滝口武者、帯二弓箭一可レ免二出入一者。」。

（10）（『貞信公記抄』天慶九年五月五日条）「滝口武者数令レ申。上皇御報云、可レ依二先帝御時程一者。」。

（11）（『日本紀略』長和五年二月十七日条）「被レ寄二滝口十七人一。今三人、以二先朝三労一被二加寄一。」。

（12）（『日本紀略』長元元年十一月二十九日条）「今夜、滝口藤原忠道於二中院一射二殺竊盗一。仍内裏触穢。」。

（13）（『日本紀略』安和元年三月二十六日条）「狼自二春宮坊西門一入二中院一。為二滝口武者一被二射殺一。」。

（14）『栄花物語』巻五浦々の別。

（15）（『本朝世紀』天慶五年六月二十九日条）「（上略）仰曰、可勤夜行之由、去五月一日被二仰下一了。而今如レ聞、諸衛不レ勤二行其事一、又馬寮不レ牽二送御馬一。近日、京中群盗多聞。依奏レ事了。又以滝口武者、毎夜四人府別一人、相二副諸衛幷検非違使一、自二今夜一令二勤行一之。又召二仰左右馬寮一、例奉御馬十疋之外、寮別牽二加二疋一、令レ充二滝口人々料一者、即召二仰諸衛幷馬寮等一了。」。

（16）笹山晴生「春宮坊帯刀舎人の研究」（前掲、Ⅳの第一、第三章）。

第四章　政治史上の宇多天皇

はじめに

宇多天皇は平安初期、九世紀の最後の時期の天皇である。宇多天皇の時代は、古くは「寛平の治」といわれ、次の醍醐天皇の延喜の治と合わせ、藤原氏による摂関政治が本格化する前の名君治世の聖代とされていた。一九三〇年（昭和五）に刊行された川上多助の『平安朝史　上』（『綜合日本史大系』3）では、第七章「寛平・延喜の治」でこの時期のことが扱われ、古い名分論的な考え方に囚われない、すぐれた考察が行われている。(1)

宇多天皇の時代については、第二次世界大戦後になると、九世紀から十世紀初めにかけての社会の変動と、それに対応する政策の変化という面から考えよう、という動きが出てきた。また天皇としての在位の期間だけでなく、その後の上皇としての時代をも含めて考えていかなければならないという動きも出てきている。目崎徳衛の「宇多上皇の院と国政」は、宇多天皇が上皇としていかに国政に関わったかという問題を扱ったすぐれた論文である。(2)また最近では保立道久が『平安王朝』という、「持続する王権」という視角から、王の年代記として新しく捉え直そうとする示唆の多い本を出している。(3)

宇多天皇については、その他詩文の世界との関わりとか、仏道修行などいろいろな問題がある。経済的には、院宮王臣家の代表ともいえる経済的な基盤を持っている。そういう面を含めて宇多天皇というものを改めて考えていくことにしたい。

宇多天皇については、他の史料に引かれたかたちではあるが、『宇多天皇御記』という日記が残っており、また醍醐天皇が位についたおり、天皇に対して政治の心構えを諭した『寛平御遺誡』も残っていて、前後の天皇に較べてその生の姿を比較的捉えやすいという点も注目されるところである。

一　宇多天皇の生涯

最初に、宇多天皇の生涯について簡単に見ていきたい。宇多天皇（定省親王）は仁明天皇の孫、光孝天皇の皇子で、母は班子女王、桓武天皇の皇子仲野親王の女である。したがって直接的には、藤原氏とは系譜的な関係を持っていない（図2参照）。

当時の皇位の継承は、藤原北家、藤原冬嗣の系統と密接に関わっていた。嵯峨天皇の子の仁明天皇に冬嗣の女の順子が嫁ぎ、その間に生まれた文徳天皇に良房の女明子が嫁ぎ、その間に生まれた清和天皇に長良の女の高子が嫁ぎ、そしてその間に生まれた陽成天皇に皇位が伝わる。そうした状況の中では、光孝天皇や宇多天皇が皇位につく可能性は本来ほとんどなかった。ところが陽成天皇のとき、時の摂政の藤原基経と天皇との間に事件が生じ、基経は天皇に退位を迫る。その結果、陽成天皇は元慶八年（八八四）に退位し、その後に擁立されたのが宇多天皇の父の光孝天皇であった。

光孝天皇は基経の擁立の功に謝し、自分の系統に皇位を伝える意志のないことを示すため、皇子・皇女二九人に源

図2　宇多天皇関係系図

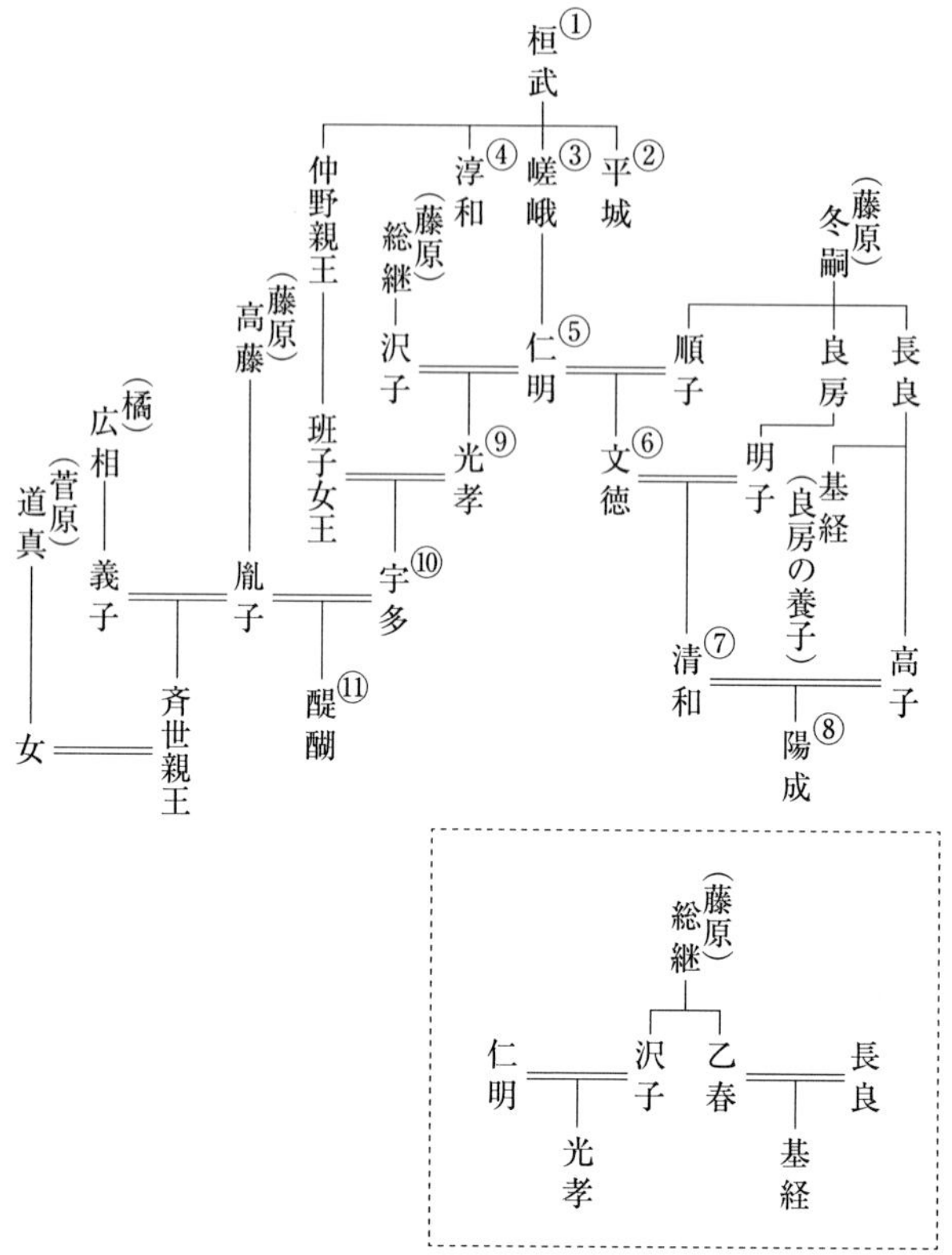

朝臣の姓を賜わり、臣籍に下した。宇多天皇（定省親王）も源定省となって左京一条の戸籍に附せられた。しかし高齢の天皇は間もなく病にかかり、定省が次の皇位継承者と定まって、まず源朝臣定省の臣姓を削って親王に列し、皇太子となって践祚・即位する。このような前後に例を見ない特異な経験をして、宇多天皇は皇位についた。仁和三年（八八七）のことである。

即位後の宇多天皇は、いわゆる阿衡事件で藤原基経に屈服するという苦い経験をするが、寛平三年（八九一）に基経が没した後は、菅原道真などを登用し、寛平の治といわれる独自の国政の改革を進めていく。しかし間もなく、寛平九年（八九七）に三十一歳で位を子の醍醐天皇に譲り、上皇となる。上皇は後に出家して太上天皇の尊号を返上し、法皇となるが、ここでは便宜上、皇位を去った後の宇多上皇のことはすべて上皇と称することとする。

宇多上皇は醍醐天皇のもとに藤原時平と菅原道真とをつけ、一つの体制をつくろうとしたが、間もなく延喜元年

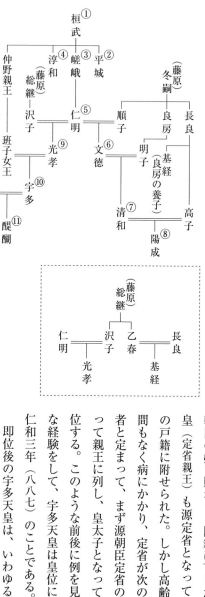

表4　宇多天皇関係年表

西暦	年号	歴代	事　　項
867	貞観9	清和	5.5 誕生
872	14		9.2 藤原良房没（69歳）
876	18	陽成	11.29 清和天皇（27歳），皇位を貞明親王に譲る
877	元慶元		正.3 陽成天皇即位（9歳）
880	4		12.4 藤原基経，太政大臣となる
884	8	光孝	2.4 陽成天皇退位／2.23 光孝天皇（時康親王．仁明天皇皇子）即位（55歳）／4.13 天皇，皇子女29人に源姓を賜う／6.5 藤原基経に政務輔弼の勅を下す
887	仁和3	宇多	8.26 光孝天皇，定省親王を皇太子に立て没／11.17 宇多天皇即位（21歳）／11.21 天皇，藤原基経に政務関白の詔を賜う．基経，勅答の文に「阿衡」の文字あるにより政務を見ず
888	4		6.2 天皇，基経にあらためて関白の詔を賜う
891	寛平3		正.13 藤原基経没（56歳）
893	5		敦仁親王（醍醐天皇）立太子
897	9	醍醐	7.3 宇多天皇譲位（31歳）．醍醐天皇即位（13歳）
898	昌泰元		10.20～閏10.1 上皇近郊に遊猟，大和御幸
899	2		2.14 藤原時平左大臣，菅原道真右大臣となる／10.24 宇多上皇仁和寺に出家／11.24 東大寺に受戒
900	3		4.1 皇太后班子女王没／10月上皇，金峯山・竹生島御幸
901	延喜元		正.25 右大臣菅原道真，大宰府に左遷／2.13 班田励行，荘園停止などを命じる（延喜の改革）／12.13 上皇，東寺にて伝法灌頂を益信に受ける
903	3		2.25 菅原道真，大宰府に没
904	4		3 上皇仁和寺に御室を造営，ここに移る
907	7		9.19 上皇大堰河御幸．天皇も行幸／10.2 上皇，紀伊・熊野御幸
909	9		4.4 左大臣藤原時平没
910	10		9 上皇，叡山にて三部大法灌頂を増命に受ける
912	12		2.10 紀長谷雄没
913	13		5.3 上皇，東寺にて斉世親王（真寂）らに灌頂を授ける
914	14		4.28 三善清行，意見封事十二箇条／8.25 藤原忠平，右大臣となる
923	延長元		4.20 故菅原道真を右大臣に復し贈位．配流の詔書を破棄／7.24 中宮藤原穏子，寛明親王（朱雀天皇）を生む
930	8	朱雀	6.26 清涼殿落雷，大納言藤原清貫ら没．醍醐天皇不予／9.22 天皇譲位（46歳）／9.29 没／11.21 朱雀天皇即位
931	承平元		7.19 宇多上皇没（65歳）

（九〇一）、菅原道真が左遷され、政治的な支配の基盤が崩れる。その後上皇は仁和寺に入り、仏道の修行を主とするようになるが、他方、亭子院《ていじのいん》などの邸宅に文人・学者を招いて詩宴を催すなど、宮廷に重みを持ち続け、醍醐天皇の亡くなる前後には、再び国政に関わる存在になっていた。そして承平元年（九三一）、六十五歳で没することになる。

二　国政の改革

宇多天皇による国政の改革は、藤原基経が没した寛平三年（八九一）から、天皇が退位する寛平九年（八九七）までのきわめて短い期間に集中的に行われた。この国政の改革には、大きくいって二つの方向がある。

その一つは、院宮王臣家の活動の抑制である。院宮王臣家は天皇との特権的な関係にもとづく少数の皇族・貴族たちの集団で、私的な土地や財産の所有を核にしてこの時期に成長してきていた。院宮王臣家は富裕な農民層と結びつき、土地の経営だけでなく、流通や交易の面にまで進出していた。こういった院宮王臣家の活動を、律令で定められた収取の体制を維持するために抑制するということが、改革の一つの目標であったと考えられる。

もう一つは、現実に即した地方行政。当時は調庸や米などの未納・未進が累積して国家の財政を圧迫し、そうしたなかで、地方の行政に当たる国司には、厳しい徴税・納入の義務が負わされていた。それに対し、宇多天皇の時代には、非常に現実的な対応が行われる。つまり累積した債務の全額を納めさせるのではなく、毎年決められた額だけを納めさせる。毎年のその国の規定の納付額に、その十分の一を旧年分としてプラスして納めれば、国司の責任は果たされる。そういう政策がとられる。その背景には、宇多天皇の重要なブレーンで讃岐守などの経験があり、地方の行政の実態をよく把握していた菅原道真の存在があると思われる。

こうした宇多天皇の時代の政策は、九～十世紀の政治の過程のなかでどのように位置づけられるのか。宇多天皇の時代に先立つ藤原基経の時代には、民部卿の藤原冬緒が中心となり、班田制の励行を主眼とする政策が行われた。また宇多天皇の次の醍醐天皇の時代には、藤原時平によっていわゆる延喜の改革が行われ、班田の励行、皇室領である勅旨田の新規開田の禁止などの措置がとられている。延喜の改革では、宇多天皇の時代に較べ、国司に対してより厳しい態度がとられている。また宇多天皇の場合には院宮王臣家の活動の抑制に力が注がれているのに対し、延喜の改革ではその路線は継承されるものの、どちらかというと皇室領の拡大の抑制に主眼が置かれている。そういった点で、延喜の改革には、藤原基経の元慶の改革を継承する面と、宇多天皇の時代の政策を継承する面との両方があるわけで、元慶の改革、寛平の改革のいわば集大成である、そのように位置づけられるのではないかと思われる。

それではこのような改革は、何を目的として行われたのか。直接的には当時の現実の政治的課題の解決をめざしたものであるが、その背景には、やはり国政の主導権を天皇が掌握する、ということがあったと思われる。それまで、清和天皇から陽成天皇の時代にかけて、国政の主導権は藤原北家に握られ、幼少の天皇がみずからの意志で国政を行うことは困難であった。そういう時期を脱却し、天皇みずからに政治の実権を取り戻すためには、具体的な政策の面で主導権を握ることが大切であって、それを宇多天皇は行った、と位置づけられると思われる。

三　内廷の充実

国政の改革とともに宇多天皇の時代のこととして注目されるのは、内廷の充実である。宮廷の制度は、九世紀初めの嵯峨天皇の時に整えられた。嵯峨天皇は、天皇としての在位後も、弟の淳和天皇、子の仁明天皇の時代にかけて上皇として宮廷の中心にあった。その嵯峨天皇の時に内廷の機構が整備された。宇多天皇は嵯峨天皇の宮廷を範とし、その政策を踏襲するかたちで内廷の充実に努めたものと思われる。

第一に挙げられるのは、蔵人所の充実である。蔵人は天皇の秘書官的なもので、蔵人所は内廷の中心となり、宮廷の経済にも関わる存在となった。

宇多天皇は即位後間もなく、寛平二年（八九〇）の十一月に勅を下して蔵人の職務の重要なことを説き、その心構えを諭している。これは蔵人についての規定を集めた『侍中群要』に出てくるもので、天皇は即位の当初から蔵人の重要性を認め、その充実をはかっていたことになる。そして翌年正月十三日に基経が没すると、二月十九日には天皇はそれまで住んでいた雅院から内裏の清涼殿に入り、三月三日には菅原道真が蔵人頭に補され、蔵人が天皇を補佐して活躍する体制が整えられた。宇多天皇の時にはまた五位蔵人が置かれ、身分の高い者を蔵人とする道が開けることになる。

内廷の充実ということで次に注目されるのは、武力としての滝口の創設である。これについては本書の第一部第三章「滝口の武者―その武力をめぐって―」の篇で考察したので、ここではその要点だけを述べよう。

滝口は清涼殿の北東、内裏に降った雨水が集まって外に流れ出すところで、そこに置かれた武者なので滝口の武者という。この滝口の武者が注目されるのは、一つには「武者」が身分として現れる最初ではないかということ、第二には武器として弓矢を持つということ。それまで天皇の周囲を警固していた近衛舎人が大刀を武器にしていたのに対し、滝口は飛び道具を持った狙撃兵であった。そして第三に、その宿直の場所が天皇の日常の住まいである清涼殿に附属し、しかもそれは北の方に展開する後宮との接点に当たっていたことである。こうした武力を天皇のすぐ近くに置くことは、ある意味で大変危険なことであるが、それだけに大きな意味を持つことであったと考えられる。

宇多天皇の時にははっきりしないが、十世紀初めの朱雀天皇から後になると、天皇の在位中に滝口であった者の大部分は、天皇が譲位して上皇となった後もそのまま上皇に属する、いわゆる院武者所の武者になる、という関係ができる。滝口は天皇にとって私的で家産的な性格を持つ武力であったわけで、それが宇多天皇の時に生まれたということには、やはり重要な意味があったと考えられる。

内廷についてもう一つ注目されるのは、後宮の問題、ことに宇多天皇の母班子女王の存在についてである。寛平三年（八九一）、天皇が東宮雅院から内裏に移った五カ月後、班子女王も内裏に入る。以後班子女王は後宮の正殿的な位置にある常寧殿を活躍の舞台としたようで、翌寛平四年三月には天皇がここで班子六十の算賀を行い、同年十二月には、班子女王と光孝天皇との間に生まれた忠子内親王らの皇女がここで仏経を供養し、班子女王の長寿を祈っている。

また宇多天皇の時のこととして注目されるものに、「寛平御時后宮歌合」がある。これは和歌の歴史上重要な歌合で、この歌合で詠まれた歌二〇〇首のうち、『古今和歌集』には五七首、菅原道真の編んだ『新撰万葉集』には一七〇首もの歌が収められている。これは班子女王の主催した歌合で、その舞台もおそらく常寧殿であったと思われる。

宇多天皇の配偶者としては、女御として橘広相の女義子、藤原高藤の女で醍醐天皇の母となる胤子、それに藤原基経の女の温子があった。後の藤原師輔の日記『九暦』には、一つの話を載せている。(4) 寛平五年（八九三）に敦仁（醍醐天皇）が元服し、立太子する。その夜に、光孝天皇の皇女で班子女王の生んだ為子内親王と、藤原基経の女の穏子とがともに参入しようとした。そのとき班子は宇多天皇に申し入れ、穏子の参入を停めさせた。班子はその後も穏子の参入を拒み続けるが、藤原時平が計略をめぐらして参入させ、穏子は醍醐天皇の皇子保明親王を生む。しかしその後も醍醐天皇は法皇の命を恐れ、親王の立太子を逡巡した、という話である。班子女王が没するのは醍醐天皇の即位後の昌泰三年（九〇〇）のことであるが、こうした伝承にも、班子の勢威の強さ、後宮を抑えていたさまを窺うことができると思われる。

四　退位後の活動

退位後の上皇としての存在とその活動とについての話に入りたい。その活動の特色を三つにまとめると、一つには、国政の権を掌握することに強い意志を持っている。第二には、仏道の修行に打ちこんでいる。第三には、その一方で詩宴と御幸とを活発に行っている、ということになろうかと思う。またその背景に、邸宅・牧などを含む強固な経済的基盤があることにも注意する必要があると思う。

国政の掌握という点については、宇多天皇が三十一歳の若さで皇位を醍醐天皇に譲った、その意図が問題となる。これはおそらく、嵯峨上皇の例に倣い、上皇として家父長的な権威によって国政を掌握しようと図ってのことであったと思われる。藤原北家との関係の薄い醍醐天皇に早いうちに皇位を譲り、自分はその背後にあって、腹心を介して国政を遠隔操作する、これは目崎徳衛の述べたことであるが、おそらくそういうことであったと思われる。しかしその企ては、延喜元年（九〇一）の菅原道真の配流によって挫折することになった。

道真の配流後、宇多上皇は仁和寺で仏事に専念するが、その後は藤原時平の弟の忠平が上皇と醍醐天皇との関係を取り持つことに努め、延喜十年（九一〇）に時平が没すると、上皇と朝廷との関係は好転する。このあたりもまた、目崎が述べているとおりである。しかしそれは国政そのものに関与するということではなく、家父長的な立場で皇位の継承などについて発言をする、といった性格のものであったと思われる。

遊猟・詩宴については、宇多天皇はその在位中から、菅原道真や紀長谷雄らの文人を召し、しきりに詩宴を催していた。退位後も、とくに延喜九年（九〇九）頃からは、上皇の邸宅であった左京七条の亭子院などで詩宴が催され、亭子院は当時の文芸活動の中心としての位置を占めることになる。

遊猟・御幸の面でも、上皇は非常に活発であった。ことに退位の翌年、出家直前の昌泰元年（八九八）十月に行われた近郊への遊猟、大和への御幸は圧巻である。紀長谷雄と菅原道真とが詳細な記録を残しているのでよく分かるのだが[5]、普段は人前に姿を見せない上皇が騎馬で朱雀院を出、威儀を整えて朱雀大路をパレードする。上皇といっても三十二歳、格好いい、一目見たい、ということで多くの女性の車が朱雀大路に詰めかけ、大騒ぎになった。この御幸は、大勢の官人を従えての近郊での遊猟と、少数の従者を連れた大和・吉野への御幸とに二分されるが、このような詩宴や遊猟は単なる遊興ではなく、文化的事業を主催することによって王権に対する求心力を高める役割を果たす、桓武天皇や嵯峨天皇の先蹤を継承するものであったと見てよいかと思われる。

最後に上皇と仏道修行との関わりについて。これには天皇と出家との関わりという、奈良時代以前にまで遡る大きな問題があるが、宇多天皇の場合について言うと、天皇の仏道修行は決して単なる俗界からの逃避ではなく、より積極的な意図を持ったものと考えられる。

宇多天皇は即位の前から仏道に心を寄せ、比叡山に登って出家をしようと思っていたらしい。そして退位後の昌泰二年（八九九）、仁和寺で出家し、東大寺で受戒した。さらに延喜元年（九〇一）には東寺で益信から真言宗の両部灌頂を、延喜十年（九一〇）には比叡山で座主増命から天台の三部大法の灌頂を受けた。密教の正統の受法者となった上皇は、延喜十三年（九一三）に子の斉世親王（真寂）に灌頂を行ったのを初め、他者への付法をも行うことになる。

上皇が密教の付法を行うことはそれまでにはないことで、その後仁和寺は宇多上皇の法統を伝え、覚行が法親王の宣下を受けた後は、仁和寺の御室として代々皇族がその後を継いでいく。王法仏法相即の象徴というか、王権と仏法とが固く結びついた姿をそこに見ることができる。

五　宇多天皇の史的位置

政治史上の宇多天皇、宇多天皇の史的位置というものをどのように評価したらよいのか。天皇が王権のありかたについてどのような構想を持っていたのか、それがどの程度実現したのか、実際にはよく分からないが、その後の歴史を通観すると、宇多天皇の治世がその後の時代に大きな影響を及ぼし、一つの動きとして展開していくということは、確実にいえることだと思われる。

宇多天皇が嵯峨天皇の治世を範とし、それを継承したことは間違いない。内廷の充実、上皇としての宮廷掌握の意図などはそれである。そして同時に、宇多天皇の治世は、後代の天皇・上皇の治世にも大きな影響を及ぼしている。その一つは、天皇が現実の政治の上で主体性を保持するということ。摂関家が家父長的な権威によって皇権をその支配下に置くという事態のなかで、たまたま摂関家と関係の薄い天皇が即位した場合、具体的な政策の上で積極的な動きを打ち出し、それによって政治的な主体性を発揮しようとする。花山天皇や後三条天皇の場合がそれで、いわゆる「新制」というかたちでそれを行うことによって、そこにみずからの権威の基礎を置こうとする。宇多天皇の国政は、そうした動きの先蹤と見ることができる。

また上皇としての執政という点で、それが白河上皇の院政に繋がることは、それぞれの執政の特質についての配慮が必要ではあるものの、やはりいえることではないかと思われる。

第二の点は、詩宴や遊猟の面で上皇が宮廷文化の指導者としての役割を担ったこと。これも王権の保持に大きな意味を持つことで、円融上皇や花山上皇のありかたに繋がっていく。円融上皇の御遊や仏事に宇多天皇を先例とする意識が明瞭に現れていることは、目崎徳衛が「円融上皇と宇多源氏」の論文で指摘しているところである(6)。

王法と仏法の結合という点で、宇多上皇の存在は画期的であった。その点で仁和寺は大きな意味を持っている。宇多野は嵯峨野に隣接し、もともと葬送の地であったと思われるが、そこに仁和寺ができ、その仁和寺を核としていわゆる四円寺、円融天皇の円融寺、一条天皇の円教寺、後朱雀天皇の円乗寺、そして後三条天皇の円宗寺といった歴代天皇の御願寺が置かれ、王法仏法相即を象徴するような地になっていく。

後三条天皇の円宗寺には、大江匡房の供養願文に示されるように(7)、盧舎那仏を本尊とする鎮護国家仏教としての性格があり、独自に考えるべき問題があるが、これが白河天皇の法勝寺に始まる六勝寺の造立へと繋がり、新たな展開を示していく。そうした動きの起点をなすのが、宇多天皇と仁和寺との関係ではなかったかと思われる。

宇多天皇の経済的な基盤の問題については触れることができなかったが、この章はここで終わりたい。

注

(1) 川上多助『綜合日本史大系』3平安朝史上(内外書籍、一九三〇年)。
(2) 目崎徳衛「宇多上皇の院と国政」(『貴族社会と古典文化』所収。吉川弘文館、一九九五年。初出は一九六九年)。
(3) 保立道久『平安王朝』(岩波書店、一九九六年)。
(4) 『九暦』逸文天暦四年六月十五日条(『御産部類記』二所引九条殿記)。
(5) 『紀家集』昌泰元年十月二十日競狩記。『扶桑略記』昌泰元年十月二十一日条。
(6) 目崎徳衛「円融上皇と宇多源氏」(『貴族社会と古典文化』(前掲)所収。初出は一九七二年)。
(7) 大江匡房「円宗寺鐘銘」(『本朝続文粋』巻十一)。

第五章　平安時代の王権

はじめに

平安時代の歴史は、古来王権衰退の歴史として捉えられてきた。慈円の『愚管抄』は、年を追って衰退していく王法を助け補うものとして、仏法や、藤原氏による摂関政治、さらには武士の登場することの必然性を述べ、また新井白石は、徳川幕府の統治の正当性を論じて、公家政権の衰退、武家の台頭の歴史の一環として平安時代の歴史を把握した。平安時代の王権の推移を負のイメージで語ることは、一つの伝統的な歴史観であったといってよい。

平安時代の、摂関政治や院政の政治形態、その権力構造についての研究は、戦後著しく進展し、近年には保立道久をはじめ(1)、新しい見地から平安時代の王権の特質を捉え直そうとする動きも起こっている。古代天皇制の総体についても多くの研究成果が生まれ(2)、世界的な視野から、諸学問分野の研究を踏まえて天皇制の本質を究明しようとする企てもなされている(3)。平安時代の王権に関する研究は、今、新しい段階に立ち至っているといえよう。

私が以下に述べることは、すでに講演や論文で述べてきたことを踏まえたもので、近年の研究に何かを加えうるものとは思っていないが、古代の王権のありかたやその特質についての考察を深める機縁にともなれば幸いである(4)。

一　七・八世紀の王権

1　天皇制の確立とその矛盾

日本古代の天皇制は、七世紀後半の天武朝にその確立を見たと思われる。(5)壬申の乱に勝利して王権の基礎を固めた天皇は、豪族を官僚として組織する一方、神祇の祭祀権を天皇へと集中し、支配層を網羅する体系的な祖先系譜の形成をはかるなど、理念的な面でも王権の求心性を高めることに努めた。こうして、畿内勢力の代表者としての「大君」は、全国の統一的王権の長としての実体を備えるようになった。

天武天皇がこのような王権の新しい構築を志した背景には、六世紀末以来王族が抱いてきた危機感があったと考えられる。

六世紀末以後、東アジアは大きな変動の時期を迎え、国内においても王族・豪族の政治的抗争が激化していた。こうした中で、倭国の指導者の間には、中国の政治思想、ことに易姓革命の思想に対する関心が急速に高まったと推測される。易姓革命の思想は天命思想に基づき、王者に対する勧戒を説くものであるが、王朝の交替を正当視する思想でもあった。遣隋使に従って中国に渡った留学生・学問僧らは、隋から唐への王朝の交替をまのあたりにして帰国したが、その一人僧旻が帰国後周易を講じ、蘇我入鹿や中臣鎌足らの群公子がこぞってその講筵に列したという所伝（『藤氏家伝』上）は、当時の倭国の指導者たちが、自己の政治的地位に関わる切実な課題としてその思想を受けとめたことを物語っている。

六四二年、高句麗で大臣泉蓋蘇文が王を殺害して国権を掌握すると、その翌年、倭国では蘇我入鹿が山背大兄王を襲い、上宮王家を滅亡させた。中大兄皇子・中臣鎌足が蘇我入鹿を討滅するのは、六四五年のことである。どうしてこのようなことをしたのか、と問う母皇極天皇に、中大兄は、

「鞍作、天宗《きみたち》を尽し滅ぼして日位《ひつぎのくらゐ》を傾けむとす。豈天孫《あめみま》を以て鞍作に代へむや」

と答えたという（『日本書紀』皇極四年六月条）。『日本書紀』の文飾を考えるにしても、当時の王族の側に、自らの権力の保持に対する強い危機感があり、それがこの事件を引き起こす背景にあったことは、おそらく確かであろう。

このような危機意識は、天武天皇（大海人皇子）も抱いていたと思われ、天皇はその克服を意図していたと考えられる。天皇は王族・豪族の相剋を終息させ、王権を確実な基礎の上に置くことに成功したが、その場合天皇は、統治を正当化する思想的・宗教的根拠を中国的な天命思想に置くことをせず、伝統的な神の支配の思想に置いた。関晃は、日本の律令国家は天命思想を意識的に排除したとするが、(6)それは上記のような七世紀の政治的混乱のなかでの王族の危機意識と、それを克服しようとする天武天皇の意図とによっているものと理解してよいであろう。

2　八世紀の王権とその矛盾

八世紀の日本においては、律令制のもとで中央集権の体制が整備され、皇族・貴族の経済的基盤も固まって、王権はその確固たる基礎を築いたかに見える。しかし華やかな外見にも拘わらず、八世紀の王権は、その内部に多くの矛盾や構造的な弱さを含んでいた。

もっとも重要な点は、天皇の権能・身分が制度的に未確立で、曖昧な点を多く蔵していたことである。当時の天皇の身位は、天帝から地上の支配を委任された天子という性格であるよりは、皇祖から血によって伝えられた皇系の出

身者・代表者としての性格、いわば血によって伝えられた神聖性ともいうべき宗教的なものに依拠していた。それは、一個の人間のみが天子たりうるという中国的な天命思想にもとづくものでないから、そこでは君臣的秩序に対して族制的原理が優越し、天皇の父母（太上天皇・皇太后）が天皇の権能を分有する、という事態を生んだのである。

太上天皇について言えば、太上天皇（上皇）は日本律令では天皇と同格の存在と位置づけられていた。中国律令は、皇后・皇太子を含め、皇帝に対してはすべて「臣」「妾」と称するが、日本の養老儀制令第三条ではそれを天皇・太上天皇に対して称するものとしている。同儀制令第一条の「太上天皇〈譲位の帝に称するところ〉」の規定も、唐令には存在しない。これらは、持統太上天皇治世下の大宝元年（七〇一）制定の大宝律令に遡る規定と見られるが、このように譲位後の太上天皇に対しても天皇大権の掌握を法的に保証していることは、中国の太上皇・太上皇帝制とは異なる日本の太上天皇制の大きな特色であると考えられる。(7)

日本の太上天皇は、朝儀の場で天皇と同席する例がしばしば見られる。天平宝字四年（七六〇）正月には、孝謙上皇と淳仁天皇とがあいともに閤門に出御し、渤海使に叙位・賜宴を行った。太上天皇と天皇とが相並んで外国の使人に対することは、中国的な観念からすればありえないことで、渤海の使人の目には奇異に映ったことであろう。このような太上天皇が天皇の大権を行使しうる体制は、皇位の継承時などにおいて、不安定な王権を補完する役割を担ったであろうが、同時にまた王権をめぐる太上天皇と天皇の対立を招くことにもなる。孝謙上皇と淳仁天皇とはやがて対立し、天平宝字六年（七六二）、上皇は天皇の大権を剝奪し、同八年、天皇を廃して重祚するに至る。

この時期には皇太后についてもまた、皇権を分有することが見られる。光明皇太后は天平宝字元年（七五七）の橘奈良麻呂の変にあたり、「詔」を発して変の参加者に戒告を発したとされる（『続日本紀』同年七月戊申条、同己酉条）。本来「詔」は天皇・太上天皇の発する命令であり、皇太后は「詔」を発することはできないが、孝謙天皇の母である皇太后の発言は、当時の危急の状況下にあっては天皇の詔にはるかにまさる重みを持っていたと考えられ、それを「詔」と称することは、現実には自然なことであったと見られよう。

本来天皇の墓にしか用いられない「山陵」「陵」の称が、天皇の生母に対して認められるようになるのも、この時期のことである。天平宝字四年（七六〇）には、太皇太后（藤原宮子）・皇太后（藤原光明子）の墓を山陵と称すべきことが定められ、宝亀二年（七七〇）には、光仁天皇の生母紀橡姫に対しても同様の措置がとられている。岡宮天皇（草壁皇子）・田原天皇（施基皇子）など天皇の父に対する尊号奉上と同様、父母への孝養の精神に発するものであるが、やはり中国的な帝王の思想とは相容れないものであったといえよう。

このような、天皇の父母（太上天皇・皇太后）による天皇の権能の分有が、恵美押勝や道鏡などの権力者が無限定な権力を掌握することに繫がり、王権に連なる者相互の対立を激化させ、八世紀後半の政界の混乱、国家支配の弱体化を招いたことは、容易に想像されるであろう。

二　平安初期の王権——桓武朝と嵯峨朝——

1　桓武朝の成立

父光仁天皇のあとを継いで八世紀の末に即位した桓武天皇は、長岡・平安両京の造営、東北地方における征夷事業を推進することによって政治の局面を転換し、官人層の皇権に対する依存を利用して、貴族層に対する圧倒的な優位を確立した。

光仁天皇の即位によって、それまでの天武天皇系の皇統は天智天皇系のそれへと転換した。皇統の転換に当たり、光仁・桓武の両天皇は、新しい王権の基礎を理念的に固めるべく、いくつかの施策を行った。

延暦四年（七八五）・同六年の両度、桓武天皇は長岡京南郊の交野《かたの》において、冬至の日に天帝（昊天上帝）と父光仁天皇とを祀る、いわゆる祭天の儀を行った。これはみずからが天命を受けて地上を統治する天子であることを闡明するもので、天智天皇系の皇統による統治の正当性を世に知らしめる意味を担ったものと考えられる。先述したように、日本の律令国家は、統治を正当化するための思想として中国的な天命思想を採用することを避けたと見られるが、その天命思想は、八世紀末の皇統の転換に当たり、それを正当化するための思想としてあらためて陽の目を見ることになったと考えられる。

光仁・桓武の両朝は、このほかにも中国的な思想や儀礼によって新しい王権の強化をはかった。吉田孝は高取正男の説により、光仁天皇の皇太子山部親王（桓武天皇）、桓武天皇の皇太子安殿親王（平城天皇）がそれぞれ宝亀九年（七七八）、延暦十年（七九一）に行った伊勢参詣と、中国の諱廟の制との関連に注目している。(8)

桓武朝においては、後宮をめぐる様相も前代とは著しく変貌した。桓武天皇の後宮では藤原氏出身の乙牟漏・旅子・吉子などが皇后・夫人として重きを占める一方で、多数の宮人を擁し、皇子女の数は三〇を超えた。(9)この様相は、一代おいた嵯峨天皇の時代でも同様で、天皇は二〇人を超える女性との間に五〇人もの皇子・皇女を儲けている。政治の主導権を天皇が掌握し、それを掣肘する有力貴族の力の失われていたことが、このような事態の背景に存在しよう。

この時期の動きとしては、七～八世紀に存在した女帝が江戸時代に至るまでその姿を消すことも注目される。その理由としては、八世紀後半の政治的混乱に対する反省が強く存在したこと、また天皇制の唐風化の動きのなかで、中国的な家父長制の観念の影響が強まったことが考えられよう。吉田孝は、この頃から天皇の生前譲位、皇太子の制度が確立したことにより、中継ぎとしての女帝の必要性がなくなったこと、その背景には、ウヂの父系出自集団化という社会全体の動きがあったこと、を指摘している。(10)

2　嵯峨天皇と王室

桓武天皇の没後、短い平城天皇の時代を経て、大同四年（八〇九）、嵯峨天皇が即位した。即位の当初、天皇は平城太上天皇との間に「二所の朝廷」といわれる対立状態を経験するが（平城上皇の変）、以後天皇にとっては、皇親相互の宥和をはかり、宮廷の安定をはかることが最大の課題となった。天皇は弘仁十四年（八二三）の譲位後、承和九年（八四二）に没するまで、淳和朝から仁明朝の前半にかけて太上天皇として家父長的な支配を続け、三十余年に及ぶ宮廷の安定をもたらした。(11)

嵯峨天皇の時代には、唯一の王権保持者としての天皇の地位が確立され、天皇制は新たな段階に到達した。先述したように、八世紀においては天皇の権能が制度的に未確立であり、とくに天皇がその譲位後も太上天皇（上皇）として天皇の大権を行使したため、天皇と太上天皇との間にしばしば対立を生じていた。嵯峨天皇は、みずからの経験にかんがみ、そのような事態の再来を避けるべく努めたと考えられる。

太上天皇に対する尊号奉上の制が生まれたのは、その現れである。弘仁十四年（八二三）、嵯峨天皇が淳和天皇に譲位すると、新帝淳和天皇は譲位後の嵯峨天皇に詔し、尊号を奉って太上天皇と称させた。春名宏昭は、これは「天皇大権の唯一の行使者」たる天皇が旧帝に対し尊号を授けるものであり、これによって天皇が国家の頂点に立つ体制が確立し、本来の太上天皇制はその終焉を迎える、と述べている。(12)以後の嵯峨太上天皇による宮廷支配は、天皇としての権能によるものではなく、家父長としての私的な支配と見るべきものであった。譲位の前後に太上天皇が内裏から退去することが慣例化するのも、天皇が譲位によって国政を行うことを放棄することの表明であると、春名は述べている。(13)

親王宣下の制の創始と源姓の賜与も、嵯峨天皇の時代の皇室制度の重要な改革である。天皇は五〇人にも及ぶ皇子女を擁したが、弘仁五年（八一四）、皇后・妃・女御などの所生の者を除き、他の皇子女には源朝臣の姓を与えて臣籍に列せしめた。それと対応して、皇子女のなかから特定の子女を親王・内親王とする親王宣下の制も創始された。源姓の賜与は皇族としての経済的特権を除くことにより国家の財政負担を軽減することを標榜するものであったが、その背景には、増加した皇族内部の秩序を定め、皇位継承をめぐる皇族間の対立を引き起こす芽を摘もうとする意図があったと考えられる。また多くの源姓の皇親を上級官人に送りこむことにより、皇親によって官人機構を包みこもうとする天皇の意図があったとも考えられる。(14)後宮における女御・更衣制度の成立も、宮廷秩序の確立をはかるための一つの手段であった。(15)

光仁・桓武朝に政治思想の表面に現れた天命思想は、嵯峨朝以後どのように推移したであろうか。先述したように嵯峨天皇は宮廷の宥和を重んじ、家父長として宮廷を支配する体制をとった。その結果、家父長的な秩序が君臣秩序に優越するという現象が、いくつかの面で見られることになった。

その一つが仁明朝における朝覲行幸の創始である。嘉祥三年（八五〇）正月、仁明天皇は冷然院に朝覲行幸し、北面して母の太皇太后橘嘉智子を拝した。『続日本後紀』は、「天子の尊、北面して地に跪く。孝敬の道、天子より庶人に達すとは、誠なるかな」と、ここでの天皇の行動を諸人の鏡として賛美している。

この時期に孝の思想が重視され、強調されたことは、踰年改元が一般化することにも現れている。本来年号は天子の治世の象徴であり、日本でも八世紀においては、天皇の即位とともに改元する例がいくつか見られる。しかし桓武天皇の延暦（七八二年）、嵯峨天皇の弘仁（八一〇年）、淳和天皇の天長（八二四年）と、平安時代に入ると新帝即位の翌年に改元することが一般化していくことになる。

八〇六年、平城天皇は、父桓武天皇の死、自己の即位の年に大同と改元した。『日本後紀』はこのことに関し、

「礼に非ず。国君位に即き、年を踰えて後元を改むるは、臣子の心、一年に二君有らざるに縁るなり。今、年を踰えずして元を改め、先帝の残年を分かちて当身の嘉号と成すは、終りを慎みて改むるなきの義を失ひ、孝子の心に違へり。これを旧典に稽ふるに、失と謂ふべきなり。」

と、きびしく論難している（大同元年五月辛巳条）。平城天皇の行為は旧来の政治理念にもとづく当然のものといえるが、『日本後紀』が編纂された承和七年（八四〇）の時点での編者藤原緒嗣の意識としては、それは非難されるべきものとなっていたのである。

仁明朝において孝の思想が強調されたことは、天長十年（八三三）四月に皇太子恒貞親王が孝経を読んだのをはじめ、この時期宮廷において孝経の講説が頻繁に行われたことにも示される。貞観二年（八六〇）、それまでの孔安国注の『古文孝経』に代えて唐玄宗勅撰の『御注孝経』が採用されたことも（『日本三代実録』同年十月十六日条）、時期は下がるがこのような動きと関連するものであろう。[16]『続日本後紀』や『日本文徳天皇実録』に孝子・孝女の表旌に関する具体的な記事が多いことも、この時期の思潮を示すものと考えられる。

このように、家父長的な秩序が君臣秩序に優越した嵯峨朝以後、天命思想は政治思潮の表面からその姿を消した。このような状況が外戚としての藤原北家の覇権を呼びこむことに繋がっていったと見られるのではあるまいか。

嵯峨朝に始まる唐風文化の盛行は、王権と文学との関係に一つの画期をなすものであった。文化的活動の持つ王権強化の機能が重視される時代が到来したのである。

3 唐風文化の役割

嵯峨朝には『内裏式』が制定され、礼儀・服装の唐風化が進められ、殿閣・諸門の号も唐風に改められた。宮廷儀礼の整備は、天皇を中心とする秩序を可視的に現す役割を担うものであった。

「文章は経国の大業なり」(『懐風藻』序)というように、この時期、漢文学には国家の支柱としての高い地位が付与された。しかも天皇はみずから詩文や書をよくし、詩宴を盛んに行って、このような文化的活動の中心にあった。このようななかで、『文華秀麗集』などの勅撰漢詩集があいついで編纂された。

唐風文化と王権との関わりの上でさらに注目されるのは、唐風文化によってもたらされた、官人意識の開明化である。

大津透によれば、奈良時代、八世紀の中葉以降、聖武太上天皇・光明皇太后・孝謙天皇への尊号奉上、歴代天皇への漢風諡号の撰進など、「天皇制の唐風化」ともいうべき中国的礼制の採用が進み、それにともなって、天皇制の氏姓制的・神話的世界からの脱却が徐々に進んだという(17)。九世紀における唐風文化の盛行はそれをさらに進め、当時の社会的な変動とも関連して、人々の意識に大きな変革をもたらすことになった(18)。

八世紀末以降、地方社会では在地首長による民衆支配の体制が動揺し、中央の官人社会においても負名氏《なおいのうじ》による世襲的な職務体制が崩壊しつつあった。地方出身の下級官人は競って京・畿内へと本貫を移し、また改姓を申請して、地名や職務を冠した旧来のウヂナを棄て、中国的な価値観念にもとづく新姓に変えていった。このような動きを主導した中・下級の官人層は、同時に学者・僧侶として唐風文化の担い手でもあった。天武朝以来の伝統的身分秩序は、社会的変動と唐風文化の盛行のなかで、この時期に急速に崩壊していったのである。

このような、職務や出自を氏の名に負うという呪術的意識の消滅は、その基盤にある神話的世界から官人層が離脱しつつあることを意味している。そのことは、天皇・王権に対する人々の観念にも変化を与えたと考えられる。

摂関政治の体制が成立してくるなかで、天皇は雲の上の存在ではなくなり、宮廷という一つの社会のなかの存在に転化した。摂関家のミウチ的関係のなかに包摂され、その中心たる人物として位置づけられるようになっていく。言わば神から人への動きである。『枕草子』に描かれる、中宮定子のサロンにおける、后妃・女官に囲まれた家庭的な一条天皇の姿は、まさにそうしたものと見ることができよう(19)。

しかし天皇の存在は、貴族社会のなかに埋没しきってしまうものではなかった。そうしたなかで、天皇に新たなカリスマ性を賦与するための模索も、同時に進んでいた。摂関期に入って石清水・賀茂・春日などの神社への行幸が見られるようになり、天皇が主催する賀茂や石清水の臨時祭の挙行を見るのは、その一つの表れであろう。同じ『枕草子』に、一条天皇の行幸について清少納言が、

「行幸にならぶものはなにかはあらん。御輿にたてまつるを見たてまつるには、あけくれ御前にさぶらひつかうまつるともおぼえず。神々しく、いつくしう、いみじう、つねはなにともみえぬなにつかさ・姫まうちぎみさへも、やむごとなくめづらしくおぼゆるや」(『枕草子』見ものは)

と、ふだんの家庭的雰囲気のなかの一条天皇とは違った、神々しい天皇の姿を見ているのは、そのよい例である。

三　宇多天皇と王権

1　宇多天皇の即位

嵯峨上皇の家父長的支配のもとで王権はその繁栄を誇ったが、承和九年（八四二）に上皇が没すると、情勢は急展開した。上皇の死によって生まれた政治的空白のなかで、急速にその権力を確立したのが藤原北家の勢力であった。同年冬嗣の女順子の生んだ道康親王が皇太子の地位につき、やがて文徳天皇として即位する。天安二年（八五八）に天皇が没したのちは、さらにその子で良房の女明子の生んだ清和天皇が即位し、外祖父の良房は、九歳で即位した幼帝のもとで、太政大臣として政務を総覧することになった。

良房の死後、清和天皇は譲位し、良房の養子藤原基経が幼帝陽成天皇の摂政となった。しかし陽成天皇の資質の問題が顕在化すると、基経は天皇に譲位を迫り、元慶八年（八八四）、陽成天皇に代えて仁明天皇の子の光孝天皇を擁立した。老齢の天皇は仁和三年（八八七）、定省《さだみ》親王を皇太子に立てて没し、ここに宇多天皇が登場する。

宇多天皇はその即位当初、藤原基経と対立して譲歩を迫られるが、寛平三年（八九一）の基経の死後は菅原道真などを登用し、「寛平の治」と称される独自の政治改革を推進した。そして寛平九年（八九七）に譲位した後は、承平元年（九三一）、六十五歳で没するまで、太上天皇・法皇として宮廷に重きをなした。

2　宇多天皇の王権の特徴

宇多天皇の時代は、平安時代の王権の歴史の上で独自の意義を持っている。それは嵯峨天皇の治世を継承するものであるとともに、その後の時代に範とされるものでもあった[20]。

その一つは、天皇が摂関家の家父長的権威から脱却し、その主体性を回復する道として、政治の改革に積極的に取り組んだことである。天皇は「寛平の治」と呼ばれる一連の改革を通じて現実の政治的課題と正面から取り組み、それによって政治の主導権を握ろうとした。このようなありかたは、その後、摂関家との関係の希薄な天皇が政治的主導権を握るための手段として継承されていったと見ることができる。

第二に注目されるのは、太上天皇・法皇としての家父長的な宮廷支配である。天皇は三十一歳の若さで子の醍醐天皇に位を譲ったが、これは嵯峨天皇の時に倣い、家父長的権威によって国政の掌握をはかったものと見ることができる。天皇は壮年のうちに譲位することによって自己の望む皇子に皇位を伝え、それを後見する道をとった。現実には菅原道真の左遷によってその企図は潰えたが、しかし醍醐天皇の治世を通じ、ことに藤原時平の死後は、宮廷において大きな存在であり続けた[21]。

第三には、文化的な事業を主宰することによって王権への求心力を高めようとしたことが挙げられる。これも嵯峨天皇の先蹤を継いだものと見ることができる。

宇多天皇は行幸（御幸）を活発に行った。とくに天皇の地位からくる束縛を脱した譲位後において、それは顕著であった。譲位の翌年、昌泰元年（八九八）に行われた近郊への遊猟、大和への御幸は、その意味でとくに注目すべきものであった。

天皇は嵯峨天皇とは異なり、みずから詩文を作ることはしなかったが、菅原道真や紀長谷雄などの文人を召してしきりに詩宴を催し、その邸宅である亭子院《ていじのいん》は、当時の文芸活動の中心をなした。新しい文化的な潮流に注目し、それを主導していくことは、歌合の主催や『古今和歌集』を初めとする勅撰和歌集の編纂などのかたちで、この後も王権の一つの大きな役割となっていったと考えられる。

王法・仏法の相即がはっきりと現れた点でも、宇多天皇の時代は画期的であった。天皇はその譲位後、昌泰二年（八九九）仁和寺に出家、東大寺に受戒し、延喜四年（九〇四）には仁和寺に御室《おむろ》を造営し、ここに遷った。天皇の出家がたんなる俗界からの逃避ではなく、より積極的な意図を持つものであったことは、天皇（法皇）が密教の阿闍梨となったことに示される。法皇は延喜元年（九〇一）、東寺にて伝法灌頂を益信《やくしん》に受け、同十年には叡山にて三部大法灌頂を増命に受けた。そして同十三年には東寺にて子の斉世《ときよ》親王（真寂）らに灌頂を授けている。天皇（法皇）はみずから密教の伝法・付法を行うことにより、王法仏法相即を体現する存在となった。仁和寺の御室は覚行以後法親王が相承するところとなり、皇室の御願寺たる四円寺もこの地に建立されて、御室の地は以後王法仏法相即の聖地となった。このような宇多天皇のありかたは、この後の王権と仏法との関係に大きな影響を及ぼしたと見ることができる。

四　摂関制下の王権――囲いこまれた王権とそこからの脱却――

1　摂関政治成立の契機

先述したように、承和九年（八四二）の嵯峨・淳和両太上天皇の没後、王権に密着した藤原北家は、姻戚関係を通じて天皇の権能を自己の家父長的支配の中に包摂し、その権力を確立した。

強力な家父長的支配を行っていた嵯峨太上天皇の死の直後に藤原北家が覇権を確立しえた理由については、どのように説明しうるのであろうか。

桓武・嵯峨両天皇の後宮は多くの女性を擁し、彼女たちは多くの皇子・皇女を生んだ。それは強い天皇権力を象徴するものであったが、特権的な貴族層にとっては好ましいことではなく、貴族層の間には、みずからの手に后妃の地位を独占しようとする動きが強まっていたと思われる。親王・源氏も含め、婚姻関係を通じて貴族層相互の関係が緊密化していくなかで、太上天皇の死によって宮廷に空白が生じたとき、外祖父として家父長権を振るいうる藤原北家が天皇を後見することは、他の貴族たちにも当然のことと見られたのではあるまいか。それにしても良房の行動の背景に藤原氏の強固な意志が存在していることは明らかであると思われる。

この後、九世紀後半の時期には、清和天皇（九歳）・陽成天皇（十歳）と、藤原北家を外戚とする幼帝があいついで出現し、良房・基経が摂政としてそれを補佐した。この時期に幼帝が出現した理由については、律令制の官僚実務体制が確立し、天皇みずからが国政上の判断をする必要がなくなったからであると説明されることが多い(22)。

幼帝は外戚にとって操縦しやすい存在ではあろうが、同時に成人の天皇以上に個人的資質に支配されやすく、成人して自己の地位を認識するに至り、精神的な動揺に直面して絶望し、あるいは自暴自棄に陥る場合も少なくなかった。清和天皇は外戚藤原良房の死に大きく動揺したごとくであり、貞観十八年（八七六）に譲位した後は仏道の修行に身をさいなみ、たちまちに没した。陽成天皇も粗暴な行動に走って元慶八年（八八四）に退位に追いこまれ、治世を全うしなかった。このように幼少の天皇については問題もまた多く、幼帝に対しては外祖父のほか、その生母（国母）などの擁護が必要であった。この後十世紀に入ると、朱雀・村上両天皇の生母藤原穏子《おんし》、冷泉・円融両天皇の生母藤原安子《あんし》、一条天皇の生母藤原詮子《せんし》と、国母《こくも》が天皇の養育のみならず宮廷や皇位継承に関して強い発言権を持つようになり(23)、成人後の天皇について外戚がその親権を振るいうる関白の制度も整備されて、外戚たる藤原北家が皇権を囲いこむ体制が強化されていくことになった。

2　天皇・摂関の関係

藤原北家の覇権は、十一世紀前半、藤原道長によって達成された。道長はその女を一条天皇はじめ三代の天皇に入れ、後一条・後朱雀・後冷泉三天皇の外祖父となり、外戚の親を一家に独占し、強大な権勢を振るうことになった。摂関政治という政治形態が国家意志の形成や国政の運営にその特性を発揮できるのは、どのような状況においてであるのか。摂関はそれ自体が本来の権威の源泉ではなく、政治の安定には天皇・摂関の協調が不可欠であった。一条天皇の場合、藤原道長は天皇の政治的主体性を尊重し、外戚として後見を行い、天皇もまた摂関を尊重し、両者の間には対立感よりは親近感・一体感が存在していたとされる(24)。これに対し次の三条天皇の場合には、天皇が三十六歳で即位するまで長い東宮時代を送り、その間に強い権力意志を抱いたこともあって、道長との間に信頼感が欠け、外戚関係が有効に作用せず、ついに失意の状況で皇位を去ることになった(25)。

摂関が決して独裁的な権力ではなく、親王・賜姓源氏・藤原氏など上流貴族の連合体制の上に成立するものであったことは、黒板伸夫や橋本義彦によって説かれたとおりである(26)。倉本一宏によれば、摂関政治のもとで国政が円滑に運営されるのは、天皇と摂関との間の血縁関係が深く、姻戚関係も強い場合であった(27)。しかし摂関の地位は、多くの偶然に左右されるものであった。天皇の外戚となるには、天皇の配偶たるにふさわしい女子に恵まれている必要があり、対抗する者との間の激しい権力闘争も避けられなかった。またたとえ外戚の地位を得たとしても、天皇との協調がうまくいくとは限らなかった。摂関政治は囲いこんだはずの王権としばしば衝突し、矛盾を露呈したのであり、それ自体決して安定した政治形態とは言いがたいものであった。

3　政治的主体性回復のための方策

摂関政治体制下にあって、とくに摂関家との関係の希薄な天皇は、各種の政策を積極的に推進することにより、その主体性を回復しようとした。これは宇多天皇の場合にすでに見られたことであった。

永観二年（九八四）に即位した花山天皇は冷泉天皇の皇子で、母や外祖父を失い、孤立した立場に置かれていた。天皇は藤原義懐や藤原惟成を側近に置き、積極的に諸政の改革を推進した。延喜以後新置の荘園を停止し、調庸を免除されている諸国の有位者を調査し、地方窮乏の対策について官人に意見を求め、諸国へ交替使を派遣して政治の実情の把握に努めるなどがそれである。粗悪な銭貨の流通を停止し、京中の沽価を定めたのも、交易に関わる政策として注目されるものであり、荘園整理や通貨・度量衡に関する政策は、その後も後三条天皇によって継承されていくことになった(28)。

本来律令制のもとでは、天皇の詔によって行われる大赦や賑給、賦役の免除（徳政）などが、天皇の持つ高権を誇示するための手段として用いられた。国家の体制が変貌した十〜十一世紀においては、そのような施策はもはや機能せず、京内における獄囚の赦免や賑給使の派遣にとどまらざるを得なかった。このような手段を通じて王権を誇示することには限界があったと考えられる。

国政の面での主体性の回復の動きとともに、宮廷文化の主宰者としての活動を通じて王権への求心力を高めようとする動きも現れた。円融天皇はことにその譲位後、華やかな御幸・御遊を行い、また円融寺を造立し、寛朝から両部大法を授けられるなど、仏道にも著しい傾倒を見せた。その活動には、宇多天皇の先蹤に倣おうとする意志が明瞭に認められる。(29) 次の花山天皇も譲位後出家入道し、書写山や熊野に御幸するとともに、美的感覚にもすぐれ、和歌をよくする存在であった。このような動きもまた、後三条天皇を経て院政期の太上天皇（上皇）の活動へと継承されていくことになる。

五　院政と王権

1　後三条天皇の親政

藤原道長の死後、藤原北家は天皇の外祖父としての地位を維持することが困難となり、治暦四年（一〇六八）には、三条天皇の皇女禎子内親王を母とする後三条天皇が即位した。天皇は宇多天皇の譲位後ほぼ一七〇年にして出現した、藤原氏を外戚としない天皇であった。

後三条天皇は、その政治的主体性の回復を意図してさまざまな改革を行った。延久元年（一〇六九）のいわゆる延久の荘園整理令やそれにともなう記録荘園券契所の設置、公定の枡としての宣旨斗の制定などがそれである。これらは国家的収取体系の再建をはかったものであり、造内裏役・造太神宮役夫工など一国平均役の成立や、諸国大田文の作成もこのような動きと関連するものであったと考えられる(30)。

具体的な政治上の施策ばかりでなく、天皇は理念的な面でも摂関政治に対抗し、それを超越する姿勢を示した。諸社への参拝や円宗寺の建立などは、その現れである。

円宗寺ははじめ円明寺と称し、仁和寺の南辺に建立された御願寺で四円寺の一つに数えられるが、持仏堂的性格を持つ他の諸寺とは規模も性格も異なるものであった。円宗寺は天皇の新政に対応する理念的な支えとしての意味を持ち、同寺の法華会は以後北京三会の中核となった。円宗寺の造営は、六勝寺の建立を初めとする以後の白河・鳥羽院政期の寺院造立活動へと連なっていったものと思われる(31)。

2　院政と専制王権の成立

後三条天皇の後をうけ、白河院政が成立した。院政は、譲位したあとの太上天皇（上皇）が、先の天皇として天皇に対して父権を行使するという新たな政治形態で、そこには太上天皇固有の政治的地位が底流として受け継がれていた(32)。

院政は、皇位を自己の系統に伝えようとする白河天皇の個人的な意志から出発したものであるが、その後も鳥羽上皇・後白河上皇によって継続され、代を重ねるごとにその専制の度を増していった。皇位継承の面でいうと、皇太子が空位である期間が長くなり、それと関連して、皇子が誕生後ほどなく、当歳にして立太子する例や、皇子が立太子の儀を経ずして直ちに受禅・即位する例、立太子・譲位・受禅が同日に行われる例など、異例が時を追って強まっていった。[33]院は皇位の決定権を完全に掌握し、専権を振るったのである。

十二世紀に院政という政治形態が長期にわたって継続し、専制化していった背景には、当時の政治・社会情勢があった。当時、支配層の内部では、荘園・公領の支配をめぐって皇族相互の対立や権門の系列化が進み、一つの権門としての寺社勢力との対立も起こるなど、諸勢力の対立が顕著になりつつあった。そうしたなかで、それら権門の上に立ち、相互の対立を調停し抑圧する高権としての機能が院政に求められたのである。このような事態と関連して、白河院政の時代には、院の北面を中心にして軍事力の整備・強化が進み、王権の軍事的性格もまた強まっていった。

王権の持つ宗教的性格が増大したことも、院政の大きな特色である。仏教の面では、洛東白河の地に新たに法勝寺など規模の大きい寺院が建立され、一つの仏国土をそこに出現させることによって王権の誇示が行われた。熊野御幸というかたちで宇多・花山上皇の事業が継承され発展したほか、伊勢神宮の祭祀も、公卿勅使の派遣や造太神宮役夫工の制度化によって、唐の宗廟祭祀に比すべきものに発展した。[34]

王権の歴史のなかでの院政の特殊な性格、奔放ともいうべき院の行動は、上皇が上皇たることによって天皇としての束縛から解放されたことによる面が大きい。とくに出家者としての活動が可能であったのは、まさに上皇たることによって得た自由であったと考えられる。

おわりに

古代の王権は時々の情勢に対応しつつ、貴族との協調や対立のなかで唯一の高権としてその地位を保持し続けた。

王権は古来の神話的権威にかわる新たな権威を絶えず模索しており、宗教・文化は王権のカリスマ的権威の源泉として、中世以後にも常に重視されていった。

浅薄な考察に終始したが、平安時代の王権についての私のおおよその理解について述べた。御批判をお願いしたい。

注

（1）保立道久『平安王朝』（岩波書店、一九九六年）。

（2）大津透『古代の天皇制』（岩波書店、一九九六年）、『講談社日本の歴史』08の大津透ほか「古代天皇制を考える」（二〇〇一年）など。また本講演以後、二〇〇五年十一月の史学会大会日本史部会では「前近代における王権」と題するシンポジウムが行われ（『史学雑誌』一一四編一二号大会報告記事）、二〇〇六年に入っては吉田孝『歴史のなかの天皇』（岩波書店）が刊行されている。

（3）網野善彦ほか編『天皇と王権を考える』全一〇巻（岩波書店、二〇〇二～二〇〇三年）。

（4）「政治史上の宇多天皇」（本書第一部第四章）、「嵯峨天皇と宇多天皇―九世紀の王権と文学―」（歴史書懇話会講演、二〇〇四年十一月二十四日）など。

（5）この章の論旨に関しては、笹山「畿内王権論をめぐって」（一九九〇年度学習院大学史学会大会講演。『学習院史学』二九号、一九九一年。のち笹山『古代をあゆむ』に「畿内王権論」として所収。吉川弘文館、二〇一五年）・同「天武朝の史的意義」（一九九一年度史学会大会講演。『史学雑誌』一〇〇編一二号大会報告記事、一九九一年）を参照。

（6）関晃「律令国家と天命思想」（『東北大学日本文化研究所研究報告』一三、一九七七年。のち『日本古代の国家と社会』〈関晃著作集第四巻〉第二部第三章。吉川弘文館、二〇〇七年）。

（7）春名宏昭「太上天皇制の成立」（『史学雑誌』九九編二号、一九九〇年）。

（8）吉田孝・大隅清陽・佐々木恵介「九―一〇世紀の日本―平安京―」（『岩波講座日本通史』古代4、岩波書店、一九九五年）。なお高取正男『神道の成立』（平凡社、一九七九年）参照。

（9）佐藤虎雄「桓武天皇の皇親をめぐりて」（古代学協会編『桓武朝の諸問題』所収。古代学協会、一九六二年）、玉井力「女御・更衣制度の成立」（『名古屋大学文学部研究論集』56所収、一九七二年）。

（10）吉田孝他「九―一〇世紀の日本―平安京」（前掲）。

(11) 嵯峨天皇の太上天皇としてのありかたについては、目崎徳衛「政治史上の嵯峨上皇」(『貴族社会と古典文化』所収、吉川弘文館、二〇〇五年。初出は一九六九年)参照。

(12) 春名宏昭「太上天皇制の成立」(前掲)。

(13) 春名宏昭「平安期太上天皇の公と私」(『史学雑誌』一〇〇編三号、一九九一年)。

(14) 笹山晴生「平安初期の政治改革」(『平安の朝廷―その光と影―』所収。吉川弘文館、一九九三年。初出は一九七六年)。

(15) 玉井力「女御・更衣制度の成立」(前掲)。

(16) 坂田充「『御注孝経』の伝来と受容―九世紀日本における唐風化の一事例として―」(『学習院史学』四三号、二〇〇五年)。

(17) 大津透「天皇制唐風化の画期」(『古代の天皇制』〈前掲〉第八章)。

(18) 以下の叙述については、笹山晴生「唐風文化と国風文化」(本書第二部第三章)参照。

(19) 倉本一宏『一条天皇』(吉川弘文館、二〇〇三年)。倉本はこれを、「女房たちと親しく遊ぶ日本的天皇像」として捉えている(同書一一一頁)。

(20) 以下宇多天皇の王権については、笹山晴生「政治史上の宇多天皇」(本書第一部第四章)の叙述参照。

(21) 目崎徳衛「宇多天皇の院と国政」(『貴族社会と古典文化』所収、吉川弘文館、二〇〇五年。初出は一九六九年)。

(22) 大津透「摂関政治における天皇」(『古代の天皇制』〈前掲〉第十章)。

(23) 藤木邦彦「藤原穏子とその時代」(『平安王朝の政治と制度』所収。吉川弘文館、一九九一年。初出は一九六四年)。

(24) 土田直鎮『王朝の貴族』(『日本の歴史』5、中央公論社、一九六五年)。

(25) 中込律子「三条天皇」(元木泰雄編『王朝の変容と武者』〈『古代の人物』6〉所収。清文堂、二〇〇五年)。

(26) 黒板伸夫「藤原忠平政権に関する一考察」(『摂関時代史論集』所収。吉川弘文館、一九八〇年。初出は一九六九年)。橋本義彦「貴族政権の政治構造」(『平安貴族』所収。平凡社、一九八六年。初出は一九七六年)。

(27) 倉本一宏『摂関政治と王朝貴族』(吉川弘文館、二〇〇〇年)。

(28) 大江匡房は『続本朝往生伝』のなかで、後三条天皇の治世を「殆ど承和(仁明)・延喜(醍醐)の朝に同じ」とし、「冷泉院の後、政は執柄に在り。花山天皇の二箇年間、天下大いに治まる。その後権また相門に帰し、皇威廃するが如し」と述べ、後三条天皇の政治を花山天皇の後を継ぐものと位置づけている。

(29) 目崎徳衛「円融天皇と宇多源氏」(『貴族社会と古典文化』所収、吉川弘文館、一九九五年。初出は一九七二年)。
(30) 石井進「院政時代」(『講座日本史』2所収、東京大学出版会、一九七〇年)・大津透「摂関政治における天皇」(前掲)。
(31) 上島享は、二元的あるいは多元的な核を持ちつつ、それらが相互補完的に権力を構成するのが中世王権の特徴であるとし、そのような中世王権成立の出発点として、摂関政治、ことに藤原道長の権力のありかたに注目している。
上島によれば、「道長の王権」は、天皇を輔弼する王権構成者として、天皇に匹敵し、それを超える権力をめざしたものであって、道長によって創出された新たな国政の構造が、後三条天皇を経て院政にまで継承されたとする。上島はその場合、宗教・文化の果たした役割が大きいとし、道長はその面においても、個人救済の信仰を超えた、仏教による護国秩序の構築をめざしており、法成寺に始まる金堂を核とする大規模伽藍やその造営方法が円宗寺・法勝寺に継承されたように、後三条天皇から院政期にかけての宗教的・文化的規範の多くが道長の時代の政策を継承・発展させたものであることを主張している(「中世王権の創出と院政」『古代天皇制を考える』〈前掲〉第六章)。

後三条天皇の円宗寺が法成寺に範をとっていることは、上島の言うとおりであろう。藤原道長の権力が院政期の王権に連なる性格を持つとする点も、首肯しうる。しかし道長の法成寺は、最初に無量光院として阿弥陀堂の造営から出発し、最後道長がそこで没したことから推察されるように、基本的には浄土信仰による個人の救済を願う性格のものであったと考えられる。

これに対して円宗寺は、延久二年(一〇七〇)に大江匡房が同寺の鐘銘を撰したおり、東大寺の鐘に銘のないことを実検し結局銘を進めなかったという故事(『本朝続文粋』)から推測すると、少なくとも匡房の意識としては、聖武天皇の東大寺に倣い、鎮護国家仏教の再建をめざしたものと考えられる。そこにはやはり、摂関家の氏中心、個人救済中心の仏教信仰を超越しようとする意図が存在するように思われる。
(32) 橋本義彦「貴族政権の政治構造」(前掲)。
(33) 笹山晴生「春宮坊帯刀舎人の研究」(『日本古代衛府制度の研究』Vの第一。東京大学出版会、一九八五年。初出は一九七二年)。
(34) 大津透「摂関政治における天皇」(前掲)。

第二部　史書の編纂と文化の動向

第二部へのまえがき

第二部は、平安初期、九世紀から十世紀にかけての文化の諸動向、ことに九世紀における国家による史書の編纂と、唐風文化から国風文化への動向について考えた計四篇の論考からなる。

第一章の「続日本紀と古代の史書」は、岩波書店刊行の『新日本古典文学大系』中の『続日本紀』の解説として書かれたもの、また第二章の「続日本後紀」は、吉川弘文館刊行の『国史大系書目解題』下に収めた解題である。『続日本紀』『続日本後紀』はいずれも六国史の一部をなすが、九世紀の初頭に生まれた『続日本紀』と九世紀の中葉に生まれた『続日本後紀』とでは、史書としての特色に大きな相違があり、それは文化・思想の動向とも関係している。本書に収めるにあたっては、解説・解題として書かれた本来のありかたを生かすとともに、相互の関連に配慮した調整を試みた。

第三章の「唐風文化と国風文化」は一九九五年、『岩波講座日本通史』古代4に書かれたもので、九―十世紀の唐風文化と国風文化について、その具体的な様相と成立の背景について述べたものである。講座のうちの一篇であることへの配慮もあって、やや概説的な記述に傾いている。

最後の第四章「藤原良房の史的位置」は、九世紀後半という時代のキーパーソンとも言える藤原良房について、その実像を明らかにしようと試みたものである。二〇一〇年に東大文学部で行った同名の講演の内容を論文化したもので、後半の一部は「藤原良房と国風文化」と題し、『岩波講座日本歴史』の月報に発表している。しかし貞観期に生起するさまざまな文化事象と良房との関わりを明らかにすることは至難の業で、今後もやはり良房は謎の人物として生き続けるのではないかと思う。

第一章　続日本紀と古代の史書

はじめに

『続日本紀《しょくにほんぎ》』は、文武天皇元年（六九七）から桓武天皇延暦十年（七九一）まで、九代九十五年間の歴史を記述した漢文の史書である。それは、『日本書紀』につぐ第二の国家の正史として、長い年月をかけて編纂され、延暦十六年に四十巻の書として完成した。

『続日本紀』に記される九十五年間は、大宝元年（七〇一）の大宝律令の完成によって日本の律令国家がほぼその形態を整えた時期に始まり、和銅三年（七一〇）の平城遷都から延暦三年（七八四）の長岡遷都までのいわゆる奈良時代をその中に含んでいる。それは、皇族・貴族の繁栄を背景に、いわゆる天平の文化が開花した時代であり、文学でいえば、『懐風藻』に載せる漢詩文、『万葉集』に載せる和歌の多くが生まれた時代、『日本霊異記』に載せる多くの説話の舞台となった時代である。

『続日本紀』は、漢文体の史書であること、またその中に国語学・国文学の重要な研究対象である宣命を多く含むことなどによって、それ自体古代の文学を考究し理解する上に重要な存在であるばかりでなく、またこのような天平の文学や美術の生み出された時代の背景を探る上でも、大切な役割を持つ史書ということができる。

一　史書としての続日本紀

1　続日本紀の書名

『続日本紀』とは、第二の「日本紀」のことである。第一の、最初の「日本紀」とは、いうまでもなく、養老四年（七二〇）に完成奏上された『日本書紀』のことである。『続日本紀』養老四年五月癸酉条には、

是より先、一品舎人親王、勅を奉《う》けたまはりて日本紀を修《あ》む。是に至りて功成りて奏上《さしあ》ぐ。紀卅巻、系図一巻なり。

と、『日本書紀』のことを「日本紀」と記している。

「日本紀」の「紀」とは、中国で編年体の史書のことをいい、「日本紀」とは日本国についての編年体の歴史書の意味である。「日本紀」とは元来、中国に対して日本の歴史書を示す普通名詞でもあった。それ故に、『日本書紀』に続く正史は、『続日本紀』、『日本後紀』、『続日本後紀』と、いずれも「日本紀」の名を付して呼ばれるようになった。『日本後紀』によると、『続日本紀』の撰進のあった延暦十六年二月己巳（十三日）に出された詔では、『日本書紀』のことを「前日本紀」といっており、同月癸酉（十七日）条では、『続日本紀』編纂のための事務局のことを「撰日本紀所」と呼んでいる（小島憲之『上代日本文学と中国文学』上巻、第三篇第一章）。

2　日本書紀と続日本紀

『続日本紀』に先立つ『日本書紀』は、日本最初の正史として、重大な使命をになって誕生した。国生みの昔に遡り、天皇が神の子で、神の意志を受けてこの国土を統治する由来を明らかにし、初代神武天皇の即位を紀元前六六〇年のこととして、以後西暦七世紀の持統天皇の治世に至るまでの国家の発展の様相を、三十巻の書に叙述したのである。叙述にあたっては中国の史書を意識し、『漢書』や『後漢書』、『文選』などの中国の古典の文を用いてあたう限りの文飾を加え、また多くの説話が、それぞれ史書としての体系を支える役割をになって中に組み込まれている。『日本書紀』が誕生したのは、日本の律令国家が中国に対して独自の国家たることを主張し始めた八世紀初頭のことであり、そこには明白に、一つの国家としての理念と、それを主張しようとする情熱とが存在している。『日本書紀』の皇極紀には、蘇我大臣家の滅亡、大化改新の政治改革に先立って、さまざまの怪異記事や童謡等を挿入し、時代の変転していく様相を示そうとする工夫が見られるが、『日本書紀』のもつ文学性、史書としての面白さというものも、このような理念や情熱の存在と無関係ではないのである。

日本古代の正史は、中国の史書を範としていた。中国では、天の命を受けた者が君主となって統治を行うが、悪政によって天の命を失った時、その王朝は倒れ、新たに天の命を受けた者が新しい王朝を創始する、と考えられた。『漢書』以降の中国の正史は、一つの王朝が倒れたあと、新たに天命を受けた王朝により、前代の王朝の歴史をまとめるという形で作られるのを例とした。そこでは、天の命がいかに歴史に貫徹しているかが、事実により、また論賛を通じて明らかにされる。『日本書紀』の場合、国家としての統一をとげた王朝が、その歴史をふり返り、みずからの統治の正統性を主張するためにつくった歴史書であるから、中国の正史とはその成立の事情がかなり異なる。しかし、仁徳天皇系の皇統が武烈天皇で絶え、応神天皇の裔である継体天皇が迎えられて皇位をつぐに至る経緯を、仁徳天皇の仁政と武烈天皇の悪政とをもって表現しているところは、やはり中国の天命思想の影響であり、それが継体天皇を直接の祖とする『日本書紀』編纂時の天皇の統治の正統性の主張になっていると考えられよう。また蘇我蝦夷・入鹿父子の行動の不遜なことを強調しているのも、蘇我大臣家討滅の正当性と、その後の大化の政治改革の強調とに結びついているといえる。『日本書紀』にはやはり、一つの皇統が、多くの試錬を受けつつ、天命をうけて今に至っていることを示そうとする、史書としての明確な主張があったのである。

これに対し、『続日本紀』の場合はどうであろうか。『日本書紀』の後半で扱われている六—七世紀の時代は、多くの政変や対外戦争、壬申の内乱などをへて中央集権国家が形成されてくる、疾風怒涛の時代である。これに対して『続日本紀』の収める八世紀を中心とする時代は、藤原広嗣の乱をはじめとする内乱や多くの政治的事件があって決して平穏な時代ではないにしても、中央集権国家が多くの試行錯誤をへてその体制を整えていく時代であり、国際関係も比較的安定していた。『日本書紀』の扱った時代とは、明らかにその様相を異にしていたといえよう。

このような『日本書紀』と『続日本紀』の扱う時代の差異は、そのまま両者の史書としての性格の相違にもなっていると考えられる。『日本書紀』は、一つの王朝の成立の過程を明らかにした書としての性格を持ち、あるべき国家の理念と、それを実現していく人々の営みとを情熱をもってダイナミックに描くが、『続日本紀』は、むしろ一つの王朝の歴代の君主の統治の記録としての性格を持っており、史書としての理念の提示よりも、現実の政治をありのままに、具体的に記録することにその主眼がおかれている。そして『続日本紀』のその性格は、続く『日本後紀』以下の四国史にも継承されていく。それは中国でいえば、王朝の正史のもととなった、皇帝一代ごとの「実録」に近い性格のものである。事実六国史の書名も、『続日本後紀』においては、仁明天皇一代の歴史でありながらなお「日本紀」という書名を維持したが、次の『日本文徳天皇実録』、『日本三代実録』にいたって、ついに「実録」と称するようになる。『日本書紀』と『続日本紀』との間には、史書としての性格の上で大きな変化が介在しているのである。

3　中国の史書と日本の史書

中国の史書には、紀伝体と編年体の二つの形態がある。漢代の司馬遷により、上古以来の通史として著された『史記』に始まる正史は、次の『漢書』から前王朝の断代史として編纂されるようになり、本紀・志・表・列伝の形式を持つ、いわゆる紀伝体の史書の体裁が定着した。

紀伝体の本紀（帝紀）は歴代皇帝の治績を年次を追って記した部分、志は律暦・礼楽・刑法・食貨など国家の諸制度についての部門別の記述、表は公卿・宰相等の世系・在任を表に整理したもの、列伝は主要人物の伝記であって、これらがあいまって、一つの王朝についての綜合的な姿を示すのに有効であった。

中国の史書を模範とした『日本書紀』は、これら正史の本紀の体例に倣ったものと思われる。『日本書紀』は編年体の史書であるが、しかし『春秋左氏伝』のような徹底した編年体ではなく、天皇の代初には即位前紀を置き、天皇の世系・資質、即位に至る経緯等を記している。これは中国の紀伝体の正史である本紀や、歴代皇帝の実録の体例と同じであり、事実『書紀』の即位前紀の記述には、先帝との関係、母、母の出自、立太子の年時と年齢、先帝の崩御と新帝としての即位、母皇后を皇太后と称すること等、『漢書』、『後漢書』の本紀の体例を範にとったと目される点が多い（坂本太郎『六国史』第一の三）。『日本書紀』が紀伝体の体裁を採らなかったのは、一王朝の完結した史書ではないためともいえるが、編纂にあたって史官が列伝・志・表をまとめるだけの材料を持ちえなかったことも一つの理由であろう。『日本書紀』は、中国の志や列伝的な部分も本紀の中にとりこむ形で書をなしたものと推測される。

さて、中国では、天子の言動を左右の史が記録し、春夏秋冬の季ごとにまとめて「起居注」が編纂された。天子の言動を細大もらさず、かつ誤りなく記すことが、天から与えられた史官の使命であって、史官はたとえいかに天子にとって不都合なことであっても、自己や一族の身命を賭してまで、事実を直書すべきものとされていた。この起居注や日暦（史官による毎日の記録）をもとに、実録が編纂される。中国の唐代においては、皇帝の代ごとに大部の実録が編纂され、なかには『高宗実録』（武后等撰）や『玄宗実録』（元載・令狐峘他撰）など一〇〇巻に及ぶものも存在した。これらの実録をもとに「国史」を編纂することも唐代に何回か行われ、さらにこれらの記録をもとに、唐の滅亡後、後晋の王朝によって『旧唐書』二〇〇巻が、さらに北宋の欧陽修らによって『新唐書』二二五巻が完成することになる（池田温「正史のできるまで――唐書を例として――」『中国の歴史書』所収）。

日本の律令国家は、史書の編纂においても中国の体制をとり入れようとした。養老令では、中務省の長官（卿）の職掌として「国史を監修」することを規定し、同省の被管の図書寮の長官（頭）の職掌として、「国史を修撰」することを規定している。中務卿については唐の中書令の職掌を、図書頭については唐の秘書省の著作郎の職掌を継承したものと見られるが、注目されるのは、唐で天子の左右に侍してその言動を記し、起居注のもとを作る任務を持つ門下省の起居郎（左史）、中書省の起居舎人（右史）にあたる役割をになう者が日本には存在しないことである。日本で起居郎に相当するのは、中務省の内記（大内記・中内記・少内記）であるが、その職掌は、「詔勅造らむこと、すべて御所の記録のこと」という抽象的なものとなっており、天子の言動を直接記録することは規定されていない。すなわち日本令は、中国の国史撰修の体制を受容しながら、そのもととなる「起居注」と、それを担当する起居郎・起居舎人の職掌をすっかり捨象してしまっているのである（池田温「中国の歴史書と六国史」『歴史と地理』三五八号。のち「中国の史書と『続日本紀』」として『東アジアの文化交流史』所収）。

中国の歴史書編纂に見られるきびしい天命思想、易姓革命を肯定する思想は、日本の律令制下の史書編纂においては、「起居注」の軽視に見られるように貫徹しなかった。日本古代の正史に論賛がほとんど存在せず、事実そのものを記す性格が強いことは、このような史書編纂の体制とも関連するものと見なされよう。

4　唐の実録と続日本紀

日本の史官は、史書の編纂にあたって中国の史書をどのように参看したのだろうか。『日本書紀』の場合、その文章が中国の『漢書』、『後漢書』などの文を用いて述作されていることは、すでに江戸時代の河村秀根・益根父子の『書紀集解』の明らかにしたところであり、小島憲之はさらに考察を進めて、『日本書紀』の編者が、その編纂にあたって、中国の「類書」の一つである唐の欧陽詢らの撰の『芸文類聚』を多く用いたこと、史書や詩文の引用も、多くは『芸文類聚』からの直接の引用と見られることを明らかにした（『上代日本文学と中国文学』上巻、第一篇第四章、第三篇第三章）。これに対し、八世紀の後半に編纂が進められた『続日本紀』の場合には、やはりその述作にあたって『帝徳録』などの文例・成句集を用いた形跡が見られるものの（東野治之「『続日本紀』所載の漢文作品」『日本古代木簡の研究』所収）、一般に『日本書紀』のように漢籍の語句をそのまま借用することはなく、より自在に、漢籍の語句を自家薬籠中のものとして用いるようになったといわれる（小島前掲書下巻、第七篇第一章）。八世紀には、『文選』や『千字文』が下級官人の教養としても重んじられるなど、漢籍の受容は大きな広がりを持つようになっていたのである（東野治之「奈良時代における「文選」の普及」『正倉院文書と木簡の研究』所収）。

『続日本紀』神護景雲三年（七六九）十月甲辰（十日）条によると、当時大宰府には五経（易〔周易〕・書〔尚書〕・詩〔毛詩〕・礼記・春秋）はあるが三史（史記・漢書・後漢書）の正本がなく、学問を志す徒に不便なので、列代の諸史各一本を賜わりたいと朝廷に請い、朝廷はそれに応じて『史記』、『漢書』、『後漢書』、『三国志』、『晋書』各一部を大宰府に賜わったという。これによって当時中央の史局には、こうした要請に応じうるだけの中国正史の写本が蔵されていたことが知られる。藤原佐世撰の『日本国見在書目録』によれば、九世紀末までに日本に将来された漢籍のうち、史部に属するものは二百数十部、四二〇〇余巻に達し、その中には『史記』、『漢書』以下『隋書』に至る諸史が網羅されている。とくに注目されるのは、『唐実録』九十巻（房玄齢等撰）、同（許敬宗撰）、『高宗実録』六十巻（武玄之撰）、『唐暦』四十巻（柳芳撰）と、初唐の高祖・太宗・高宗三帝の実録が複数完備していたと見られることである（池田温「中国の歴史書と六国史」前掲）。これらの実録がすでに八世紀に存在したことは、正倉院文書中の天平五年（七三三）八月十一日の皇后宮職移（古一―四七六頁）に「実録十巻　紙六十六」とあってその書写が行われていることから明らかであり、また『高祖実録』は『弘決外典鈔』（具平親王撰）第一に、『太宗実録』も元慶八年（八八四）五月二十九日の大蔵善行の勘奏（『日本三代実録』）に引用されており、ともに平安初期にそれが利用されていたことが判明する（太田晶二郎「『唐暦』について」『太田晶二郎著作集』第一冊所収）。このような唐の実録の知識、その体例や文言は、当然、この時期に進められていた国史の撰修にあたって参考にされたことであろう。

唐の実録としては、韓愈の『韓昌黎文集』に収められた『順宗実録』の略本のみが、まとまった形で現存している。順宗は徳宗の死をうけて貞元二十一年（永貞元年、八〇五）正月に即位したものの、病のため同年八月には憲宗に譲位し、翌年正月に没した不幸な皇帝であった。順宗実録は五巻にわたり、この皇帝の立太子から、死後山陵に葬られるまでの事蹟を記している。

『続日本紀』以下の五国史が、形式上『日本書紀』と大きく異なる点の一つは、各巻の巻次の下に所収の年月を注記することで、たとえば『続日本紀』では、

続日本紀巻第二　起二大宝元年正月一尽二二年十二月一

のように記している。ところで『順宗実録』でもやはり、

順宗実録第一　起二藩邸一尽二貞元二十一年二月一

のように記し、『続日本紀』と形式が一致する。また官人などの死没の個所にその人物の伝記を立てることも、『続日本紀』に始まる国史の体例であるが、『順宗実録』においても官人の任官・死没・贈官等の個所に伝記が挿入されており、全体として実録中のかなりの分量を占めている。このような点から、『続日本紀』以下の五国史は、現実に唐の実録の体例を参考にしていると認めてよいであろう（池田温「中国の歴史書と六国史」前掲）。

5　六国史のなかの続日本紀

『続日本紀』が延暦十六年に完成して後、九―十世紀にかけて、『日本後紀』『続日本後紀』『日本文徳天皇実録』『日本三代実録』の正史が書きつがれた。『日本書紀』とあわせてこれらを六国史と通称する（表5参照）。

これら『日本後紀』以下の諸国史は、基本的には『続日本紀』の性格を継承し、事実のありのままの記録としての性格をもって終始するが、記事は全体として詳密となり、史書としての体裁や、叙述の方法にも整備が見られる。ことにその掉尾を飾る『日本三代実録』においては、後述するように日付の表示に日子と干支とをもってする体例を用い、官人の叙位・任官記事等においてもきわめて行きとどいた編纂がなされるなど、多年にわたる史書編纂事業の一つの達成がそこに示されている。

『日本後紀』以下の諸国史は、しだいに各天皇の代ごとの記録となり、唐の実録に似た性格を強めていく。このような動きは、天皇と官人との個人的な結びつきが強まり、天皇の代ごとに新たな寵臣が擡頭するという、平安初期の

宮廷の動きと無関係ではないであろう。先述したように、『続日本後紀』は初めて仁明天皇一代の歴史となり、つぎの『日本文徳天皇実録』以後は、書名にも「実録」を称するようになる。記載内容においても、『続日本後紀』は、人君の挙動は巨細を論ぜず載せることを初めて序でうたっており、諸種の行事の詳細な記載を通じて、朝廷の儀容を誇る性格が強まっていくのである（坂本太郎『六国史』第五の二）。

このように六国史は、あとに行くほど形式的に整備され、史書として一つの形体を完成させていった。それは、体

表5　六国史

書名	巻数	収載の歴代・年代		完成年	撰者	備考
日本書紀	三〇	神代—持統	六九七（持統一一）	七二〇（養老四）	舎人親王	系図一巻いま欠
続日本紀	四〇	文武—桓武	六九七（文武元）—七九一（延暦一〇）	七九七（延暦一六）	藤原継縄 菅野真道 等	
日本後紀	四〇	桓武—淳和	七九二（延暦一一）—八三三（天長一〇）	八四〇（承和七）	藤原冬嗣 藤原緒嗣 等	一〇巻のみ現存
続日本後紀	二〇	仁明	八三三（天長一〇）—八五〇（嘉祥三）	八六九（貞観一一）	藤原良房 春澄善縄	
日本文徳天皇実録	一〇	文徳	八五〇（嘉祥三）—八五八（天安二）	八七九（元慶三）	藤原基経 菅原是善 嶋田良臣	
日本三代実録	五〇	清和—光孝	八五八（天安二）—八八七（仁和三）	九〇一（延喜元）	藤原時平 大蔵善行	

例としては中国の実録に模したものであったが、性格的には中国とは大きく異なるものとなっていた。中国の実録においては、日常・恒例の行事についてはほとんど記すことなく、政治的事件を中心とし、ダイナミックな動きを中心に歴史を捉えるが、日本の六国史においては、中国の強度な勧善懲悪主義は目立たなくなり、年中行事や一般政務までが克明に記述され、全体に静的な、日本独自の性格を持つ史書のタイプが生み出されていった（池田温「中国の歴史書

と六国史」前掲)。中国を模倣した日本の律令制国家は、八世紀中葉の天平時代からしだいに日本独自の支配体制を生み出していくが、八世紀の史書としての『続日本紀』も、中国的な史書から日本的な史書が生み出されていく、大きな流れの中に位置していると見ることができよう。

二　続日本紀の成立

1　二つの上表文

『日本後紀』以下の諸国史には、巻頭に撰者による序(撰進にあたっての上表文)が掲げられていて、その編纂の経緯を知ることができる。『続日本紀』にそれが見られないのは、編纂の過程が複雑で、四十巻全部が一度にまとまって撰進されたものではないためである。

『続日本紀』は、桓武天皇の延暦十三年(七九四)から同十六年にかけて、三度に分けて撰進されたと考えられる。そして、第一回目の撰進のさいの藤原継縄《つくただ》らの上表文と、第三回目の撰進のさいの菅野真道《すがののまみち》らの上表文とが、『日本後紀』(前者は『日本後紀』の欠佚部分に当たるが、『類聚国史』巻一四七国史に収録されている)に記載されており、これら二つの上表文によって、編纂のおおよその経緯を知ることができる。

まず、大変長文であるが、延暦十三年の『類聚国史』当該条の訓読を左に掲げよう。

延暦十三年八月癸丑、右大臣従二位兼行皇太子傅中衛大将藤原朝臣継縄等、勅を奉《う》けたまはりて国史を修し、成る。闕《みかど》に詣《いた》りて拝表して曰く、

「臣聞かく、「黄軒は暦を御《をさ》めて、沮誦《しよしよう》其の史官を摂し、有周は基を闢《ひら》きて、伯陽其の筆削を司《つかさど》る。故《かれ》、墳典斯《ここ》に闢《ひら》きて、歩驟《ほしう》の蹤尋《あとたづ》ぬべく、載籍聿《ここ》に興りて、勧沮の議允《まこと》に備はる。班馬迭《たが》ひに起りて実録を西京に述べ、范謝門を分ちて直詞を東漢に騁《は》せるに曁《およ》び、言を表《あらは》し事を旌《あらは》して百王の通猷《つういう》を播《し》き、徳を昭《あきら》かにし違を塞《ふさ》ぎて千祀の炯光《けいくわう》を垂れざるはなし」ときく。史籍の用、蓋《けだ》し大《おほ》きなるかな。

伏して惟《おもひ》みるに、聖朝、道を求め極を纂《つ》ぎ、三才を貫《つらぬ》きて君臨し、日に就き明を均《ひと》しくし、八州を掩《おほ》ひて光宅す。遠きは安く邇《ちか》きは楽しみて、文軌所以《そゑ》に大同し、歳稔り時和して、幽顕ここに褆福す。英声、胥陸《しよりく》に冠たり、懿徳、勛華《くんくわ》に跨《こ》ゆるものと謂《い》ふべし。而《しか》して扆《い》を負ひて高く居り、旒《りう》を凝らして広く慮《おもひはか》り、国史の墜業を修して帝典の欠文を補ふ。爰《ここ》に、臣と、正五位上行民部大輔兼皇太子学士左兵衛佐伊予守臣菅野朝臣真道、少納言従五位下兼侍従守右兵衛佐行丹波介臣秋篠朝臣安人《あきしののあそみやすひと》等とに命じ、其の事を銓次《せんじ》して以て先典に継がしむ。

若《も》し夫《そ》れ襲山《そのやま》に基を肇《はじ》めしより以降、浄原《きよみはら》にあめのしたしらす前、神代草昧の功、往帝庇民の略は、前史の著《あらは》す所、粲然《さんぜん》として知るべし。文武天皇より降《くだ》りて聖武皇帝に訖《をは》るまでは、記注昧《くら》からず、余烈存す。但し宝字より起りて宝亀に至る、廃帝禅《ゆづ》りを受けて遺風を簡策に緝《つつ》み、南朝祚《そ》に登りて茂実を洛誦《らくしよう》に闕《か》く。是《ここ》を以《もち》て、故中納言従三位兼行兵部卿石川朝臣名足《いしかはのあそみなたり》、主計頭従五位下上毛野公大川《かみつけののきみおほかは》等、詔を奉《う》けたまはりて編緝《へんしふ》し、合はせて廿巻と成す、唯《ただ》、案牘《あんとく》を存して、類、綱紀無し。

臣等、更《あらた》めて天勅を奉けたまはり、重ねて以て討論す。其の蕪穢《ぶわい》を芟《か》りて以て機要を撮《と》り、其の遺逸を摭《ひろ》ひて以て闕漏を補ふ。彼此の枝梧《しご》を刊《けづ》り、首尾の差違を矯《た》む。時節恒事の如きに至りては、各有司存す。一切の詔詞、訓《をしへ》とすべきに非ず、類に触れて長きは、其の例已《すで》に多し。今の修する所、並びに取らぬ所なり。若し其れ蕃国の入朝、非常の制勅、語、声教に関し、理、勧懲に帰するは、摠《す》べて書して以て故実に備ふ。勒《ろく》して一十四巻と成し、前史の末に繫《か》く。其《そ》の目《もく》、左の如し。臣等、学は研精に謝し、詞は質弁を慙《は》づ。詔を奉けたまはりて歳を淹《わた》り、伏して深く戦兢《せんきよう》す」

といふ。勅有りて秘府に蔵せしむ。

この上表文では、まず、㈠中国における史書編纂の沿革と史書の効用とについて述べ、ついで、㈡桓武天皇が史書の編纂を志して藤原継縄・菅野真道・秋篠安人らに撰修を命じたこと、㈢国初から持統天皇までの歴史は『日本書紀』に明記されており、文武天皇から聖武天皇までについてもすでに記録が残されているのに対し、宝字（淳仁天皇）から宝亀（光仁天皇）に至る部分については、先に石川名足・上毛野大川らが詔をうけて二十巻にまとめたものが存在するものの、きわめて不十分なものであったこと、㈣そこで継縄らはこれに修訂を加え、十四巻の史書として進上すること、が述べられている。ここで進上されたのは、現在の『続日本紀』の巻二十一から巻三十四まで（天平宝字二年八月から宝亀八年十二月まで）の部分である。

それでは次に、第二の、延暦十六年の菅野真道らの上表文を掲げよう。この部分の『日本後紀』は現存するが、塙保己一校印本には誤りが少なからず存在するので、ここでは『類聚国史』巻一四七収録の文によった。

（延暦）十六年二月己巳、是より先、重ねて従四位下行民部大輔兼左兵衛督皇太子学士菅野朝臣真道、従五位上守左少弁兼行右兵衛佐丹波守秋篠朝臣安人、外従五位下行大外記兼常陸少掾中科宿禰《なかしなのすくねこ》巨都雄等《つを》に勅して、続日本紀を撰せしむ。是に至りて成る。上表して曰く、

「臣聞かく、「三墳五典、上代の風存す。左言右事、中葉の迹《あと》著し。茲《これ》より厥《そ》の後、世《よよ》史官有り。善は少なりと雖《いへど》も必ず書し、悪は縦《たと》ひ微なりとも隠すことなし。咸《みなよ》能く、徽《き》烈《れつ》、緗《しやう》に絢《あやな》して百王の亀鏡を垂れ、炳《へい》戒《かい》、簡に照らして千祀の指南と作《な》る」ときく。

伏して惟《おもひ》みるに、天皇陛下、徳は四乳に光《かかや》き、道は八眉に契《かな》ふ。明鏡を握りて以て万機を惣《す》べ、神珠を懐《いだ》きて以て九域に臨む。遂に仁は渤海の北に被《かがふ》りて、貊種、心を帰し、威は日河の東に振ひて、毛狄、息を屏《ひそ》めしむ。前代の化せぬを化し、往帝の臣とせぬを臣とす。魏々たる威徳に非《あら》ぬよりは、孰《いづ》れか能《よ》く此に与《し》かむや。既にして扆《い》を余閑に負ひ、神を国典に留めり。爰《ここ》に真道等に勅して、其の事を銓次し、先業を揚《あ》げ奉《たてまつ》らしむ。夫《そ》れ、宝字二年より延暦十年に至る卌四年廿巻は、前年勒成《ろくせい》して奏上す。但し初め、文武天皇元年歳次丁酉に起り、宝字元年丁酉に尽《つ》くる惣べて六十一年は、有る所の曹案卅巻、語、米塩多く、事また疎漏なり。前朝、故中納言従三位石川朝臣名足、刑部卿従四位下淡海真人三船《あふみのまひとみふね》、刑部大輔従五位上当麻真人永嗣《たぎまのまひとながつぐ》等に詔して、帙《ちつ》を分《わか》ちて修撰し、以て前紀に継がしむ。而《しか》るに旧案に因循して竟《つひ》に刊正することなし。其の上《たてまつ》る所は唯《ただ》廿九巻のみ。宝字元年の紀は、全く亡《うしな》ひて存せず。

臣等、故実を司存に捜《さぐ》り、前聞を旧老に詢《と》ひ、残簡を綴叙し、欠文を補緝す。雅論英猷《えいいう》、義の貽謀に関《かかは》る者は、惣べてこれを載す。細語常事、理の画策に非ぬ者は、並に従ひてこれを略す。凡そ刊削する所廿巻、前に幷《あは》せて九十五年卌巻、草創より始めて断筆にいたるまで、茲《ここ》に七年。油素惣べて畢《をは》る。其の目、別の如し。庶《こひねが》はくは英を飛ばし茂を騰《あ》げ、二儀と与《とも》に風を垂れ、善を彰《あらは》し悪を癉《や》ましめ、万葉に伝へて鑒《かがみ》と作《な》さむ。臣等、軽《かるがる》しく管見を以て国史を裁成し、愚を牽《ひ》きて稔《とし》を歴《へ》たり。伏して戦兢を増す。謹みて以て進め奉る」

といふ。これを策府《さくふ》に帰せしむ。

この上表文でも、まず、㈠史書の役割について述べ、ついで、㈡桓武天皇の徳をたたえ、その天皇が菅野真道らに史書の編纂を命じたことを記す。そして、㈢宝字二年から延暦十年までの三十四年分、二十巻については、前年に完成してすでに進上した。しかし、㈣それに先立つ文武天皇元年から宝字元年までの六十一年の部分については、元来曹案（官府に蔵されている草稿）三十巻があり、前朝（光仁朝）に石川名足・淡海三船・当麻永嗣らが詔をうけてその修訂を行ったが、十分な成果をあげえず、二十九巻のみを進上し、宝字元年紀は亡失してしまった。㈤そこで真道らは、あらためてその部分の編纂を行って二十巻にまとめ、前年進上の二十巻とあわせ、九十五年四十巻の史書として進上する、と述べている。

ここでまとめられたのは、『続日本紀』の巻一から巻二十まで（天平宝字二年七月まで）の部分である。上表文には、宝字二年から延暦十年までの三十四年二十巻は、前年に完成奏上したといっているが、前掲の延暦十三年の進上分は巻二十一から巻三十四までの十四巻で、巻三十五から巻四十まで（宝亀九年から延暦十年まで）の六巻は含まれていない。これは延暦十三年八月以後のある時期に、追加して進上されたのであろう。

それでは以下、これら二つの上表文により、また諸家の研究を参照して、『続日本紀』の成立の過程について考察しよう。

2　淳仁朝の修史

『続日本紀』の成立には、奈良朝後半以来の長い前史があった。『日本書紀』のあとをつぐ史書の編纂について、前掲の延暦十三年の藤原継縄らの上表文（以下上表文Aという）では、文武天皇から聖武天皇までについて、「記注昧からず、余烈存す」といい、すでにその記録が存在しているとしており、また延暦十六年の菅野真道らの上表文（上表文B）の方では、文武元年（六九七）から天平宝字元年（七五七）までの六十一年間については、光仁朝以前の段階ですでに曹案三十巻が作られていたものの、煩雑なことを記す一方で重要な史実を漏らしており、史書として満足できるものではなかったといっている。

ここで上表文Aにいう文武天皇から聖武天皇までの記録とは、上表文Bにいう天平宝字元年までの曹案三十巻と同一のものと考えてよいであろう。上表文Aにいう記録は、聖武が上皇として没した天平勝宝八歳（天平宝字元年の前年）頃までを含めてのものと考えられる。そしてこの曹案が編纂されたのは、天平宝字元年からほど遠からぬ時期、すなわち翌二年八月に即位した淳仁天皇の時代と見るのが妥当であろう。

淳仁天皇の時代は、藤原仲麻呂の権勢が絶頂に達した時代である。淳仁天皇（大炊王）は、元来仲麻呂の庇護のもとにあった王族であり、仲麻呂は淳仁天皇のもとで、天平宝字二年八月大保（右大臣）の地位につき、恵美押勝の姓名を賜わり、同四年には大師（太政大臣）に進んだ。仲麻呂は、「率性聡敏にして、略《ほぼ》書記に渉《わた》る」（続日本紀天平宝字八年九月壬子条）といわれる才子で、官号を唐風に改易したり、天下の家ごとに孝経を蔵させるなどの儒教的教化政策をとったことで著名であり、また天平宝字元年五月、藤原不比等の撰定した養老律令が施行に移されたのも、祖父不比等を顕彰しようとする仲麻呂の策に出たものと推測される。仲麻呂は『藤氏家伝』の編纂を行い、みずから曾祖父鎌足の伝を著した。このようなことから察するなら、仲麻呂が祖父不比等の時に完成した『日本書紀』につぐ国史の編纂を志した可能性は非常に高いというべきであろう。「曹案」の巻数が三十巻で『日本書紀』と同じなのは、『日本書紀』につぐ官撰史書を標榜していると見ることもできる（岸俊男『藤原仲麻呂』）。

淳仁朝にはまた『氏族志』の編纂も行われ、諸氏から本系帳の勘進されていたことが、弘仁五年（八一四）撰進の『新撰姓氏録』の序や、『中臣氏系図』に引く『延喜本系』などによって知られる。これも桓武朝に始まる姓氏録編纂事業の先がけをなすものであるが、『新撰姓氏録』の序によれば、この『氏族志』は、「抄案半ばならず、時に難有るに逢ひ、諸儒解体し、輟《や》めて興らず」ということで、中途で挫折してしまった。おそらく修史事業の方も、藤原仲麻呂（恵美押勝）の領導によって進められたものの、天平宝字八年の乱による押勝の敗死、淳仁天皇の廃位によって挫折し、不十分な曹案の形で伝えられることになったのであろう。

天平宝字八年に淳仁天皇が廃位された後は、孝謙上皇が重祚して称徳天皇となり、そのもとで道鏡による変則的な僧侶政治が行われた。しかし神護景雲四年（七七〇）、称徳天皇が没すると、藤原永手・百川らによって、それまでの天武系の皇統にかわり、天智天皇の孫に当たる光仁天皇が擁立され、政界の混乱の収拾がはかられた。

3　光仁朝の修史

この光仁朝において、前朝までの立場にとらわれない、新しい見地から歴史を見直そうとする機運が生じたことは不思議ではない。光仁朝の修史は、二つの面で行われた。

その第一は、淳仁朝にまとめられたと思われる、文武以降天平宝字元年にいたる曹案三十巻への手入れである。さきの上表文Bによると、桓武朝に先立つ光仁朝において、石川名足・淡海三船・当麻永嗣ら三人は、命をうけて前記の曹案に手を加え、『日本書紀』につぐ正史となすべく作業を行ったが、旧来の文案に徹底した改訂を加えることができず、二十九巻のみを進上し、最後の一巻である天平宝字元年の紀については、稿本を失ったため進上することができなかった、と述べている。

上表文Bによると、この修史事業は十分な成果をあげえなかったようにとれるが、しかし、少なくとも全三十巻のうち二十九巻までは進上されているのであり、『日本書紀』につぐ正史として官府に蔵されたと見るのが妥当であろう（森田悌「『続日本紀』の編纂過程」『日本歴史』四三〇号）。作業の具体的な内容については知ることができないが、三十巻という巻数は曹案と同じであり、曹案の内容を大きく削ったり、新たな内容を加えたりすることは少なかったと考えられる。宝字元年の紀の稿本を失ったということについては、この年が、道祖王の廃太子、大炊王の立太子、橘奈良麻呂の変と、政界の動揺が激しく、それを国史に叙述することが困難をきわめたこと、淳仁朝の修史が恵美押勝の立場で書かれており、その史筆が光仁朝では通用しなかったこと、修史関係者の意見の統一ができなかったこと、等の理由で一巻としてまとまらず、それを紛失という言葉で逃れようとしたものとも考えられる（坂本太郎『六国史』第三の一）。

光仁朝の修史の第二は、あらたに淳仁朝以降、光仁朝に至る時期の史書の編纂を企てたことである。これについては、上表文Aに、文武天皇から聖武天皇にいたる歴代については記録が存在しているのに、宝字から宝亀、すなわち淳仁天皇から光仁天皇にいたる時代については、その事績についての記録がないため、石川名足・上毛野大川らが詔命をうけて編纂を行い、二十巻の記録にまとめた。しかし一応資料のとりまとめを行ったものの、まだ史書としての体裁をなすまでには至らなかった、と述べられている。そして後に、藤原継縄らによってこれに修訂が加えられ、現在の『続日本紀』の巻二十一から巻三十四まで（天平宝字二年八月から宝亀八年まで）に当たる十四巻の記録にまとめられることになるのである。

光仁朝の第一・第二の修史を通じて中心的地位にあった石川名足は、大臣蘇我連子《むらじこ》の後裔で、祖父石足、父年足とも律令制下の有能な官僚として治績をあげた。父の年足は聖武天皇の信任あつく、天平宝字二年には諸司執務のさいの便宜のため、『別式』二十巻を編纂した。名足は父のあとをうけ、光仁朝には兵部省・民部省の各大輔、右大弁、参議等をつとめ、桓武朝の延暦七年（七八八）六月、中納言従三位兼兵部卿、六十一歳で没したが、ことに光仁朝の宝亀十一年（七八〇）、参議で伊勢守を兼ねたおりには、多くの隠首《おんじゅ》（籍帳に編附されていない者）を摘発し、一千人近くの戸口の増益、調庸の増収をもたらすという成果をあげた（『続日本紀』宝亀十一年十月丙辰条）。ただし『続日本紀』に載せる薨伝には、名足、耳目の渉《わた》る所、多くは心に記す。加以《しかのみならず》、利口剖断、滞ることなし。然れども、性、頗《すこぶ》る偏急にして、好みて人の過《あやま》ちを詰《なじ》る。官人政を申すとき、或は旨《むね》に合はざれば、即ち其の人に対して口を極めて罵《ののし》る。此に因《よ》りて、諸司の官曹に候する者、名足が事を聴くに値《あ》へば、多くは跼蹐《きよくせき》して避く。

とあり、有能な官人でありながら、包容力に欠けていたことが指摘されている。先述の伊勢国守としての治績にしても、成果をあげた反面、伊勢国の官人や人民の不評を買うこともあったのであろう。

第一の修史事業を担当した一人、淡海三船は、天智天皇の後裔で、大友皇子の曾孫に当たる。学才にすぐれ、石《いそ》上宅嗣《かみのやかつぐ》とともに、宝字以後の「文人の首」と称せられた（『続日本紀』天応元年六月辛亥条石上宅嗣薨伝）。唐僧鑑真の伝記『唐大和上東征伝』を著し、漢詩集『懐風藻』の撰者にも擬せられる。また天平宝字年間に、神武天皇以下歴代の漢風諡号を撰進したのも、三船であると推定される（坂本太郎「列聖漢風諡号の撰進について」『日本古代史の基礎的研究』下所収）。光仁朝においては、刑部大輔、大学頭兼文章博士、大判事等をつとめ、桓武朝の延暦四年七月、刑部卿従四位下、六十四歳で没した。その学識から、光仁朝の修史において大きな力を発揮したことであろう。

三船についで名の見える当麻永嗣は、光仁朝には左少弁・土左守・右少弁・大判事・出雲守等を歴任、桓武朝初年の天応元年（七八一）五月に従五位上で刑部大輔となった。また第二の修史に名の見える上毛野大川は、光仁朝の宝亀八年、遣唐録事として中国に渡り、翌年十月帰国、桓武朝に大外記を経て、延暦五年六月、従五位下で主計頭に任じられたのが最終官歴であり、同九年八月までに没している（『類聚三代格』同月八日太政官符）。平安時代、村上天皇の撰とされる『新儀式』第五には、「修二国史一事」として、

第一の大臣、執行の参議一人、大外記并《ならび》に儒士の中、筆削に堪ふる者一人を択びてこれを制作せしむ。諸司の官人、事に堪ふべき者四、五人、其の所に候せしむ。

とあるが、国史の修撰にあたっては、㈠議政官を代表する大臣・参議、㈡学識あり、文章に堪能な学者もしくは官人、㈢史料の収集・整理等の実務にたずさわる官人、といった人々が、八世紀においてもその要員と考えられていたのであろう。

光仁朝の修史事業のうち、第一の淳仁朝の曹案三十巻の改訂作業については、石川名足・淡海三船・当麻永嗣三者の官歴の検討から、三船が大学頭となった宝亀九年頃から行われた可能性が大きいとされる（柳宏吉「名足・三船・永嗣の国史修撰」『東方古代研究』二号、同「続日本紀の成立」『続日本紀研究』一〇巻一号—四・五合併号）。また第二の、淳仁—光仁朝の国史の新修は、現在の『続日本紀』巻三十四が宝亀八年までを含んでいること、担当者の上毛野大川が唐から帰国するのが宝亀九年十月であることから見て、宝亀九年以降に開始されたことがほぼ確実である（柳宏吉「石川名足・上毛野大川の国史撰修」『日本歴史』七七号、同「続日本紀の成立」前掲）。これによれば、光仁朝の修史事業は、その末年近く、石川名足の領導のもとに、第一・第二の修史がほぼ同時に進行したと一応は考えられる。たしかに、仮に宝亀十一年という時点で見ると、名足は参議右大弁従四位下、三船は大学頭兼文章博士従四位下、永嗣は出雲守従五位上、大川は外従五位下（翌年五月には大外記に在任）であり、充実した修史の体制が考えられよう。しかし第一の修史は、光仁朝の初年、宝亀二年ないし三年ごろに開始された可能性も存在する（石川名足は宝亀二年兵部大輔、ついで民部大輔、淡海三船は同年刑部大輔、三年に大学頭兼文章博士、当麻永嗣は二年に右少弁）。また第二の修史については、上表文Aの表現によれば桓武朝に入って開始されたとも考えられ、両者が並行でなく、継起的に行われた可能性も存在する。この後、延暦三年には長岡遷都、四年には藤原種継の暗殺、皇太子早良親王の廃位事件が起こり、淡海三船もこの年に没する。おそらくこの前後には、名足・大川による国史新修の事業も、十分な成果をあげえないままに中絶したのであろう。

4　桓武朝の修史

光仁天皇の皇太子には、最初、皇后井上内親王（聖武天皇の皇女）を母とする他戸《おさべ》親王が立てられたが、藤原百川の策略によって母子ともに廃され、かわって山部《やまべ》親王が皇太子に立てられた。親王は百済系渡来氏族の高野新笠《たかののにいがさ》を母としており、天武—聖武系の皇統とは完全に隔絶した存在であった。親王はやがて光仁天皇の譲りを受け、天応元年（七八一）、桓武天皇として即位した。

桓武天皇は、天武天皇系の皇統とは異なる、新しい王朝の創始者ともいうべき意識を強烈に抱いていたと思われる。天武系の皇都としての平城京を棄て、山城の地に長岡・平安の新京を造営し、諸豪族を抑えて王権の強化をはかったことは、その第一の表れである。光仁朝の末年に起こった蝦夷の反乱を鎮圧し、東北地方に対する支配を確立することも、その大きな課題であった。この桓武天皇のもとで、淳仁朝以来の修史は、『続日本紀』としてまとめられることになる。

桓武朝の修史事業は、『続日本紀』の巻二十一から巻三十四に当たる、淳仁朝から光仁朝にかけての部分の編纂がまず行われた。前掲の上表文Aによると、石川名足・上毛野大川らがその部分を二十巻にまとめたものの、まだ史書としての体裁をなすに至っていなかったのを引き継ぎ、藤原継縄・菅野真道・秋篠安人らが桓武天皇の命を受けて筆削を加え、遺漏を補い、十四巻にまとめて延暦十三年八月十三日に完成奏上したのである。編纂開始の年時は、延暦十六年の上表文Bに、「草創より始めて断筆にいたるまで、茲に七年」とあることからすれば、延暦十年ということになろう。

この修史事業を総裁した右大臣藤原継縄は、延暦十三年当時の太政官の筆頭である。継縄は南家武智麻呂の孫、豊成の二男であり、宝亀十一年に中納言、延暦二年に大納言となり、同じ南家の是公《これきみ》が同八年に没したあと、九年二月に右大臣の地位を襲い、十五年七月、七十歳で没した。『日本後紀』の薨伝には、

継縄、文武の任を歴、端右の重きに居る。時に曹司に在り、時に朝位に就《つ》く。謙恭自ら守り、政迹聞えず。才識無しと雖《いへど》も、世の譏《そしり》を免るるを得たり。

と記し、政治家としての能力に欠けていたとされるが、桓武天皇の朝廷においては、南家の代表として重要な存在であった。桓武天皇の朝廷では、最初は藤原式家の勢力が強かったが、延暦四年の藤原種継の暗殺、夫人旅子（淳和天皇の母）、皇后乙牟漏（平城・嵯峨天皇の母）のあいつぐ死によって後退し、延暦十年代に入ると、是公の女吉子の所生である伊予親王を擁する南家の勢力が擡頭してきた。継縄の室、百済王明信は尚侍として天皇の寵愛きわめて厚く（『日本後紀』大同三年六月甲寅条藤原乙叡薨伝）、継縄自身、葛野《かどの》の別業にしばしば天皇を迎えており、平安遷都を発議したのも継縄ではないかと推測されている（佐伯有清「長岡・平安遷都とその建議者達」『日本古代の政治と社会』所収）。

つぎの菅野真道は、やはり桓武天皇の寵臣である。真道は河内国丹比郡に居住する渡来系氏族の出身で、もと津連といい、延暦九年、上表により菅野朝臣の姓を賜わった。この上表には百済王氏の仁貞・元信・忠信が名を連ねており、天皇の重用する百済王氏を介しての申請であった。真道はこの時、図書頭兼皇太子学士である。天皇がすでに病に臥した延暦二十四年正月、とくに真道と秋篠安人とを参議としたのも、天皇の信任の重さを示しており、同年十二月には、殿上において参議藤原緒嗣《おつぐ》と著名な徳政論争を行っている。真道は平城朝において山陰道観察使など要官を歴任し、嵯峨朝の弘仁五年（八一四）、七十四歳で没した。

第三の秋篠安人は、本姓は土師宿禰である。土師氏は、天皇の母高野新笠の母家に当たるため、桓武朝にはすこぶる優遇をうけた。延暦元年、安人は、同族の古人らが先年居地の名によって菅原宿禰の姓を賜わったのに倣い、奏請

して秋篠宿禰の姓を賜わった。さらに同九年には、土師氏の四腹のうち、中宮（高野新笠）の母家には大枝《おおえ》朝臣、他の三腹には秋篠朝臣・菅原朝臣のいずれかの姓を賜わることになり、安人は秋篠朝臣姓に改姓した。土師氏は文才にすぐれた者を輩出し、ことに大枝（のち大江）・菅原の両氏は学問の家として発展し、修史の事業にも深くたずさわるようになる。安人は延暦十年当時は従五位下で大判事兼大外記、ついで少納言となり、右兵衛佐をも兼ねていた。その後同二十四年、先述したように菅野真道とともに参議となり、平城朝においては北陸道観察使となったが、大同二年（八〇七）伊予親王の変に坐し、嵯峨朝に入って参議に復任、『弘仁式』の編纂にもたずさわり、弘仁十二年、七十歳で没した。延暦十三年奏進の史書編纂に関係した継縄・真道・安人の三人は、いずれも当時の桓武天皇の近臣であり、かつ系譜や職務の上で、相互に緊密な関係にあったと見ることができる。

桓武朝の修史の第二の作業は、前記の天平宝字二年から宝亀八年までの十四巻に続けて、そのあと、光仁朝の宝亀九年から桓武朝の延暦十年までの歴史を、六巻の書（現在の『続日本紀』の巻三十五から巻四十まで）にまとめることであった。このことは、延暦十六年の上表文Bによって、うかがい知ることができる。

上表文Bには、「宝字二年より延暦十年に至る卅四年廿巻は、前年勒成して奏上す」といっている。ところが、延暦十三年八月に撰進されたのは、天平宝字二年から宝亀八年までの、二十年十四巻でしかない。とすると、それにつぐ宝亀九年から延暦十年までの十四年分の六巻は、延暦十三年八月以後、延暦十五年までの間に追加して奏進されたものと考えざるをえない。

他方、現在の『続日本紀』各巻巻頭の撰者名を見ると、後半の巻二十一から巻四十までは、いずれも藤原継縄であるが、その肩書は、巻三十五までが「右大臣従二位兼行皇太子傅中衛大将」となっているのに対し、巻三十六からは「右大臣正二位兼行皇太子傅中衛大将」となっている。継縄が従二位から正二位に昇進したのは、延暦十三年十月二十七日のことであるから（『公卿補任』）、巻四十までの追加分が奏進されたのは、それ以降、継縄が同じ官位のまま没する延暦十五年七月十六日までのこととなる。

現存する『続日本紀』の写本では、継縄の官位は巻三十五までが従二位、巻三十六からが正二位である。これによれば、巻三十五だけは継縄が従二位の時期、つまり延暦十三年十月までに奏進されたことになる（柳宏吉「続日本紀撰修の最終段階」『日本歴史』六四号、同「続日本紀の成立」前掲）。しかし、そのように一巻だけがわずかの間に別に奏進されることはいかにも不自然であるから、ここは、巻三十五の「従二位」を「正二位」の誤写と見るのが妥当であろう（坂本太郎『六国史』第三の一）。

この桓武朝第二の修史は、六巻という巻数からいって、当然、延暦十三年奏進の十四巻の修史と一体のものとして、最初から構想されていたと考えられる。『続日本紀』の巻三十一、光仁即位以後の各巻が、きわめて整然と一巻二年分ずつを収めているのに対し、最後の巻三十九・四十の二巻のみがそれぞれ三年分ずつを収めているのは、あるいは桓武朝の修史が最初は延暦八年までを収める計画であったものが、後に延暦十年までを収めることに変更されたためであるかも知れない。この新補の部分のみ奏進が遅れたのは、編纂に時日を要したためであり、長岡京から平安京への遷都（延暦十三年十月）を前に、新補の部分を残してとりあえず十四巻分のみが十三年八月に奏進されたものとも考えられよう。

5　続日本紀の完成

桓武朝の修史が『続日本紀』として最終的に完成するのは、平安遷都後二年余の延暦十六年二月十三日のことであった。前掲の上表文Bは、この時のものである。

この桓武朝第三の修史は、上表文Bによって知られるように、菅野真道・秋篠安人・中科巨都雄の三人が桓武天皇の重ねての勅を受け、光仁朝に石川名足・淡海三船・当麻永嗣らによっていったん進上された、文武朝から天平宝字元年に至るまで（実際は天平宝字二年七月まで）の歴史にさらに修訂を加え（失われていた天平宝字元年紀を新たに補う作業もその中に含まれていたであろう）、三十巻の書を二十巻に圧縮し、さきに奏進されていた天平宝字二年八月から延暦十年に至るまでの二十巻と合わせ、九十五年四十巻の史書とし、『続日本紀』と名づけて奏進した、というものである。同日、天皇は詔して真道らの功をほめ、官位を進めさせた。おくれて二月十七日には、「撰日本紀所」に勤務した太政官および中務・式部・民部各省の史生計五名に叙位が行われた。

ここで新たに名の見える中科巨都雄は、菅野真道と同族の百済系渡来氏族であり、延暦十年正月、少外記のおり、本姓津連を改め、居地によって中科宿禰の姓を賜わった。同十六年正月には、大外記で常陸少掾を兼ねている。延暦十年当時は、秋篠安人が大外記、巨都雄が少外記であった。したがって巨都雄は、真道・安人のいずれとも関係深く、あるいは延暦十三年撰進の修史にもすでに関与していたかと思われる（柳宏吉「続日本紀の成立」前掲）。

この修史事業は、光仁朝の三十巻の史書を二十巻に圧縮したのであるから、新補された天平宝字元年紀のほかは、すでにある記述の削除にその主力が向けられたのであろう。『続日本紀』の前半二十巻における、聖武天皇の即位が巻九の中間に位置することの不自然さ、巻十八・十九、孝謙朝の天平勝宝年間の記事・分量の少なさなどは、この桓武朝の、最後の修訂によって生じたものである可能性が強い。

桓武朝の修史は、『続日本紀』としての完成をめざしての、最初から一貫した事業であったと一般には理解されている。しかし、最終的には『続日本紀』四十巻にまとめられたとはいうものの、最初から一つの計画にもとづいて行われた修史事業であったかどうかについては、再検討の余地がある（森田悌「「続日本紀」の編纂過程」前掲）。延暦十三年八月奏進の十四巻と、その後に追加奏進された六巻との二十巻は、淳仁朝以後桓武朝にいたる一つの史書として計画されたものであったろう。これに対し、延暦十六年二月奏進の二十巻については、『日本後紀』に、「是より先、重ねて勅して云々」とあり、延暦十三年奏進の史書よりも遅れて、別個の史書編纂の計画として出発していることが推測される。桓武天皇は、最初、文武朝から孝謙朝にいたる史書が光仁朝に石川名足らによって一応の完成奏上を見ていることにかんがみ、そのあとをつぐ、淳仁朝以降の修史を藤原継縄らに命じたが、結局名足らの修史の結果にあきたらず、あらためてすでに進上されている文武—孝謙朝の史書の再改訂を真道らに命じ、最終的には両者を合わせ

表6　続日本紀の成立過程

続日本紀の相当巻次	淳仁朝	光仁朝	桓武朝	
巻一—巻二十 文武元年正月 —天平宝字二年七月	曹案三十巻 天平宝字元年まで（藤原仲麻呂か）。	①淳仁朝の曹案をもとに三十巻の書として奏進。ただし宝字元年紀一巻は欠（石川名足・淡海三船・当麻永嗣）。	③光仁朝奏進の史書を再訂、二十巻とする。延暦十三年八月以後開始か（菅野真道・秋篠安人・中村巨都雄）。	延暦十六年二月完成、①②の部分と合わせ続日本紀として奏進。
巻二十一—巻三十四 天平宝字二年八月 —宝亀八年		②二十巻に編集。ただし案牘のまま（石川名足・上毛野大川）。	①延暦十年に開始か。十四巻の史書とし、延暦十三年八月奏進（藤原継縄・菅野真道・秋篠安人）。	延暦十六年二月、あらためて続日本紀として奏進。
巻三十五—巻四十 宝亀九年—延暦十年			②上記十四巻に引続き、延暦十三年八月—十五年の間に奏進（藤原継縄・菅野真道・秋篠安人）。	延暦十六年二月、あらためて続日本紀として奏進。

て、『日本書紀』につぐ第二の国史としての『続日本紀』を桓武朝の事業として完成させたのではないか——そのような推測は十分成立しうるであろう。

延暦十三年奏進の修史事業と、十六年奏進の事業とがどのような関係にあったのかは、必ずしも明瞭でない。後者の撰者名が継縄でなく真道となっていることから、前者と後者とはそれぞれ別の編纂グループによって推進されたとする考え方もあるが（森田悌「『続日本紀』の編纂過程」前掲）、真道・安人は両者に関係しており、継縄・巨都雄を含めて、桓武朝の修史担当者は相互に緊密な関係にあったと考えられるから、それは疑問である。また、前者の事業が終了してから後者が開始されたのでは、あまりに時期が短かすぎるので、両者は並行して行われたと見るのが一般であるが（坂本太郎『六国史』第三の一）、後者の事業は光仁朝の修史の再訂であり、記事の削減に主力が注がれたとすれば、延暦十三年以降に開始されたとしても、時間的にそれほど無理とはいえないであろう。前者の奏進後、老齢の継縄にかわって真道が中心となり、編纂を推進したとも考えられるのである。

第三に、延暦十六年における前半の奏進時に、すでに奏進されている後半部分にもあらためて修訂が加えられたかどうかも問題である。『続日本紀』の各巻の文体がほぼ一定していることから、最後の補修が全体に加えられたと見られているが（小島憲之『上代日本文学と中国文学』下、第七篇第一章）、内容的に大きな改変はなかったと見るのが穏当であろう。いずれにせよ、『続日本紀』が一書としてまとまり、「続日本紀」の名が冠せられたのは、延暦十六年のことと見るのが妥当であろうから（森田悌「『続日本紀』の編纂過程」前掲）、後半の二十巻については、撰者名として藤原継縄の名を残しつつ、この時あらためて「続日本紀」の名と、巻二十一から巻四十までの巻数が付せられたと見られるのではあるまいか。

桓武天皇が、光仁朝にいったん奏進されたと見られる史書の再訂をまで行って、『日本書紀』につぐ史書としての

『続日本紀』をみずからの事業として完成させたのは、やはり事実上の新しい王朝の確立者としての自己の立場を明らかにし、それにふさわしい史書を編纂しようとの意図に出たものであろう。上表文Bは、桓武天皇の治世をたたえて、「遂に仁は渤海の北に被りて、貊種（高句麗のあとを承けた渤海国）、心を帰し、威は日河（日高見川。北上川の古称）の東に振ひて、毛狄（蝦夷）、息を屏めしむ」と述べている。平安遷都直後のこの時期、延暦十四年には渤海使が来着、十五年それを送った使が帰着したおりにもたらした渤海国王の書が礼にかなったものであったので、群臣が慶賀するということがあった。多年の課題であった東北地方の経略も、延暦十三年・十六年両度の征討によって北上川中流域の平定に成功し、二十一年、天皇は坂上田村麻呂に胆沢城の築城を命じた。国史の編纂と並ぶ国家事業としての銭貨の鋳造においても、延暦十五年、新銭隆平永宝が鋳造された。同十八年には諸氏に本系帳の提出が命じられ、後に『新撰姓氏録』となって結実する、氏族書編纂の事業も出発した。二十三年には、藤原葛野麻呂《かどのまろ》を大使とする遣唐使が、最澄・空海らを従えて中国に向かっている。このように、『続日本紀』の完成した時期は、桓武天皇の朝廷がその勢威を国の内外に誇った時期であり、『続日本紀』の編纂も、その大きな一環をなすものであった。

桓武天皇は、みずからの王権を誇るためにこの修史を行ったが、修史の具体的な目的の一つとしては、桓武天皇の皇統、ことに称徳天皇の政治に対し、それを否定し克服した者としての評価を与えることがあったと考えられる。先述した、孝謙天皇の治政に関する巻十八・十九の記述において光仁朝の史書の記事を大幅に削除した可能性があること、また、巻三十宝亀元年八月丙午条の称徳天皇の伝に論賛を加え、その事績を批判していることなどは、その一端を示すものであろう。

『続日本紀』はこうして完成したが、完成後、その一部に手が加えられる事態が発生した。『日本後紀』弘仁元年（八一〇）九月丁未（十日）条、平城上皇の変にあたり、藤原薬子と兄仲成とを罪により宮中から追放することを柏原

山陵（桓武天皇陵）に告げた嵯峨天皇の宣命には、

又、続日本紀載する所の、崇道《すどう》天皇（早良《さわら》親王）と贈太政大臣（藤原種継）との好《よ》からざるの事、皆悉く破り劫《しりぞ》け賜ひてき。しかるに更に人言に依りて、破り却くるの事、本の如く記《しる》し成《な》す。此《これ》も亦礼無《またいやな》きの事なり。今、前の如く改め正すの状、参議正四位下藤原朝臣緒嗣《をつぐ》を差《つかは》して畏《かしこ》み畏むも申し賜はくと奏《まを》す。

と述べている。

これは、延暦四年（七八五）に起こった藤原種継暗殺事件と、それと関連しての皇太子早良親王の廃位とその死、という一連の事件についての『続日本紀』巻三十八の記述が、のちに度重なる近親の死や新皇太子安殿《あて》親王の病を早良親王の怨霊の祟りであると恐れた桓武天皇の命によって削除されたこと、次の平城天皇の代になって、天皇の寵臣藤原仲成・薬子《くすこ》らが、父である種継の事績の顕彰の目的からか、桓武天皇の削除した記事をそっくり復活させたこと、それがまた、仲成らの失脚にともない、嵯峨天皇により、無礼なことであるとして再び削除されたこと、を示している。桓武天皇が『続日本紀』からこれらの記事を削除させた年時ははっきりしないが、親王に崇道天皇の称を贈り、その墓を山陵と称させた延暦十九年七月の時点か、あるいはそれ以降のことであろう。桓武天皇は、みずからの治世をも修史の対象に含ませたが、史書としての完成後、それに手を加えるという異例の処置をも行ったのである。

現行の『続日本紀』には、嵯峨天皇によって再度削除されたこれらの記事は含まれていない。しかし、平安時代の末に成り、六国史の部分については国史の記事を抄出して文をなしている『日本紀略』には、延暦四年九月丙辰（二十四日）・庚申（二十八日）の両条に、この時削除された文と見られる、種継暗殺の陰謀と事件後の処分、早良親王の廃位とその死に関する記述が存在する。その位置は、当初の『続日本紀』にあった記事の位置としてはやや不自然で、おそらくは何らかの形で後世に伝えられたものが、『日本紀略』の編纂にあたってそこに挿入されたものであろう。

いずれにしても、削除された国史の文章と思われるものが存在することは希有なことで、『続日本紀』の歴史を考える上にも、注目される事実である。

6　続日本紀の素材と官曹事類

『続日本紀』の編纂について、前掲の上表文Bでは、「故実を司存に捜り、前聞を旧老に詢《と》ひ、残簡を綴叙し、欠文を補緝す」と述べている。元来、史書の編纂は令制では中務省の被管である図書寮の任であり、雑令では、天文の異変についての記録を季ごとに中務省に進め、国史に入れることを定めている。しかし実際に国史が編纂されるにあたっては、あらためて諸官司にその記録の提出を求めたのであり、中務省や太政官に存する詔書・勅書の案、文案勘署の任に当たる太政官外記局の記録、式部省に存する功臣家伝、式部省・兵部省に存する叙位・任官の記録、治部省に存する祥瑞についての記録など、多くの部局にわたって、その所蔵する記録の調査が行われたものと思われる。

『続日本紀』の編纂にあたって収集されたこれらの記録を、その編纂終了後に集成したものが、『官曹事類』三十巻である。『官曹事類』は、延暦二十二年（八〇三）に編纂されたもので、成書としては今日伝わらないが、『本朝法家文書目録』に載せる篇目と同年二月十三日付の序文とによって、その内容と編纂の経緯とを知ることができる。それによると、『官曹事類』は『続日本紀』の雑例で、『続日本紀』の編纂にあたり、「事、書策に合《かな》ひ、理、垂訓を開く」ものについては討議の上これを記載したが、収載しなかった記録のうち、別記の存する「元会の礼、大嘗の儀、隣国の入朝、朝廷の出使」、すなわち朝廷の儀式や外交の記録を除き、その他の「米塩碎事、簡牘常語」、すなわちさして重要でない断片的な記録についても、官司に保存しておくべきものと考え、資料をそのまま巻帙に編成し、類別して披見しやすくし、政務の便宜としたものであることが判明する。

目録によると、『官曹事類』は、神事部以下雑部に至る七十一の部に分かたれる。各部の条数は、斎王部上・下計一九八条から、氏上部・誄詞部の各三条まで、相互に大きな開きがあり、分類も十分系統立ったものとは言いがたい。次の『日本後紀』の場合も、編纂のために抄出した格のうち、官司に必要なものをまとめた『天長格抄』が後日編纂されるが、同じく『本朝法家文書目録』に掲げられた篇目を見ると、配列は『官曹事類』とほぼ同じではあるものの、五十八部に整理され、はるかに精撰がはかられている。おそらく『官曹事類』は、最初からその編纂が予定されていたものではなく、『続日本紀』の編纂後しばらくたって、政務の必要上その編纂が要請され、成書としての体裁に十分な配慮がなされないまままとめられたのに対し、『天長格抄』の場合は『官曹事類』の先蹤をふまえ、十分な構想のもとにその編纂が進められたという事情が存するのであろう。

『官曹事類』の逸文は、『西宮記』、『政事要略』などの諸書に十条ほど存在している（和田英松『国書逸文』、所功「官曹事類」『国書逸文研究』一二号）。年代的には大宝二年から宝亀五年のものまであり、『続日本紀』の収載年代全体をカバーするものであることが知られる。その中には、養老五年九月十一日、伊勢斎王の井上王が新造の宮に移る際の儀が詳細に記録されるなど、『続日本紀』を補うものがあるが、他方では『続日本紀』と同文のものもあり、『官曹事類』は、必ずしも『続日本紀』に収められなかった資料だけで撰修したものとは見られない（和田英松『本朝書籍目録考證』）。その点、『官曹事類』は、史料保存の意味とともに、『続日本紀』の記事を項目別に分類整理し、披閲に便利なようにする意味をもになっていたと考えられ、その分類法は、後の『類聚国史』や『類聚三代格』などの先蹤になっていると考えられる。またそれぞれの記事が某年某月某日と日子をもって記され、『続日本紀』のように干支で記されていないのは、『続日本紀』編纂前の原史料のありかたを示すものであろう（坂本太郎『六国史』第三の四）。

三　続日本紀の形態

1　全体の編成

『続日本紀』全四十巻には、文武天皇元年(六九七)から桓武天皇の延暦十年(七九一)まで、九十五年間の歴史が記述されている。しかし、各年の記述の分量は平均したものではなく、年により記述の繁簡の差が著しい。その原因の多くは、すでに述べたような『続日本紀』の複雑な編纂過程に由来していると考えられる。

『続日本紀』の前半(巻一―二十)と後半(巻二十一―四十)とを比較すると、前半には文武元年から天平宝字二年(七五八)七月までの六十一年余を収録しているのに対し、後半には天平宝字二年八月から延暦十年までの三十三年余を収録している。「新訂増補国史大系」によってその分量を比較すると、前半は二三二頁、後半は三〇一頁であるから(記事のある頁のみで計算)、後半部は前半部にくらべ、より少ない年数の記述のためにより多くの紙数を費しているることが知られる。前半部の記事の分量が少ないのは、元来拠るべき材料が少なかったことにもよると思われるが、また、光仁朝の三十巻の書を桓武朝に二十巻に再撰した際、かなりの記事の削除・圧縮が行われたことによるとも考えられよう。各巻所載の年数や記事の分量の相互の差も、ことに前半部において著しい(表7参照)。これも延暦の再撰にあたって巻編成が変更され、記事の削減が行われたことの結果であろう。

各巻の区切りについて注目しよう。『続日本紀』に先立つ『日本書紀』では、巻一・二を神代紀にあて、巻三から三十までは、歴代天皇の代ごとに、一巻に一代ないし数代の天皇の事蹟を記述する。天武天皇紀のみは、即位前の壬

表7　続日本紀の編成

巻	天皇	年　代	年　数	分量
1	文武	文武元—4	4年	7
2	〃	大宝元—2	2年	8
3	〃	大宝3—慶雲4・6	4年6か月	13
4	元明	慶雲4・7—和銅2	2年6か月	10
5	〃	和銅3—5	3年	8
6	〃	和銅6—霊亀元・9	2年8か月	11
7	元正	霊亀元・9—養老元	2年4か月	9
8	〃	養老2—5	4年	17
9	元正 聖武	養老6—神亀3	5年	17
10	聖武	神亀4—天平2	4年	15
11	〃	天平3—6	4年	11
12	〃	天平7—9	3年	13
13	〃	天平10—12	3年	12
14	〃	天平13—14	2年	7
15	〃	天平15—16	2年	10
16	〃	天平17—18	2年	9
17	聖武 孝謙	天平19—天平勝宝元	3年	16
18	孝謙	天平勝宝2—4	3年	8
19	〃	天平勝宝5—8	4年	11
20	〃	天平宝字元—2・7	1年7か月	20
21	淳仁	天平宝字2・8—2・12	5か月	10
22	〃	天平宝字3—4・6	1年6か月	14
23	〃	天平宝字4・7—5	1年6か月	11
24	〃	天平宝字6—7	2年	12
25	淳仁 称徳	天平宝字8	1年	15
26	称徳	天平神護元	1年	13
27	〃	天平神護2	1年	10
28	〃	神護景雲元	1年	11
29	〃	神護景雲2—3・6	1年6か月	16
30	〃	神護景雲3・7—宝亀元・9	1年3か月	16
31	光仁	宝亀元・10—2	1年3か月	15
32	〃	宝亀3—4	2年	14
33	〃	宝亀5—6	2年	12
34	〃	宝亀7—8	2年	14
35	〃	宝亀9—10	2年	16
36	光仁 桓武	宝亀11—天応元	2年	26
37	桓武	延暦元—2	2年	16
38	〃	延暦3—4	2年	19
39	〃	延暦5—7	3年	16
40	〃	延暦8—10	3年	25

（備考）　分量は「新訂増補国史大系」の頁数を示す．

中の乱については上巻（巻二十八）に、即位後の事蹟については下巻（巻二十九）に記述する。これらは中国の正史の本紀の体例に倣ったものである。これに対して『続日本紀』では、天皇の代替わりによって巻を変えるところが、文武→元明（巻三→四）、元明→元正（巻六→七）、孝謙→淳仁（巻二十→二十一）、称徳→光仁（巻三十→三十一）の四例ある一方で、天皇の代替わりによって巻を変えず、新帝の即位を巻の中途に記す例が、元正→聖武（巻九）、聖武→孝謙（巻十七）、淳仁→称徳（巻二十五、ただし即位記事なし）、光仁→桓武（巻三十六）のやはり四例ある。全般的には、前半の巻一―二十は基本的に天皇の代替わりによる断代編年体であり、これはおそらく、『続日本紀』のもととなった淳仁朝の修史が、『日本書紀』の体例を継承し、そのような編纂方針をとっていたことの名残りであろうと思われる（大町健「『続日本紀』の編纂過程と巻編成」『日本史研究』二五三号）。聖武天皇の即位前紀が中途に入っているのは、最初は巻首にあったものが、桓武朝の再撰にあたり、三十巻を二十巻に圧縮した際に、巻次編成を変更したため生じたことであろう。また聖武天皇から孝謙天皇への譲位が巻十七の中途にあり、孝謙天皇の即位前紀を欠いていることは、巻十九が天平勝宝八歳の聖武天皇の葬送をもって終わっていることと考えあわせると、巻十七―十九の諸巻が元来聖武太上天皇紀とでもいうべき性格のものであったことを示すものとも考えられよう。

　後半の諸巻のうち、光仁↓桓武の場合は、延暦元年正月庚申（七日）の光仁太上天皇の葬送をもって巻三十六を終え、次の巻三十七は同年正月己巳（十六日）の記事から始まっている。桓武天皇は父光仁上皇の死にあたり、諒闇を三年にする意志を抱いたというが（天応元年十二月丁未条）、みずからの即位によって巻を改めず、父上皇の葬送をもって巻を改めたのは、孝子としての態度を重んじる思想から出たものであろう。これに先立つ称徳（孝謙）天皇については、孝謙天皇としての即位、称徳天皇としての重祚のいずれの場合にも即位前紀を掲げていないが、その埋葬についての宝亀元年八月丙午条の記事に、『続日本紀』には珍しい論賛の記事が掲げられているのは、即位前紀を掲げていないことへの対応という面が考えられよう。桓武天皇の場合は、『続日本紀』編纂時に在位の天皇であるから、即位前紀を欠くのはある意味で当然であるが、この場合も次の『日本後紀』大同元年四月庚子条で、天皇埋葬の記事に続けて、天皇の出自・経歴、治政についての評価等を記しており、分注に「前史闕《か》きて載せず。故《かれ》、此《ここ》に具《つぶさ》にする也」と記し、本来即位前紀に書すべきものをここに記した由来を明らかにしている。桓武天皇は、みずからの治世の記録を修史に含めさせた唯一の天皇であり、『続日本紀』の終わり、『日本後紀』の始まりは、史書の区切りが天皇の代替わりによっていない六国史中唯一の例であるが、このような断代史としての性格の軽視は、『続日本紀』の巻次編成そのものについても見られるといってよいであろう。

2　各巻巻頭の記載

『続日本紀』各巻の巻頭には、一定の様式の記載がある。これらの多くは他の諸国史と共通し、また中国の正史や実録に由来を持つもので、史書としての体裁上重要な意味をになうものである。

巻一の冒頭を例にとれば、まず「続日本紀」という書名があり、「巻第一」という巻次名がある。これらは各巻の末尾（奥題）にも対応する記載がある。現存する『続日本紀』の写本では、巻頭の「巻第○」の「巻」の字はなく、奥題の「巻」の字も、巻四を除いては存在しない。このたびの校訂（『新日本古典文学大系』）では、巻四の奥題により、他の諸国史に倣って「巻」の字を補ったが、後代の諸史料に『続日本紀』が引用される場合、巻の字を欠く場合が多く、かなり早い時期から写本では巻の字を欠いていたと思われる（巻一校異補注参照）。

書名・巻次のつぎには、「丁酉年八月起《よ》り庚子年十二月尽《ま》で」という、当該の巻に収められている記事の年次の起止についての記載がある。これは編年体の史書としての性格を示すもので、『順宗実録』など中国の実録と共通するものである。『日本書紀』の場合は、中国の正史の帝紀の例に倣い、天皇の代ごとに巻を分ける断代編年体の体裁をとるから、このような記載はない。『日本後紀』以下の諸国史では、『続日本紀』と同様、いずれも各巻の起止についての記載がある。

起止のつぎには、撰者の位階・官職・姓名と、天皇の勅をうけたまわってこの書を撰したむねの文言が記される。『続日本紀』の場合は、上述したような複雑な編纂の経緯から、巻一から二十までは延暦十六年撰進時の代表者菅野真道の名が、巻二十一から四十までは延暦十三年撰進時の代表者藤原継縄の名がそれぞれ記される。後半二十巻のうち、巻三十五までの十五巻では継縄の官位が従二位、巻三十六からの五巻では正二位となっているが、これはこの部分が延暦十三年八月の撰進後、同年十月の継縄の正二位昇叙の後におくれて撰進されたものであること、ただし巻三十五については、延暦十三年八月に撰進されたのは巻三十四までのはずであるから、この巻の継縄の官位「従二位」は「正二位」の誤りと見るべきこと等については、すでに記したとおりである。この奉勅撰者名は、『日本書紀』を除き、他の諸国史にはすべて見られる。

次の行には、「天之真宗豊祖父天皇　文武天皇　第卅二」と、その巻に治政が記述される天皇について、国風（和風）諡号・漢風諡号・代数が記されている。一つの巻の中途で天皇の代が替わる場合、巻九の聖武天皇の場合は、先帝の譲位の記事のあとに行を変え、新帝の諡号を立て、即位前紀を記しているが、他の聖武→孝謙（巻十七）、淳仁→称徳（巻二十五）、光仁→桓武（巻三十六）の場合には、新帝即位の個所には新帝の称号についての記載がなく、つぎの巻の巻頭にはじめて記されている。

天皇の称号の記載は、天皇によってかなりまちまちである（表8参照）。文武・元明・元正・聖武の各天皇については国風諡号を記すが、孝謙（称徳）天皇は仏門に帰したため諡号がたてまつられず、孝謙天皇については、天平宝字二年八月にたてまつられた尊号によって「宝字称徳孝謙皇帝」と記し、重祚後の称徳天皇には「高野天皇」と、山陵の地にちなむ追号によって記している。淳仁天皇は帝位を廃されて淡路に没したため、「廃帝」とのみ記される。次の光仁天皇は国風諡号によって記すが、桓武天皇は続日本紀編纂時の天皇であるため、「今皇帝」と記す。

天皇に対し、死後諡号をたてまつることは、中国の制の影響を受け、朝鮮から日本に伝えられた。これは、天皇の死後の殯宮の儀における儀式の一環として、六世紀から行われていたとする見解が有力であるが（和田萃「殯の基礎

表8　六国史各巻巻首の天皇名の記載

日本書紀	神武（巻3） （中　略） 持統（巻30）	神日本磐余彦天皇 （中　略） 高天原広野姫天皇
続日本紀	文武（巻1—3） 元明（巻4—6） 元正（巻7—9） 聖武（巻9—17） 孝謙（巻18—20） 淳仁（巻21—25） 称徳（巻26—30） 光仁（巻31—36） 桓武（巻37—40）	天之真宗豊祖父天皇 日本根子天津御代豊国成姫天皇 日本根子高瑞浄足姫天皇 天璽国押開豊桜彦天皇 宝字称徳孝謙皇帝 廃　帝 高野天皇 天宗高紹天皇 今皇帝
日本後紀	桓武（巻1—13） 平城（巻14—17） 嵯峨（巻18—31） 淳和（巻32—40）	皇統弥照天皇 日本根子天推国高彦天皇（巻14.巻17は「天推国高彦天皇」） 太上天皇 後太上天皇（推定．諡号は「日本根子天高譲弥遠天皇」）
続日本後紀	仁明（巻1—20）	仁明天皇（巻1巻首のみ）
文徳実録	文徳（巻1—10）	（記載なし）
三代実録	清和（巻1—29） 陽成（巻30—44） 光孝（巻45—50）	太上天皇（巻1巻首のみ） 後太上天皇（巻30巻首のみ） 光孝天皇（巻45巻首のみ）

的考察」『日本古代の儀礼と祭祀・信仰』上所収、同「和風諡号の成立と皇統譜」上田正昭他編『ゼミナール日本古代史』下所収）、他方、七世紀以前の天皇の称呼としては宮号によるものが一般に用いられており、中国風の諡号をおくる習慣はそれほど古く遡るものではなく、『日本書紀』の持統天皇等の国風諡号は、その編纂時（養老四年）において定められたとの見解も存在する（山田英雄「古代天皇の諡について」『日本古代史攷』所収）。持統・文武両天皇の場合、『続日本紀』に記す葬送時におくられた諡号（大宝三年十二月癸酉条、慶雲四年十一月丙午条）と、『日本書紀』、『続日本紀』の内題に記された諡号との間には相違が見られ、元明・元正両天皇の場合には、『続日本紀』の内題に記された諡号がいつおくられたのか判明しない。聖武天皇の場合、出家していたため死没時には諡号はたてまつられず、天平宝字二年八月に至り、「勝宝感神聖武皇帝」の尊号とともに諡号が追上された。八世紀において諡号制がどの

ように機能していたかについては、なお検討の余地が多い。八世紀末以降は、光仁（延暦元年正月己未条）・桓武（『日本後紀』大同元年四月甲午朔条）・平城（類聚国史太上天皇、天長元年七月己未条）・淳和（続日本後紀承和七年五月甲申条）の各天皇について奉諡の記事が見られるが、以後諡号の制は行われなくなる。

一方、「文武天皇」などのいわゆる漢風諡号は、八世紀半ば頃に成立したとされている。『釈日本紀』に引く「私記」（元慶講書のさいの記録か）に、師説として神武天皇以下の諡号は淡海三船（七二二—七八五）の撰とする説があり、神武以下持統までと元明・元正天皇の漢風諡号は、三船によって、天平宝字六年（七六二）から同八年にかけての頃、一斉に撰進されたと推測されている。文武天皇の場合は、天平勝宝三年（七五一）の序文を持つ『懐風藻』にすでに見え、聖武天皇の場合も、『続日本紀』天平宝字二年六月庚戌条の詔に見えるので、両天皇の諡号は、一斉撰進よりも前に、それとは別に撰進されたものであるらしい（坂本太郎「列聖漢風諡号の撰進について」『日本古代史の基礎的研究』下所収）。なお、廃帝（大炊王）に「淳仁天皇」の諡号がたてまつられたのは、明治三年（一八七〇）のことである。聖武天皇より後は、孝謙・称徳・光仁・桓武・仁明・文徳・光孝の各天皇に諡号が存するが、一般には皇居の所在や山陵の所在などによる追号が行われるようになった（『帝室制度史』第六巻）。

『続日本紀』各巻巻頭の漢風諡号は、文武・元明・元正・聖武四天皇についての各巻（巻十七を除く）と、光仁天皇の最初の巻である巻三十一とにのみ記されている。当該天皇の最初の巻にのみ天皇名を記すのは、『日本三代実録』の場合も同じである。これらは、漢風諡号が国史の巻頭に記すほどに一般的であったとは思われないので（坂本太郎「列聖漢風諡号の撰進について」前掲）、追記である可能性がつよい。また代数の記載は、日本書紀に記される神武天皇以来の歴代数（神功皇后を歴代に数え、大友皇子〔弘文天皇〕の在位を認めない）によって記したものであるが、文武・元明・元正三天皇についての一・三・四・五・七・九の各巻にしか記されていない。このような記載は他の国史にも見られず、これも後代の追記と見るべきであろう。

巻頭の記載を離れて内容に移ろう。天皇の治世が開始される巻の巻頭においては、編年的な記述に入る前に、その天皇の出自・性格等についての記述、いわゆる即位前紀がある。中国の正史の本紀の体裁を移した『日本書紀』においては、各天皇について必ずそれを記すが、『続日本紀』の場合は、それを欠く場合、あるいは巻の中途に置かれる場合のあることは、すでに前に述べた。

3　年月日の記載

通常の巻においては、たとえば巻二の冒頭のように、「大宝元年春正月乙亥朔、…戊寅、…」といった記述になる。編年体の史書においては、すべての歴史事象は、その生起した日の順に、その日の出来ごととして記述され、年（大宝元年）・季（春）・月（正月）・日（乙亥朔・戊寅）に係けて記される。月日が確かでない場合、長雨など長期にわたる事象の場合には、「是歳」「是夏」「是月」などとして、当該の年・季・月の最後に記述する。事実の経緯を記す場合、その日以前のことを「是より先」、その日における結末を「是に至りて」として記す場合もある（大宝二年二月乙丑条の分注など）。しかし地方からの報告などで、それが現地を発した日に係けられているのか、都に到着した日に係けられているのか、判断に苦しむ場合も多い。

大宝・養老の儀制令には、「凡そ公文に年記すべくは、皆年号を用ゐよ」との規定があり、年は年号（元号）によって記される。ただしこの規定が制せられる以前の、文武天皇元年（六九七）―四年（七〇〇）については例外である。年号は、新帝の即位や祥瑞の出現を期して改められることがある。年号は天皇の治世を象徴するものであるから、とくに天皇の代替わりの場合、改元の前日までは旧年号を用い、改元の日から新しい年号を用いて記述するのが理にかなったありかたである。しかし『続日本紀』ではすべて、改元のあった年の冒頭から新しい年号で記す。たとえば霊亀三年（七一七）が養老元年と改元されるのは十一月十七日のことで、養老元年の年号が用いられたのは実際には一か月半しかないが、それでも巻七では、その年の冒頭から「養老元年春正月乙巳、…」と記述している。嵯峨天皇の弘仁改元（八一〇年）以後は、踰年改元（天皇即位の翌年に先帝の年号を改める）が一般化し、改元後の年号を用いても非礼を生じなくなったこともあって、『日本後紀』以下の諸国史でも、おおむねこの制が踏襲されている。『続日本後紀』で、承和から嘉祥への改元のあった承和十五年（八四八）の記述を旧年号で開始しているのは、唯一の例外である。

なお、六国史の記事を類別に編集した菅原道真の『類聚国史』においては、踰年改元の慣習が定着した当時の思想にもとづき、『続日本紀』の記事についても、たとえば元明天皇から元正天皇への譲位、和銅から霊亀への改元が行われた年（七一五）については、即位・改元の日（九月二日）の前後により、「元明天皇和銅八年正月甲申朔」、「元正天皇霊亀元年十月丁丑」のように記述している。

各日については、干支によって記す。『日本書紀』の場合、「大化元年秋七月丁卯朔戊辰」のように、朔日に記事がなくても必ず朔日の干支を記した上でその日の干支を記すが、『続日本紀』の場合は一、二の例外を除き、朔日に記事がない場合朔日の干支は記さない。これは以後の国史においてもまちまちで、『日本後紀』は記さず、『続日本後紀』（写本の状況が悪く脱けている所も多いが）と『日本三代実録』は記す。『日本文徳天皇実録』は巻九・十にのみ記載が見られ、統一がとれていない。

当時の暦は太陰太陽暦であり、一か月は月のみちかけによって定める。一平均朔望月は二九・五三〇五八九日であるから、通常、大の月（三十日）と小の月（二十九日）とを交互にくり返し、十六ないし十七か月に一回の割で大の月を二か月続けることにより、月のみちかけと一か月とを対応させる。現実には日月の運行の関係で、この順によらずに大の月や小の月を重ねることもある。毎年の暦は陰陽寮に属する暦博士によって作製されて天皇にたてまつられ、また諸司に頒布される。

『続日本紀』では、日は干支によって記されているが、『類聚三代格』に収められている詔勅・官符や、正倉院文書によって知られるように、『続日本紀』の素材となった公文書では、日はすべて日子で記されていた。『続日本紀』の編者は、それぞれ手もとに暦を置き、それによって原資料の日付を干支に書きかえて『続日本紀』を編纂したと思われる。しかし、原資料の書かれた当時用いられていた暦と『続日本紀』編者の用いた暦とが微妙に喰い違う場合があり、また暦が正しくても、『続日本紀』の編者が日子を干支に改める際に過失を犯す場合がある。『続日本紀』巻一、文武元年（持続十一年）八月朔の干支が、『日本書紀』巻三十には「乙丑朔」とあり、『続日本紀』には「甲子朔」とあって一日のずれがあるのは、『日本書紀』の依った元嘉暦が七月を大の月、『続日本紀』の依った儀鳳暦が小の月としたためであるといわれる（巻一補注八「続日本紀の魔法」参照）。養老七年（七二三）七月に没した太安麻呂（安万侶）について、『続日本紀』の記載と墓誌銘との間に一日のずれがあるのも、両者の用いた暦の相違によるものであろう。天平十三年（七四一）の国分寺造立の詔の発布を『続日本紀』が三月乙巳（二十四日）に係けているのは、『続日本紀』の他条（天平十九年十一月己卯条）や、『類聚三代格』所載の勅などによって、二月十四日（乙丑）とするのが正しいと思われるが、これは『続日本紀』編者が日子を干支に改める際、なんらかの事情で生じた誤りであろう。

先述したように、『続日本紀』においては、朔日に記事がない場合には朔日の干支を記していない。その月の朔日の干支がなんであるかは、当時行われていた儀鳳暦（麟徳暦）の計算法を用いて割り出すことができ、また正倉院文書中の文書類やその他の文献中の日付から推定できる場合がある（岡田芳朗「古文書による奈良時代暦日の復原」『日本史攷究』一三号)。しかし現実には、文献によって知られる朔日の設定と、儀鳳暦の計算による朔日とは矛盾する場合が少なくない(内田正男編著『日本暦日原典』)。

六国史の最後である『日本三代実録』では、朔日の干支を必ず記すほかに、それぞれの記事について、干支のほかに必ず日子を記し、「貞観元年己卯春正月戊午朔」「七日甲子」「八日乙丑」のように記す。これは天子の毎日の動静の記録である中国の起居注の体例にならったものであり、その後も『本朝世紀』や『吾妻鏡』など、記録としての性格の強い史書に多く用いられることとなった。

4 詔勅と宣命

『続日本紀』の記載内容は、きわめて多岐にわたる。一般的なものとしては、天皇の動静、朝廷の行事、国内の事件、政府の発したさまざまな命令や処置、等があげられよう。

『続日本紀』では、天皇の即位、改元など国家の大事にあたって発せられた詔は、宣命体で書かれている。これは、朝廷に会集した官人たちに天皇の命として口頭で宣布されたものをそのまま国語として記述したもので、宣命を数多く伝えることが『続日本紀』の大きな特色であり、宣命は上代語研究上の重要な資料となっている。

『続日本紀』に記述される時代は、律令制のもとで、政府が国土のすみずみまでを把握しようとし、国内のあらゆる動きに絶えず注目して、それに応じた政策をうち出していた時代であった。それだけに『続日本紀』は、六国史の中でとりわけ社会の各事象にその記述が及んでいる。

『続日本紀』では、政府の発する命令や行政処置は、「詔して曰はく」「勅して曰はく」「制すらく」「太政官奏すらく」「太政官処分すらく」などのかたちで述べられている。一般に、律令制のもとでの政府の発する法令は、日常的な事務処理以外は、天皇の発する詔・勅として下されるのがたてまえであり、諸司や太政官の発議したことでも、天皇に奏上され、天皇の裁可をへて施行されるが、現実にはさまざまな態様があったと考えられる。これらの法令は、太政官の弁官が作製する「太政官符」として諸国に伝達された。

『続日本紀』に記載されるこれらの法令は、それと対応するものが『類聚三代格』や『令集解』『政事要略』などに記載されていることが多い。しかし両者を比較すると、その内容や文章において、一致しないことがしばしばある。『類聚三代格』に載せるこの時期の法令は、弘仁十一年（八二〇）に撰進された『弘仁格』のものであるが、『弘仁格』は、その編纂時点での有効法という基準で取捨・選択が行われており、一つの格の中でも、すでに無効となっている部分は削除・修正されている。『続日本紀』巻十五、天平十五年五月乙丑（二十七日）条の有名な墾田永年私財法において、『続日本紀』に載せる位階等による面積制限の規定が三代格で欠けているのは、その規定が『弘仁格』編纂の時点ですでに撤廃されていたためと考えられ（吉田孝「墾田永年私財法の基礎的研究」『律令国家と古代の社会』所収）、この他にも、このような事情によって不一致が生じたと見られる例がある。なお文章表現の面では、『続日本紀』の編纂時に、編者がもとの法令の文に修飾を加えたと見られる場合もあることに注意すべきである。

5　叙位と任官

『続日本紀』全体の記述のうち、かなりの部分を占めるのは、官人の叙位と任官についての記録である。叙位記事は、大宝元年（七〇一）の大宝令にもとづく位階制の施行後、『続日本紀』以下の諸国史を通じて、原則として五位以上に叙された者について記される。これらの記事は、叙位の証として本人に賜わる位記の案（控）や、中務省・式部省に保管される授位簿などにもとづいて作製されたものと思われる。『続日本紀』巻二十八、神護景雲元年八月癸巳条の叙位記事で、山上朝臣船主が翌年六月に賜姓された朝臣姓で記されていることについて、これは位記によって書したものであるとの、『続日本紀』編者のものと思われる分注があるのは、それを示唆するものであろう（熊谷公男「位記と「定姓」——続紀に見える叙位記事と賜姓記事のくいちがいをめぐって——」『続日本紀研究』一八三）。ただし『続日本紀』の場合、もともとそれらの記録が十分に揃っていなかったことや、その編纂過程での記事の削除等のことが関係して、叙位記事は完全に網羅されたものとはなっていない。巻三、慶雲四年二月甲午条のように、成選人の男女一百十人とのみあって、その名が省略されてしまっている場合もある。

叙位記事の配列には一定の基準があった。『続日本紀』の叙位記事を見ると、(一)親王への叙品、(二)参議以上の議政官に対する叙位、(三)三位以上への昇叙、(四)五位以上への昇叙に区分され、(三)(四)は諸王・諸臣にそれぞれグループ分けされる。それぞれのグループの中では、新たに叙位される位階の高下の順に配列され、同一位階への昇叙者の中では、今まで帯びていた位階の高下によって配列される。ただし六位以下から五位以上への叙爵者の場合は、この原則によっていない。同一位階から同一位階への昇叙者の序列については、『続日本紀』では授位簿などの拠るべき材料が不備であったためか、一定の基準は認められないが、『日本後紀』以下の諸国史では、三位以上については例外があるものの、一般には今まで帯びていた位階への授位の先後によっているものと考えられる（黛弘道「律令官人の序列」『律令国家成立史の研究』所収）。女官への叙位が同日にある場合には、男官に続け、男官と同じ基準によって配列される。

なお『日本三代実録』では、叙位記事において各官人の任じられている官職を一々記す周到さを示しているが、あまりの煩わしさから後世の筆写の過程でかえって叙位記事の多くが抄略され、今日に伝わらないという結果をまねいている。

つぎに任官記事は、やはり原則として五位以上の官人を対象に記述されている。その素材としては、式部省・兵部省に保管されている文官・武官の任官簿が考えられるが、勅任官・奏任官の任官の儀式（いわゆる除目《じもく》）のさいに作製される、後世の大間書《おおまがき》に当たるような任官台帳がその素材となっている可能性もある（早川庄八「八世紀の任官関係文書と任官儀について」『日本古代官僚制の研究』所収）。その配列は、巻四、和銅元年三月丙午条の任官記事に典型的に見られるように、普通、職員令（大宝令では官員令）での宮司・官人の配列に従うが、内武官である衛府・馬寮等の官人は、京職の次、摂津職の前に位置する。造宮省・内匠寮など新設のいわゆる令外官も、被管関係等により適宜しかるべき位置に配置される。諸国の国司は、摂津職につぎ、畿内七道の順に並べられる。大宰府は、職員令では摂津職の次、国司の前だが、『続日本紀』では南海道の国司の次、西海道の国司の前に位置している。

『続日本紀』の任官記事がそのすべてをつくしたものでないことは、叙位記事以上である。ことに巻二十以前の前半において不十分であり、国司の場合、守のみで介の補任記事はほとんど見られない（舘野和己「続紀の国司記事の特徴と問題点」『続日本紀研究』二一二）。なお『日本三代実録』は、任官記事の場合も、前任および兼任の官を必ず記す周到さを示しており、官人の経歴や諸官の在任状況を知る上に便利であるが、やはり煩雑さがわざわいし、ことに後半部においては「除目六十四人」などのかたちで、筆写の過程で任官記事そのものが抄略されてしまっている場合が多い。

6　人物の伝記

『続日本紀』では、『日本書紀』には見られない、天皇の治績についての論賛や、人物の死亡・配流などの個所にその伝記を掲載することが現れる。

論賛はすべてに付されているわけではなく、称徳（孝謙）天皇と光仁天皇とについて、いずれもその葬送の個所（巻三十、宝亀元年八月丙午条と、巻三十六、延暦元年正月庚申条）に掲げられている。光仁・桓武天皇の王朝としては、みずからが天命を受けたしるしとして、前朝たる称徳天皇の秕政を明らかにすることが必要であったし、またそれと対比して、新しい王朝の祖としての光仁天皇の政治を高く評価する必要があったであろう。『続日本紀』がこの両者にのみ論賛を掲げたのは、その編纂意図と深く関わるものであったと見ることができる。

人物の伝記は、中国の正史では、本紀とは別立ての列伝の部において記述される。しかし正史のもととなった各皇帝の実録においては、人物の死没などの個所に、かなり長文の伝を記述することがしばしばある。『続日本紀』に始まる日本の国史におけるいわゆる薨卒伝は、おそらく中国の実録の史体を模したものであろう。

『続日本紀』においては、四位以上の官人についてその死没のことを記すのを原則とする。しかし四位以上の官人の死没の記録がすべて網羅されているわけではなく、また、たんに死没の事実のみを記したもの、あるいはその系譜・係累について記すにとどまるものも多い。伝記的記事があるのは三位の男臣に多く、後半、巻二十二以降においては、三位の男臣の死没の個所には伝記を載せるのを原則としたようである。これは、式部省で撰修される「功臣家伝」を素材とすることが多かったであろう（林陸朗「『続日本紀』掲載の伝記について」岩橋小弥太博士頌寿記念会編『日本史籍論集』上所収）。巻二十以前の前半部の伝記は、道昭・道慈・玄昉・行基の四人の僧を除いては、巻八、養老二年四月乙亥条の道君首名の伝のみであり、首名の伝記は、『続日本紀』全体を通じても、五位の男臣で伝記が記された唯一の例である。ここでは、首名が筑後・肥後の国守として良政を行ったことが詳記されるが、これは、桓武天皇の時代の政治思想にもとづき、『続日本紀』編纂の時点でとくに加えられたものであろう（林陸朗「『続日本紀』掲載の伝記について」前掲）。

なお、『日本後紀』『続日本後紀』でも伝記は四位以上の人に限られ、『日本文徳天皇実録』『日本三代実録』ではそれが五位以上に拡大されている。

四　続日本紀の伝来と研究

1　中世・近世における続日本紀

『続日本紀』の完成後も、国家による史書編纂の事業は引き続き行われ、十世紀初めの『日本三代実録』に至った。その後も朝廷には「撰国史所」が置かれ、編纂事業が進められたが完成せず、結局『日本書紀』から『日本三代実録』に至るいわゆる「六国史」が、古代国家の修史事業の成果として世に伝えられることになった。

平安時代以後の史料には、『西宮記』などの故実書を初めとして、『続日本紀』を引用する例が見られるが、一般には「国史に云《いは》く」として、六国史の他書と区別なしに引用される場合が多い。それは、一つには六国史の記事を分類整理した『類聚国史』が菅原道真によって編纂された結果、それを用いて六国史の記事を検索することが行われるようになったためであろう。同時にそれは、国家成立の由来について記した『日本書紀』を除けば、他の諸国史がそれぞれ独自の史書としての個性を持たず、政府による国家統治の記録として一律に捉えられていたことを示すものとも言える。

六国史の終焉の時期は、日本の古代国家が大きな変貌をとげた時期であり、国際情勢の変化とあいまって、支配層である天皇や貴族の意識にも、大きな変化が生じた。彼らは諸事に先例を重んじたが、その先例とは、摂関政治の成立する九世紀末―十世紀初以前にはほとんど遡らない。『続日本紀』に記述される八世紀の律令時代は、彼らにとっては、特殊な政治形態・社会組織を持つ異質な世界と認識されたようである。

国史や律令などの古代の文献は、筆写によって後代に伝えられた。国史のような大部の文献においては、筆写に要する努力もなみ大抵のものではなく、当然伝存する数も限られる。平安時代にはそれでも、上級貴族や学者の家では、六国史は国家の正史として重んじられていたようで、藤原通憲(信西、?―一一五九)の蔵書目録にも、第百十の櫃に、『続日本紀』全四十巻が、十巻ずつ四帙に分けて納められていたと記されている。篤学の花園天皇(一二九七―一三四八)が『続日本紀』を閲読したことも、その日記によって知ることができる(花園天皇宸記元亨二年八月二十六日条)。

中世には、伊勢神道の興隆のなかで、国家成立の由来を記す『日本書紀』には新たな理念的意義が付与され、重んじられるが、『続日本紀』以下の諸国史の伝写には、多くの困難がともなうようになった。今日残る『続日本紀』の古写本は、そうしたなかで、数少ない人の努力によって伝えられてきたものである。続日本古典文学大系の底本となっている蓬左文庫本の巻十一―巻四十の三十巻は、北条実時(一二二四―一二七六)が関東に開いた金沢文庫の旧蔵本であり、同じく校訂に使用した天理図書館蔵の兼右本は、中世、神道の家系として六国史の保持につとめた卜部家が代々書写・修補をくり返してきた写本を、永正十二年(一五一五)に、三条西実隆(一四五五―一五三七)・公条(一四八七―一五六三)父子が筆写したもの(永正本)の系譜をひくものである。『続日本紀』を含め、三条西実隆父子が六国史の伝来に果たした役割には、きわめて大きなものがある(坂本太郎「六国史の伝来と三条西実隆父子」『坂本太郎著作集』第三巻所収)。

十七世紀に入って江戸幕府の支配体制が形成されると、幕府は古典の収集と普及とに意を注ぎ、『本朝通鑑』などの史書の編纂を行った。水戸藩や尾張藩などの諸藩も、学問の興隆につとめた。先述した金沢文庫旧蔵の『続日本紀』は、慶長十七年（一六一二）伊豆山般若院から徳川家康に献上され、家康はこれに欠けていた巻一—巻十について補写を行い、これらは元和二年（一六一六）の家康の死後、尾張の徳川義直に譲られた。尾張藩では、義直の主宰のもとで六国史の校訂が進められ、正保三年（一六四六）『類聚日本紀』が編纂された。一方水戸藩においては、『大日本史』の編纂が企図され、史料の収集とともに主要な史書の校訂作業が進められた。徳川光圀はみずから『続日本紀』の校訂を行い、その成果としてのいわゆる「義公校訂本」が水戸彰考館に保存されている。『続日本紀』の木版本は、明暦三年（一六五七）にいたり、立野春節の校訂によって初めて行われ、後刷本をも含め、近世における唯一の刊本として普及し、研究に利用された。

『続日本紀』に記述される律令時代の歴史は、近世に入ってようやく学問研究の対象となった。ことに十七世紀末から儒教の古学派が擡頭すると、荻生徂徠（一六六六—一七二八）の『南留別志』や伊藤東涯（一六七〇—一七三六）の『制度通』のように、古代の政治制度が研究の対象とされるようになり、さらに古代を理想の社会と見て、後代の価値観念を排し、純粋な文献学的方法を通じてそれを究明しようとする国学が興隆するにおよんで、その動きはいっそう活潑になった。本居宣長（一七三〇—一八〇一）は、『日本書紀』に対しては、漢心《からごころ》によって古伝の趣を違えているとして低い評価しか与えなかったが、『続日本紀』については、上代語による文章としての宣命について、『続日本紀』編者が詔勅を古語のままに記載していることを高く評価し、『続紀歴朝詔詞解』を著して宣命についてその訓読を定め、歴史事実にまでわたる注解を加えた。

宣長の後は、各地に国学者が輩出した。宣長没後の門人伴信友（一七七三—一八四六）は、『日本書紀』の史書としての性格の解明に意を注ぎ、『長等の山風』を著して『日本書紀』の撰述の次第と潤色の経過とを解明しようとしたが、『続日本紀』についても、「続日本紀の中なる古き錯乱の文」「撰続日本紀次第考」「続日本紀の中なる年代暦といふもののこと」（いずれも『比古婆衣』所収）など、一連の文献学的考察を行っている。しかし一般には、『続日本紀』そのものの史書としての性格を考究することは行われず、『続日本紀』は、他の諸国史や律令などとともに、古代の政治・制度などを研究するための素材としてのみ重んじられた感が強い。多くの学者は、『続日本紀』の諸本を校合し、記事を抄出・類聚し、目録・索引を作製するといった、『続日本紀』を史料として利用するための基礎的な作業を進めた。『続日本紀』の校本は、先述の水戸藩のものをはじめ、狩谷棭斎（一七七五—一八三五）・伴信友など、多くの学者のものが今日に伝えられている。また『国書総目録』を一覧すれば、「私記」「攷文」「聞書」「問答」「摘要」「部類」「略註」などと名づけた『続日本紀』に関する先人たちの作業が、いかに多く各地の図書館や文庫に所蔵されているか判るであろう。このように各種古典の校訂が進み、古代の事物や諸制度についての考究が蓄積されたことは、近世学問の遺産として、明治以降の史学の発展を支えるものとなった。

近世における『続日本紀』の注釈としては、河村益根（一七五六—一八一九）の『続紀集解』、村尾元融（一八〇五—一八五二）の『続日本紀考證』が注目される。河村益根の父秀根（一七二三—一七九二）は尾張藩の学者で、吉見幸和（一六七三—一七六一）に師事し、日本の古典正史を考究する河村家独自の紀典学を創始した。漢学、ことに訓詁の学に通じた益根は、父を助け、『書紀集解』を完成、漢文としての『日本書紀』の典拠を究明し、『日本書紀』の史書としての特質を明らかにする道を開いた（阿部秋生「書紀集解開題」『国民精神文化文献』五、臨川書店版『書紀集解』首巻所収）。『続紀集解』から『三代実録集解』にいたる諸国史の「集解」は、秀根・益根父子の名を付しているが、実際には秀根の死後、益根によって文化三年（一八〇六）から同十四年にかけて執筆されたものであり、その稿本が現在名古屋市鶴舞中央図書館に所蔵されている。そのうち『続紀集解』は、『続日本紀』各二巻分を収めた二十冊よりなり、奥書によれば、文化三年六月から同八年五月までを要して執筆されており、五国史の「集解」の中ではもっとも詳密で、『書紀集解』と同様、漢文としての出典の考究が中心となっている（村上明子「続紀集解について」『続日本紀研究』四ノ四、鎌田元一・佐藤進・磯部彰「「続紀集解」引用漢籍索引」『富山大学人文学部紀要』七）。漢籍の引用に、当時日本に将来され、安永九年（一七八〇）に和刻本が出版されたばかりの『康熙字典』の多く利用されていることが指摘されている（鎌田他、前掲論文）。

つぎに村尾元融の『続日本紀考證』は、近世における『続日本紀』全篇にわたる注釈書として、刊行されたものとしては唯一の存在である。元融は遠州浜松の出身で、国学を学び、『続日本後紀』『類聚三代格』など多くの古典の校勘・研究に当たった。『続日本紀考證』は全十二冊、印本（明暦刊本）を底本に、永正本・金沢本など六種の写本を用いて校訂を行い、注解には谷川士清（一七〇九―一七七六）・本居宣長・蒲生秀実（一七六八―一八一三）・狩谷棭斎など多くの学者の説を引用しており、本文の校訂と注解の両面にわたって、明治以降の研究の基礎をなすものとなっている（坂本太郎「続日本紀考証の価値」『日本古代史の基礎的研究』上、村尾次郎「村尾元融とその学問」国書刊行会版『続日本紀考證』付録）。「考證」は嘉永二年（一八四九）に完成したが、元融の存命中には出版されず、死後、子元矩らの校正をへて、明治三年（一八七〇）、浜松藩の手で出版された。

2　近代における研究の進展

明治維新の後、政府は修史局を置いて六国史のあとをつぐ国史編纂を企図し、各地に史料を採訪するなどの行動をとった。明治二十年（一八八七）には帝国大学文科大学に史学科が設置され、ドイツ人教師リースが着任して、アカデミズム史学の出発を見た。大きな歴史的変革を経験した人々の間では、政治的・社会的実践との関わりから歴史への関心が深まり、山路愛山（一八六五―一九一七）に代表されるような、在野の史家による華々しい史論も見られるようになった。

国家の始原について記す『日本書紀』は、近代においてはまた、国家の主権者としての天皇の地位の由来を明らかにするものとして、「神典」として犯すべからざる権威が付与されるようになった。『日本書紀』の文献としての性格を究明する近代的な学問研究は、津田左右吉（一八七三―一九六一）によって初めて行われたが、津田の研究もまた、昭和十五年（一九四〇）には、皇室の尊厳を冒瀆するものとして、罪に問われることになった。

『日本書紀』のように明確かつ強烈な史書としての主張を持たず、国家統治の具体的な記録としての性格が濃厚な『続日本紀』は、近代に入っても格別その評価に変動がなく、古代史研究のための基本的な文献として尊重された。『続日本紀』の校訂・出版の面で注目される存在は、田口卯吉（鼎軒、一八五五―一九〇五）である。卯吉は、みずからの主宰する経済雑誌社から雑誌『史海』を発行して史学の普及に貢献したが、また史書の復刻・編纂にもつとめ、同社から「国史大系」を刊行した。『続日本紀』がその一冊として刊行されたのは、明治三十年（一八九七）のことである。これに協力した黒板勝実（一八七四―一九四六）は、のちこの事業を継承し、日本史の基本史料について、最良の底本を用い、厳密な校訂を加えた「新訂増補国史大系」全六十六冊の刊行に取り組んだ。『続日本紀』はその第二巻として昭和十年（一九三五）に刊行されたが、同じくこの「大系」に収められた律令格式や六国史中の他の国史などとともに、最良の校訂本として、現在広く利用されている。

他方、明治末年から宮内省図書寮において行われていた六国史の校訂事業に中心的な役割を果たした佐伯有義（一八六七―一九四五）は、昭和三年（一九二八）、朝日新聞社から『（校訂標注）六国史』を刊行した。これはのち、『類聚国史』や『日本紀略』などによって『日本後紀』の欠佚部分を可能な限り復原して補い、『増補六国史』として同十六年に完成した。このうち『続日本紀』については、『続日本紀考證』など近世以来の注釈をふまえた標注が施され、本格的な解題とあいまって、やはり今日における『続日本紀』研究のための基本文献の一つとなっている。『続日本紀』の成立や性格についての研究としては、早く佐藤誠実（一八三九―一九〇八）が「続日本紀を上る表約解」（『国学院雑誌』五ノ九―一二）を著しているが、坂本太郎（一九〇一―一九八七）は、六国史を中心とする古代の史書について、成立の由来やそれぞれの特性、伝来の過程などについて多年にわたって考察を加え、多くの論文を発表した。昭和四十五年（一九七〇）に刊行された『六国史』は、六国史の全体像を把握することのできるすぐれた著述である。

第二次世界大戦後、日本古代史の研究は多くの桎梏から解き放たれて著しく進展し、八世紀史の基本史料としての『続日本紀』の役割は、律令や正倉院文書などとともに、いよいよ重要なものとなった。『続日本紀』をテキストとする研究者の会が各地に生まれたが、中でも大阪歴史学会古代史部会からは、昭和二十九年（一九五四）、雑誌『続日本紀研究』が発刊され、広く全国の古代史研究者の研究発表の舞台として、学界に大きな寄与を果たして今日に至っている。

『続日本紀』を史料として利用するための工具としての索引も、研究者の努力によって次々と作られた。山田英雄『続日本紀人名索引』（昭和二十九年）、熊谷幸次郎『続日本紀索引』（同三十三―三十七年）、六国史索引編集部編『続日本紀索引』（同四十二年）等である。また、天応元年（七八一）までの古代文献に見える人名をすべて収録した竹内理三・山田英雄・平野邦雄編『日本古代人名辞典』全七巻（昭和三十三―五十二年）の刊行も、研究者に多大な利便を与えるものとなっている。さらに、『続日本紀』収載の時期に関わる史料を編年的に網羅・整理した『続日本紀史料』も、昭和六十二年（一九八七）から皇學館大學史料編纂所の編纂により刊行されている。

近年の電子機器の著しい発達と普及は、大型計算機を用いての各種文献のデータベースの開発を促している。日本古代の史料についても、木簡や『延喜式』などのデータベースが作られているが、『続日本紀』に関しても、京都大学大型計算機センターで、星野聰を中心にデータベースが完成し、平成四年（一九九二）、星野聰・村尾義和編『続日本紀総索引』が髙科書店から刊行された。これによって『続日本紀』については、漢字一字一字の検索が可能な状況となった。

一九六〇年代以降、木簡や漆紙文書、稲荷山古墳出土鉄剣銘に代表される金石文など、新しい出土文字史料の発見があいつぎ、都城や官衙・城柵遺跡の発掘調査など歴史考古学の進歩とあいまって、古代史学は新たな展開を示した。それにともなって、国史や律令、正倉院文書などの既知の文献史料についても、「新訂増補国史大系」や「大日本古文書」などの校訂にあき足らず、文献としての伝来の状況を正確に把握し、それに立脚して、研究の進展にたえうるより厳密な校訂を経たテキストを得ようとする動きが強まることとなった。『続日本紀』に関しても、北川和秀・鎌田元一らによって写本系統の調査研究が進められ、北川は、従来本居宣長の『続紀歴朝詔詞解』の説にそのまま従うことの多かった宣命の校訂・訓読に関し、昭和五十七年（一九八二）、写本系統の調査の上に立った新たな校訂本を作製した（『続日本紀宣命〈校本・総索引〉』）。

遺跡の発掘や、『万葉集』などの文学作品を通じて、古代史に関心を持つ人々が増え、古代史研究の裾野が大きく広がったことも、近年の著しい特色である。それに応じて、古代の文献をより理解しやすく、より親しみやすい形で求めたいとする人々の要望も強まっている。そうしたなかで、昭和六十一年（一九八六）には、『続日本紀』の現代語訳を中心とした直木孝次郎他訳注『続日本紀』（東洋文庫、全四冊）、訓読文に簡潔・的確な注を加えた林陸朗『〈完訳注釈〉続日本紀』（古典文庫、全七冊）が、あいついで刊行を開始している。

おわりに

『続日本紀』の成立・内容、伝来の経過などを見てきた最後に、もう一度、『続日本紀』の特質について、立ちかえって考えてみることにしよう。

『続日本紀』の史料としての価値は、律令にのっとって行われていた八世紀の政治と、当時の社会の様相とについて、その具体的な姿を示しているところにある。『続日本紀』はもちろん官府の史書であり、国家の威厳を高めるために作られた書物であるが、八世紀の政府が、全国の土地・人民の支配に強い意欲をもやし、社会に生起する諸事象にたえず注目して、それに対する施策を怠らなかったことの結果として、『続日本紀』は、六国史の他の国史と比較してもっともよく当時の政治・社会の具体像を反映していると見ることができる。

『続日本紀』に先立つ『日本書紀』の場合、扱う時代は国初からの長期にわたり、依拠すべき材料も少なく、かつ伝承的なものが多かった。そのうえ『日本書紀』には、国家の統治の由来を明らかにするという歴史的使命があり、かつ中国の史書に並ぶような史書を作ろうとする意気込みが存在したから、そこでは八世紀の国家理念にもとづく歴史の体系づけや、中国古典の文章を用いた能う限りの修飾が行われた。それに較べると、『続日本紀』は、律令国家の官制機構が整った時期のものであるから、依拠すべき確実な材料も多く、かつ『日本書紀』ほどに史書として肩肘を張る必要もなく、多くの場合、伝えられた記録そのままを編集していく態度を貫くことができた。もちろんその編纂の背後には、新しい王朝の立場を明らかにしようとする桓武天皇の意志があり、論賛の存在や内容の整理などにそれが推測されることはすでに見たとおりであるが、全体として見れば、『続日本紀』編者の政治的意図によって原資料の改変が行われたとはみなしがたく、官府の史料であるという前提はあるものの、信憑しうる史料として認められるであろう。国史の編纂は、国家にとって、現実の政治の運用の参考に資するという面を持っており、『類聚国史』の編纂は六国史のそのような性格をよく物語っているといえるが、そのような現実政治のための有用性ということが、記録としての客観性の源になっているとも見ることができる。

今日の八世紀の研究は、『続日本紀』だけに依拠して行いうるものではなくなっている。正倉院文書中に数多く含まれる文書や、木簡・漆紙文書などの利用、都城・官衙・城柵などの遺跡や遺物、中国・日本を通じての律令の諸制度や、その背景をなす社会体制についての理解など、多くのものが綜合された、多面的な考察が要求される。しかしそうしたなかでも、『続日本紀』の記述は、八世紀における政治・社会・文化の諸事象の推移を歴史的に把握するための大きなよりどころとなるであろう。八世紀の基本的史料としての『続日本紀』の位置は、今後も変わるところがないと思われる。

『続日本紀』と古代文学との関係については、どのように考えられるだろうか。『続日本紀』は、中国歴代皇帝の実録の体裁に倣っているが、中国の正史や実録が、皇帝や諸臣らの性格や行動についての叙述に重きをおき、人間の生々とした活動の舞台として歴史を捉えようとしているのに対し、六国史、ことに『続日本紀』には、「列伝」的要素が著しく稀薄であり、その時代に生きた人間像を描くこと自体を目的とした記述はまれである。また『日本書紀』と較べても、『日本書紀』が、『古事記』に較べて本来の伝承を政治的意図をもって潤色・変改していることが多いにせよ、多くの歌謡や伝承を含み、大化改新時などの政変や壬申の乱などの政治的事件の記述においても、登場人物に焦点をあてた生々とした叙述を行っているのに対し、『続日本紀』にはそれ自体として文学的性格が著しく乏しいといわざるを得ない。しかし一面からいうならば、『続日本紀』は、八世紀の日本人が残した数少ない漢文の書籍の一つであり、勅撰の歴史書としての高度な著述であって、当時の日本人がどのように中国の古典に親しみ、どれほど漢文についての素養を積んでいたかを知るための好個の資料である。また、それに含まれている宣命が、古代の国語・国文を考究する上での貴重な研究資料であることも、あらためていうまでもない。

『続日本紀』は、『万葉集』や『懐風藻』を生み出した八世紀の歴史書であり、その記述は、文学の背景となる当時の社会や文化を知る上の不可欠の材料である。歴史家にとっても、八世紀の歴史を、その時代に生きた人々の心裏にまでわけ入って理解しようとするならば、これら文学への理解を欠かすことはできない。研究の進歩によって、八世紀についてのわれわれの時代像がより豊かなものとなることが期待される。

第二章　続日本後紀

はじめに

『続日本後紀』は、仁明天皇一代、天長十年（八三三）二月乙酉（二十八日）から嘉祥三年（八五〇）三月己亥（二十一日）に至る十八年間の史書で、全二十巻。日本古代の国家の正史である「六国史」の第四に当たる。清和天皇の貞観十一年（八六九）八月十四日、太政大臣藤原良房・参議春澄善縄によって完成・進上された。その書名は、先行する『日本後紀』に次ぐ史書の意で、『日本紀』（日本書紀）に次ぐ史書としての『続日本紀』と同様の位置にある。

一　編纂の事情

1　編纂の経緯

『続日本後紀』編纂の事情は、その「序」によると、以下のとおりである。

清和天皇の父文徳天皇は、前帝仁明天皇の治世の記録が失われるのを恐れ、藤原良房・藤原良相《よしみ》・伴善男《とものよしお》・春澄善縄・県犬養《あがたのいぬかい》貞守らに、仁明天皇一代の正史の撰修を命じた。しかし筆削を始めて間もなく文徳天皇は崩じ、事業は中絶した。あとを継いだ清和天皇は、旧史の欠けるのを嫌い、先帝の志の遂げないのを恨んで、重ねて藤原良房らに勅し、その完成を促した。しかし事業が遅々として進まないうちに、右大臣藤原良相は病に倒れ、大納言伴善男は罪を犯して配流され、散位県犬養貞守も事業の完成を見ないままに地方官に転出し、結局藤原良房と春澄善縄との二人によってその完成を見た、ということである。

『続日本後紀』編纂事業の開始の年時については「序」には記されていないが、『日本文徳天皇実録』によれば、それは斉衡二年（八五五）二月のことである。同月丁卯（十七日）の条に、右大臣藤原朝臣良房・参議伴善男・刑部大輔春澄善縄・少外記安野豊道らに詔し、国史を修せしめたとあるのがそれを示していよう。

さて、この二つの史料をもとに、『続日本後紀』編纂の経緯を辿ってみよう。

斉衡二年の編纂開始時に名の見える四人のうち、貞観十一年の完成に至るまで一貫して編纂の任にあったのは、藤原良房と春澄善縄とであった。

斉衡二年当時、太政官で修史に参画したのは右大臣藤原良房と参議伴善男の二人で、「序」にいう藤原良相の名はそこには見えない。当時良相は権大納言で、右大臣の良房が太政官を代表して修史を領導し、二年後の天安元年（八五七）、良房が太政大臣となり、良相が代わって右大臣となった時点で、良相も修史事業に参画するようになったのであろう。

良相は良房の同母弟で、以後貞観九年（八六七）の死没まで、左大臣源信《まこと》についで右大臣の地位にあった。『日本三代実録』の伝には大学に学んで才弁あり、文学の士を愛好したとあり、修史の担当者としても適任であった。

つぎに参議伴善男は、内記・蔵人・弁官と実務系の官職を歴任し、嘉祥元年（八四八）蔵人頭を経て参議となり、右大弁を兼ねた。斉衡二年の時点で中納言安倍安仁《やすひと》らをさしおいて善男が修史の任に当たることになったのは、若くして校書殿（文殿）に勤めて書籍に親しみ、政務や朝廷の制度に精進していた、その才能に期待してのことであろう。善男はのち中納言、大納言へと昇進したが、貞観八年、応天門放火の首謀者として伊豆に配流され、失脚した。『続日本後紀』の「序」に善男について、「罪を公門に犯し、身を東裔に竄《かく》す」とあるのは、このことを指している。

さて斉衡二年の『文徳実録』の記事には、「序」にある県犬養貞守の名が見えず、かわりに安野豊道の名が見えている。

安野豊道は斉衡二年当時正六位上少外記で、二年後の天安元年（八五七）正月には下総介に転出しており、これ以後は事業に携わらなかったと見られる。これに対し県犬養貞守は、『続日本後紀』嘉祥二年（八四九）二月条に少内記とあるのを初見とし、斉衡二年従五位下和泉守となり、貞観五年（八六三）二月散位頭から駿河守となっている。厳密にいつからかは判然としないが、安野豊道が外官に転出した天安元年以降、散位頭在任時に編纂事業に関与したのであろう。しかしそれも短期間で、貞観五年には駿河守に転じた。「序」に「散位貞守且《しばら》く其事に参じ、斯の功を遂げず、出でて辺州に吏となり、蹤《あと》を京兆に没す」とあるのは、このことを指している。

2　編者春澄善縄

良房とともに終始編纂の任に当たり、事業の実務をになったのは、春澄善縄であった。『続日本後紀』以下の諸国史や『三代実録』の伝によると、善縄の事跡はおおよそ次のとおりである。

善縄は延暦十六年（七九七）の誕生で、本姓猪名部《いなべ》造、祖父財麻呂は伊勢国員弁《いなべ》郡の少領であった。のち左京に移貫し、天長五年（八二八）に春澄宿禰、仁寿三年（八五三）に春澄朝臣の姓を賜わった。善縄の女掌侍高子（洽子）が貞観十五年（八七三）、氏神奉幣のため伊勢に赴いていることからすると、その後も伊勢の在地との関係を維持していたことが窺われる。

祖父財麻呂は善縄の才能を見て熱心に養育し、善縄は天長の初年奉試及第して文章生、天長五年文章得業生となり、学問の世界に身を置くことになった。同七年対策に及第、淳和天皇の抜擢によって少内記、ついで大内記となり、九年叙爵、十年、新帝仁明天皇のもとで立太子した淳和皇子恒貞親王の東宮学士となった。小野篁《たかむら》と相並んでの任命である。『三代実録』元慶四年八月三十日条の菅原是善の伝によれば、当時小野篁は詩家の宗匠、春澄善縄・大江音人は在朝の通儒であり、是善はこれらと文章をもって相許したという。仁明朝は、平安初期漢文学を代表する学者たちがその才を競った時代であった。

承和九年（八四二）、皇太子恒貞親王が廃される事件があり（承和の変）、東宮学士たる善縄も周防権守に左遷された。しかし翌十年には文章博士となった。『三代実録』の善縄の伝によれば、善縄が文章博士となった時には、博士に名家が揃い、相軽んじて謗《そし》り、弟子門を異にして分争する風があったが、善縄は門徒を謝し、ついに謗議の及ぶところとならなかったという。善縄が文章博士となった背景には、彼のこのような公正かつ慎重な人生への態度と、仁明天皇の深い信頼のあったことが察せられるが、同時に、同十一年八月、大内記菅原是善とともに大納言藤原良房の諮問をうけ、物恠《もののけ》を先霊の祟りとすることを戒めた嵯峨上皇の遺誡を改め、卜筮《ぼくぜい》によるべきことを進言しているように、良房との関係の強さをも窺うことができる。

善縄は大学において『後漢書』などを講じ、また仁明天皇には『荘子』や『漢書』を講じた。承和十四年五月、清涼殿上で行われた『荘子』の竟宴にあたってはとくに恩杯を賜わり、束脩の礼を行い御衣を賜わった。「当代の儒者、共に以て栄となす」と『続日本紀』にはある。

善縄の学者としての活動は、つぎの文徳朝においても著しかった。斉衡元年（八五四）十月には、文章博士菅原是善・民部少輔大江音人とともに刑部大輔として蔵人所に召され、重陽節《ちょうようのせち》に文人のたてまつった詩の評を行った。翌二年には先述のとおり、藤原良房のもとで、のちに『続日本後紀』となる国史編纂の任に当たった。さらに『文選』『晋書』を講じ、斉衡三年の『晋書』の講義にあたっては、文徳天皇みずからこれを受読した。

清和天皇即位後の貞観二年（八六〇）、善縄は従四位上で参議に列し、同十一年八月には『続日本後紀』が完成してこれを献上、太政官に蔵せられた。しかし間もなく、翌十二年二月危篤におちいり、朝廷は善縄をとくに正四位下から従三位に叙し、太政大臣藤原良房は内裏直廬《じきろ》において朝服を脱ぎ、その身に加贈した。同二月十九日、参議従三位で没。七十四歳。男女四人（具瞻・魚水・洽子〔高子〕ほか一名）があったが、家風を継ぐ者はなかったという。このように見てくると、善縄はその死期の近いのを悟って『続日本後紀』の完成を急いだのであり、『続日本後紀』の編纂と善縄の存在とは切っても切れない関係にあったことが推測される。

善縄の作品としては、『経国集』に詩一篇があり、また『本朝文粋』巻三には、文章得業生都言道《みやこのことみち》（良香）に対する「神仙」および「漏剋」の策文を収める。川口久雄は、この対策問や、承和十四年の『荘子』進講のことなどから、善縄に老荘思想への傾倒がとくに強かったことを指摘している（『〈三訂〉平安朝日本漢文学史の研究』上一五〇―一六二頁）。

3　編者藤原良房

さて最後に、『続日本後紀』編纂事業の総帥としての藤原良房にとって、斉衡二年の編纂開始から貞観十一年の完成までの十五年間はどのような時期であったのかについて考察したい。

藤原良房は、斉衡二年の前年に当たる同元年、左大臣源常《ときわ》の死をうけて右大臣として太政官の首座についている。しかし良房は、すでに仁明朝において政界の覇権を確立していた。

藤原良房の覇権確立の出発点となったのは、承和九年（八四二）のいわゆる承和の変であった。弘仁十四年（八二三）の嵯峨天皇の退位後、宮廷は嵯峨上皇の家父長的権威のもとで安定した状況を示していたが、上皇の近臣である藤原冬嗣の娘順子が仁明天皇の皇子道康親王を生んだことにより、淳和上皇の皇子である皇太子恒貞親王はその地位を脅かされ、承和九年、皇太子の地位を追われ、かわりに道康親王が皇太子に立てられたのである。この承和の変で、淳和天皇の近臣である大納言藤原愛発《ふじわらのあらち》、中納言藤原吉野らが政界を追われ、順子の兄に当たる良房が中納言から大納言へと昇進することになった。

嘉祥三年（八五〇）、仁明天皇が没し、道康親王が即位して文徳天皇となると、良房の女明子の生んだ皇子惟仁親王が生後わずか九ヵ月で皇太子に立てられた。天安元年（八五七）、良房は文徳天皇によって太政大臣に任じられ、翌二年天皇が急逝すると、年九歳の新帝清和天皇のもとで政務を総覧する任務をになうことになり、貞観八年（八六六）、応天門放火事件が起こったのを機に、勅によって正式に天下の政を摂行する摂政の地位につくことになる。『続日本後紀』が完成・進上されたのは、その三年後のことである。

『続日本後紀』の編纂が行われた斉衡二年からの十五年間は、良房がめざましい勢いでその権勢を伸張させていく時期に当たっていた。その時期に、仁明朝を権勢発展の出発点とする藤原良房と、天皇の厚い恩顧をうけた春澄善縄とを中心として、『続日本後紀』の編纂事業は進められたのである。

二　内容および構成

1　全体の編成

『続日本後紀』の「序」はその編纂の方針について、「春秋の正体に依り、甲子を聯《つら》ねて以て銓次し、考ふるに始終を以て其の首尾を分かつ」と記している。中国の史書『春秋』に倣った編年体の体裁をとり、ことの起こった日の順に従ってその記事を立てていく、というのがその方針で、『日本書紀』以来の日本古代の正史の伝統を引き継ぐものであった。

巻別の編成を見ると別表（表9）のとおりで、巻一・二、巻十一・十二、および巻二十の五巻を除いては、すべて一年を一巻としている。このうち巻一・二（天長十年）については、巻一に天皇即位のことがあり、巻十一・十二（承和九年）については、巻十二に嵯峨上皇の崩御といわゆる承和の変のことがあり、巻二十（嘉祥三年）は三月の天皇崩御・喪葬のことで終わっている。十八年間の記事を二十巻に配置するための配慮がなされていることが窺われる。

一年を一巻とし、記事の多い場合は六月・七月の間で切って二巻とするということは『続日本紀』以来行われていることであるが、先行する『日本後紀』では必ずしもそうなってはおらず、嵯峨天皇代の巻三十一までは不統一で、巻三十二、淳和天皇の代以後になって初めて一年一巻の整然とした編成をとるようになる。一方『続日本後紀』のあとを継ぐ『日本文徳天皇実録』においては、『続日本後紀』と同様、ほぼ一年を一巻とする原則が貫かれている。これは、『続日本後紀』の前後から正史に実録的な性格が強まっていくという事情と関係するものであろう。

表9　続日本後紀の編成

序		1〜2頁	(2)
巻1	天長10年2月〜5月	3〜12頁	(10)
巻2	天長10年6月〜12月	13〜19頁	(7)
巻3	承和元年正月〜12月	21〜33頁	(13)
巻4	承和2年正月〜12月	35〜45頁	(11)
巻5	承和3年正月〜12月	47〜61頁	(15)
巻6	承和4年正月〜12月	63〜71頁	(9)
巻7	承和5年正月〜12月	73〜82頁	(10)
巻8	承和6年正月〜12月	83〜96頁	(14)
巻9	承和7年正月〜12月	97〜113頁	(17)
巻10	承和8年正月〜12月	115〜126頁	(12)
巻11	承和9年正月〜6月	127〜134頁	(8)
巻12	承和9年7月〜12月	135〜149頁	(15)
巻13	承和10年正月〜12月	151〜164頁	(14)
巻14	承和11年正月〜12月	165〜172頁	(8)
巻15	承和12年正月〜12月	173〜181頁	(9)
巻16	承和13年正月〜12月	183〜194頁	(12)
巻17	承和14年正月〜12月	195〜203頁	(9)
巻18	承和15年正月〜嘉祥元年12月	205〜218頁	(14)
巻19	嘉祥2年正月〜閏12月	219〜232頁	(14)
巻20	嘉祥3年正月〜3月	233〜239頁	(7)

（備考）　頁数は新訂増補国史大系による（(　) 内は分量)。現行の『続日本後紀』には錯脱が多いので，分量はあくまで参考のためのものである．

各巻の内容と注目される点について、以下に簡単に述べる。

2　巻一から巻十二まで

巻一はまず即位前紀に当たる記事として、天皇の父母、誕生にあたっての母橘嘉智子の夢想、弘仁十四年（八二三）の立太子などのことを記し、ついで天長十年（八三三）二月の践祚から恒貞親王の立太子、そして三月の即位に至る経緯について記す。この間、淳和天皇の譲位の宣命、天皇（皇太子正良親王）の抗表、恒貞親王立太子の宣命、親王の父淳和上皇の立太子を辞するの書、天皇のそれに対する答表などを子細に掲げ、嵯峨天皇から弟の淳和天皇へ、淳和から嵯峨の子の仁明へ、そして仁明から淳和の子恒貞へと皇位が伝えられていく、嵯峨・淳和両皇統の美しく親密な関係を強調している。三月には恒貞親王の天皇・太上天皇への朝覲《ちょうきん》の記事を載せて、「時に皇太子春秋九齢、しかるにその容儀礼数、老成の人の如し」と記し、また四月には皇太子が初めて孝経を読んだ記事を載せて、その資質を賛美している。同類のことは巻二、七月の田邑《たむら》親王（文徳天皇）朝覲の記事にも、「時に春秋纔《わずか》にこれ七歳、しかるに動止端審、成人の若《ごと》きあり。観る者これを異とす」とあって、将来の天皇の資質のすぐれたさまが記述されている。

なお巻一、二月丁亥（三十日）条の後には、この月の干支に合わない日付を持つ賜姓記事が多数連なっており、大系本の鼇頭の注は、これを類聚したものと推測している。

翌天長十一年（八三四）正月、承和への改元が行われる。以下巻三から巻十一までの各巻で注目されるのは、詳密な外交関係の記事である。承和元年正月には藤原常嗣以下の遣唐使が任命されるが、この遣唐使は渡航に再度失敗した後、承和五年七月に進発、翌年八月、新羅船に乗じて帰国した。この間には渡航しなかった副使小野篁の配流などの事件もあったが、『続日本後紀』は精細に、事実上最後の遣唐使となったこの時の遣使の顚末を記録している。

外交関係記事でとくに注目されるのは、承和三年十二月条に見える新羅国執事省の日本国太政官あての牒や、巻十一、承和九年三月～四月条に見える渤海国王の啓状と渤海国中台省の日本国太政官あての牒、また日本から渤海国王への国書と日本国太政官から渤海国中台省あての牒など、外交関係の文書そのものが掲載されていることである。このおりの咸和十一年（八四二＝承和九年）の渤海国中台省牒の案は、宮内庁書陵部所蔵の壬生家文書に収められており、これらは古代東アジア諸国間の国際関係を考察する上での貴重な史料ということができる。

承和九年は国の内外にわたって事件の多い年であり、『続日本後紀』は例外的に、この年を六月までは巻十一、七月以降は巻十二と二巻に分かって記す。この前年、中国・日本との交易の権を握っていた新羅の張宝高（張弓福）が死没したことの余波が日本にも及び、九年正月には筑紫大津（博多）に到着した新羅人李少貞のもたらした牒状をめぐって太政官での議論が行われた。三月から四月にかけては先述した渤海使来朝のことがあり、この時期の東アジア諸国の活発な動きが看取される。

七月に嵯峨上皇が没すると、その二日後にいわゆる承和の変が起こった。承和七年に父淳和上皇を失って孤立した皇太子恒貞親王は廃され、藤原良房が大納言に就任する一方で多くの官人が失脚、八月にはかわって仁明天皇の皇子道康親王が皇太子に立てられた。翌十年に起こった文室宮田麻呂の配流事件も、この時期の東アジア情勢と密接に関わるものであったと推測される。

3　巻十三から巻二十まで

さて巻十三以降の巻で注目されるのは、まず巻十五、承和十二年正月に尾張浜主がみずから上表し、大極殿の竜尾道上で和風長寿楽を舞った記事、それに巻十九、嘉祥二年（八四九）三月に興福寺の大法師らが天皇の四十の賀に種々の奉献をし、長歌を献じたという記事である。ここでは長歌の全文が掲載され、「それ倭歌の体《てい》、比興を先となす。人情を感動すること、最もここに在り。季世陵遅、斯道すでに墜つ。今、僧中に至りて頗《すこぶ》る古語を存す。謂《い》ひつべし、礼失はるれば則ちこれを野《や》に求む、と。故に採りてこれを載す」とその理由が述べられている。唐風文化を強力に推進した嵯峨上皇の没後に現れた新しい文化の動きを、象徴的に物語るものであるといえよう。

巻十六、承和十三年十一月壬子条には、著名な法隆寺僧善愷の訴訟事件に関して、前右大弁正躬王・前左大弁和気真綱らに贖銅を徴することを命じた長文の太政官符の全文が掲載され、律令の規定の運用をめぐる法家の議論の詳細を伝えている。この事件によって多くの官人が更迭され、弁官の機構に大きな影響の及んだことが指摘されているが、『続日本後紀』がこれを掲載したのは、坂本太郎の指摘するように、法家の衒学《げんがく》的な法律論に編者が興味を持ったためと見られよう（『六国史』二七〇頁）。

巻十八は承和十五年（八四八）であり、この年は六月に改元されて嘉祥元年となる。六国史では通常、改元の年は改元後の年号をもって記すが、『続日本後紀』のこの場合のみは、表題の下に「承和十五年正月より嘉祥元年十二月まで」と記し、本文も「承和十五年正月壬戌朔。天皇、大極殿に御して朝賀を受く」と始めている。このことは以前から注目されているが、編纂の疎漏と解するのは疑問であり、編者はなんらかの理由があってこのような形式をとったのであろう。天皇の代替わりの改元にあたっては踰年改元のことが弘仁以後慣例化するが、この場合はそれには当たらず、また『続日本後紀』が仁明天皇一代の記録ということもあって、このような方針がとられたと解しえよう。

最後の巻二十、嘉祥三年の条では、正月に天皇が太皇太后橘嘉智子に朝覲行幸したおり、北面して母后を拝し、母后の意に沿って殿前で鳳輦《ほうれん》に御したことを記し、天皇の孝敬のさまを讃えている。多年病身であった天皇は二月危篤となり、三月二十一日（己亥）、四十一歳でその生涯を終える。二十五日（癸卯）、葬送の記事に続けて『続日本後紀』は、天皇が善を修め、仁を行った功徳として病弱にも拘わらず天命を全うしたことを記し、天皇の疾病と服薬のことを詳記した、きわめて異色の記事をもって全巻の叙述を終えている。常康親王・良岑宗貞（遍照）らがあいついで出家したことに示されるように、天皇の死は一つの時代の終わりを人々に思わせたようである。

三　史書としての特色

1　天皇一代の史書

坂本太郎は、六国史が全体としての普遍性を持つ一方で、各国史がそれぞれに個性・独自性を持っていることを指摘し、それを認識することの必要性を強調している（「史料としての六国史」）。

『続日本後紀』の場合、それまでの諸国史と相違する第一の点は、それまでの諸国史が四代もしくはそれ以上の歴代の天皇の治績を記した書であるのに対し、仁明天皇一代の史書であるということである。国家成立の由来を示す意図をになった『日本書紀』は別として、『続日本紀』以下の諸国史は、もともと一つの王朝の歴代の君主の統治の記録という性格を持っており、史書としての理念の提示よりも、現実の政治をありのままに、具体的に記録することにその主眼がおかれていた。それは中国の王朝の正史のもととなった、皇帝一代の言動を生前の起居注にもとづいて編修した「実録」により近いものであった（笹山晴生「続日本紀と古代の史書」本書第二部第一章）。『続日本後紀』は、仁明天皇一代の史書であるという点で中国の実録により近い性格を持つこととなり、これ以後の国史は、『日本文徳天皇実録』『日本三代実録』と、書名の上でも「実録」を称するようになる。その意味で『続日本後紀』は、六国史の歴史のなかで一つの画期としての意義をになっているといえよう。

天皇一代の史書であるということは、その史書の内容や性格にも大きな影響を及ぼす。天皇一代の史書であることによって、その天皇の治世の特色がより鮮明に記されることになるのである。九世紀初頭のこの時代は、天皇と官人とが個人的な恩寵の関係で結びつく傾向が強まり、天皇の代ごとに新たな寵臣が台頭するという特色が現われていたが、そのような事情も、天皇一代の史書を生んだ原因の一つと考えられよう。その場合、その史書は天皇の治世を賛美する性格を持つものとなりやすい。後述するような史書としての『続日本後紀』の特色の多くは、それが仁明天皇の寵臣たる藤原良房・春澄善縄によって編まれたことと無関係ではないと思われる。

2　外形上の特色

史書としての外形的な面についてまず見ると、各巻の巻頭には『続日本後紀』という書名と巻次名、各巻所収の記事の年次の起止、撰者の官位姓名と勅を承ってこの書を撰した旨の文言が記される。書名・巻次名の記載は、各巻の末尾にも存在する。これらは『続日本紀』以降の諸国史に共通する記載であるが、『続日本後紀』の場合、年次の起止の記載については、以下に記すようにいささか問題がある。

『続日本後紀』は巻二の冒頭で「天長十年六月より十二月まで」と記しているが、この場合「天長」の二字は諸本になく、宮本（神宮文庫所蔵旧宮崎文庫本）の傍朱書などで補ったものである。同様のことは、巻四（承和二年）以降の承和・嘉祥の年号の場合についても見られる。これについて佐伯有義校訂・標注の『増補六国史』は、「各巻を通考するに、初巻のみ年号を挙げ、次巻以下は之を略する例」であったと推測している（巻二）。後述するように『続日本後紀』の写本の伝存状況はきわめて悪く、現存する写本からのみそれを確言することは憚られるが、要するに『続日本後紀』の巻頭年次の記載においては、同一の年号が続く場合、それを省略することが行われていたと推測されるのである。

なお『続日本後紀』では巻一の冒頭にのみ「仁明天皇」の漢風諡号を記し、以下の巻では天皇の名を一々記さない。これもそれまでの諸国史と相違する点であるが、『続日本後紀』が仁明天皇一代の正史であることからすれば、ある意味で当然のことであろう。次の『日本文徳天皇実録』では天皇名の記載がまったく無く、『日本三代実録』では『続日本後紀』の体裁を踏襲し、各天皇の最初の巻の巻頭にのみ、「太上天皇」（清和天皇）、「後太上天皇」（陽成天皇）、「光孝天皇」と天皇の名を記している。

史書の体例に関わることとしては、また朔日干支の記載の問題がある。『続日本後紀』の写本の伝存状況は良好ではないが、比較的良く原形を留めていると思われる巻十八・十九・二十の諸巻によると、「夏四月甲申朔乙酉」のように春・夏の季を必ず記し、また朔日の干支を記事の有無に拘わらず必ず記している。これは『日本書紀』、ひいては中国の起居注・実録の体例に倣うもので、朔日に記事がない限り朔日の干支を記さない『続日本紀』や『日本後紀』とは異なるものである（坂本太郎『六国史』総説）。

3　聖代としての仁明朝

つぎに『続日本後紀』の内容に関して、その特色を考察しよう。『続日本後紀』は序においてその編纂方針に触れ、「それ尋常の砕事、その米塩たる、或《ある》はほぼ弃《す》てて収めず。人君の挙動に至りては、巨細を論ぜず、なほ牢篭して之を載す」と記している。すなわち日常の煩瑣なことがらについては収載しないが、天皇の挙止については大小洩らさずそのすべてを収録する、の意である。『続日本後紀』の内容的な特色の一つは、何よりもこの編纂方針に対応し、仁明朝の聖代なるさまを、さまざまな面から描き出すことにあったといってよい。

そのような特色はまず、天皇・上皇を中心とする皇族相互の親密なさまを強調することに表れている。天皇が父の上皇や母后に孝義をつくすさまについては、承和七年二月、天皇が雷雨に際し嵯峨院・淳和院に遣使してその起居を問うたことや、また先述した嘉祥三年正月の、朝覲行幸に際し母后の意に沿って殿前で鳳輦に御したさまの記述などに表れる。後者の記事では、「天子の尊、北面して地に跪く。孝敬の道、天子より庶人に達すとは、誠なる哉」と、その行為が賛美されているが、それは、家父長的な秩序が君臣の秩序に優越したこの時期の思潮を物語って余りあるものといえよう。そのようなことは、皇太子の朝覲、天皇四十の算賀にあたっての太皇太后や皇太子の奉献、さらには皇親の元服や加冠、出家のさまなどの記述にも数多く見うけられる。

君臣の関係については、承和元年四月、淳和上皇の清原夏野の双丘《ならびがおか》山荘への御幸の記事などにその交情が描かれ、また祥瑞に対する賀表をはじめ、臣下からの上表や上奏を詳記する傾向が見られる。

仁明朝の聖代なるさまの描写は、先述した唐・新羅・渤海との外交関係の詳密な記事のほか、文運の隆昌に関する記述にも表れている。これには、編者春澄善縄の趣向が深く関わっている。

まず、天皇や皇子の好学を好んで記事にする傾向が挙げられる。正月最勝会における天皇・皇太子の聴講（承和元年・四年・九年）、『孝経』『荘子』『後漢書』などの講説に関する記事がそれである。先述した承和十二年正月に尾張浜主が和風長寿楽を舞った記事や、嘉祥二年三月、興福寺の大法師らが天皇の四十の賀に長歌を献じた記事なども、文運の隆昌を誇ろうとすることの一環であろう。後者の場合、長歌の全文が掲載され、編者の評語が記されていることはきわめて異例である。承和十四年十月条の嵯峨皇女有智子《うちこ》内親王の伝で、春日山庄を詠じた内親王の詩が載せられていることも、伝記としては異例のことであろう。

4　伝記の特異性

『続日本後紀』の内容的な特色の第二は、その伝記の特異性にある。『続日本後紀』に先行する『日本後紀』の伝記は、編者藤原緒嗣の政治思想を反映し、官人としての治世の良否についてきびしい破邪顕正の筆を振るったものであった。『続日本後紀』の伝記はそれとは対照的に、対象とする人物の人間性そのものへの関心にもとづき、その技能や性癖を事細かに記すものであり、そこに編者春澄善縄の個性の発露を見ることができる。

『続日本後紀』の伝記の特徴を示す、いくつかの具体的な事例を挙げよう。『日本後紀』の撰者藤原緒嗣は承和十年七月に没するが、その伝では、緒嗣が桓武天皇の寵遇を蒙り、「国の利害、知りて奏せざるな」き政務に練達の士であったことを讃える一方で、偏執の性癖のために人の指弾を受けたと、その人格的な欠点についても触れている。官人としての治績を述べた上でなお個人的な性癖について触れている例は、酔泣の癖ある文室秋津（承和十年三月条）、酔うとなお仕事がはかどる藤原貞主（承和十一年九月条）など、他にも多い。承和十年十二月条の元興寺僧守印の伝では、記事の大半を守印の鼻の利くさまの叙述に費やしている。

個人の技能や芸能についての記述も多い。承和五年三月に没した池田春野の伝では、春野が宮廷の儀式・祭礼の故事にくわしく、古様の衣冠を伝えたことを詳述する。承和九年五月条の高階《たかしな》石河の伝に、父に次いで少納言となった石河が音声に富み、称唯《いしょう》の音が細くかつ高く、父に勝っていたとの評を得たとあることは、朝儀に果たす少納言の役割と関わって興味深い。このほか弓射などの武芸、鷹犬、琴歌・絃歌、釣魚などの技能の名手についての記述が各所に散見される。個性豊かな人物像についての記述は、同時に仁明朝の文運の盛んなさまの誇示ともなっている。

人物の健康についての記述が多いのも『続日本後紀』の伝記の特徴の一つである。承和九年十月の菅原清公の伝では、清公が常に名薬を服して容顔が衰えなかったと記している。先述した嘉祥三年三月の仁明天皇葬送の記事に天皇の疾病と服薬のことを詳記するのもきわめて異色であり、編者春澄善縄の関心がそこに反映されている。

伝記のほかに視野を広げると、『続日本後紀』記事の特色として、白虹・彗星などの天文異変、天狐・物怪などの怪異に関する記事の多いことが挙げられる。これも、陰陽を信じ物怪を恐れたと『日本三代実録』の伝に記す、編者春澄善縄の個人的関心と関わるものである（坂本太郎「六国史とその撰者」）。承和七年九月条に、同五年七月の噴火によって出現した伊豆神津島の新島についての詳細な記事が見られることも、これと関係しよう。このように『続日本後紀』の記述に神仙思想の強い影響が見られることは、編者善縄が『荘子』に造詣深かったことと関係すると思われる。

5　史書としての特色

以上、多岐にわたって『続日本後紀』の史書としての特色について考察した。坂本太郎は『続日本後紀』が編者藤原良房の事跡をことさらに強調しているとし、『日本三代実録』における藤原基経の場合と対比して良房の露骨な態度を非難している（「三代実録とその撰者」「藤原良房と基経」）。今まで見てきたところによれば、それ以上に『続日本後紀』は、もう一人の編者春澄善縄の思想や関心、史書に対する理念を色濃く反映した書物であるといえよう。

仁明朝は平安初期の唐風文化の大きな転換期であった。小野篁の存在に象徴されるように、「文章は経国の大業」と称され、国家の規範と位置づけられた漢詩文の世界は大きく変容をとげ、応詔の詩に代わって個人的な詠嘆や思索に関する詩が重みを増していく。やがて六歌仙の時代を迎え、国風文化への歩みはその速さを増す。人々は国家の理念から解き放たれ、個人としての自由な思考を持つようになる。

史書としての『続日本後紀』にも、そのような時代の動向の反映が見られよう。国家の威信を内外に示し、あるいは道徳の亀鑑たることを期したそれまでの史書と比べ、政治・道徳の鑑戒としての意味は薄れ、事実そのものへの興味、多彩な人物像の評価が進む。それは、それまでの史書には欠けていた人間性・文学性といったものを新たに日本の史書に加えたといえるものであり、そこに六国史中における『続日本後紀』の存在意義があるといってもよいのではあるまいか。

四　諸本と本文の校訂

1　諸本とその伝来

『続日本後紀』が完成奏上後、古代・中世を通じて宮廷に伝えられたことは、『花園天皇宸記』元亨二年（一三二二）十一月十日条に「今日続日本後記《（マヽ）》見了」とあることや、『仙洞御文書目録』などの目録にその名の見られることによって知られるが、現存する写本はすべて近世以降のものであり、それ以前には遡らない。しかもそのほとんどは、室町時代の天文二―四年（一五三三―一五三五）に三条西公条《きんえだ》が書写した三条西家本（天文本）をその祖本とするものである。

三条西家本自体は伝存しないが、現存諸写本には、以下に示すように大治元年（一一二六）に本書を書写したことを述べた本奥書（巻十）と、保延二年（一一三六）に宮内大輔源忠季がこの書を披見し校訂を加えたことを示す識語とがある。したがって三条西家の祖本は、平安時代末期にまで遡る写本であったことが知られる（以下は遠藤慶太「『続日本後紀』現行本文の問題点」表3の調査による）。

（巻一）「保延二年正月、以類聚国史等校畢、宮内大輔源忠季」（井上頼圀校本）
（巻三）「保延二年二月三日未刻時、梳頭髪間偃見之了、宮内大輔源忠季」（井上頼圀校本・東山御文庫本・谷森善臣校本）
（巻四）「保延二年三月二日未時見了、宮内大輔源忠季」（井上頼圀校本・谷森善臣校本）

（巻五）「保延二年三月二　酉刻見、于時雨降」（東山御文庫本・谷森善臣校本）
（巻六）「保延二年」（井上頼圀校本・谷森善臣校本）
（巻七）「本云、保延四年七月披閲了」（井上頼圀校本・東山御文庫本・谷森善臣校本）
（巻十）「大治元年四月十七日、以巳剋書写了、
保延二年七月廿九日見了、司農侍郎源判」（谷森善臣旧蔵本・谷森善臣校本）

三条西実隆は中世末の戦乱の世にあって公家文化の伝統の保持に意を注ぎ、子の公条とともに六国史の書写に努力を傾けた（坂本太郎「六国史の伝来と三条西実隆父子」）。実隆・公条父子による『続日本後紀』の書写は、現存する各写本や校合本の奥書によれば、巻一の奥書に「天文二年二月二日校了」とあることから天文二年の春に始まり、巻二十の奥書に「天文四年三月七日巳剋立筆、申剋終功了」とあることから二年後の天文四年春に完了した（同じく遠藤慶太の調査による）。筆写が当時大宰権帥であった公条の手になることは、巻十の奥書に「天文三閏正月六日、於禁中番衆所灯下終書功了。今夜甚雨」とあるのに対し、『実隆公記』同日条に「帥、候番」とあることによって知られる（坂本太郎、前掲論文）。『続日本後紀』の書写は、永正十年（一五一三）『日本書紀』から始まった同家による六国史書写事業の最後に位置するもので、事業の完成に二十三年を要したことになる。

この三条西家本は、先述したように現存する近世諸写本の祖本となり、多くの転写本を生み出した。内閣文庫所蔵本十冊は慶長十九年（一六一四）の書写、宮内庁書陵部所蔵の谷森氏旧蔵本四冊は近世初期の書写で、新訂増補国史大系本の底本となった。また神宮文庫所蔵旧宮崎文庫本二十冊は、慶安二年（一六四九）、伊勢内外宮の神主らが書写奉納したものである。

京都御所東山御文庫本二十巻は後水尾天皇・後西天皇による一連の史書の収集・書写事業のなかで生まれたもので

（吉岡眞之『東山御文庫御物』解説）、同じく三条西家本の系統に属する。遠藤慶太は、同文庫に関わる蔵書目録についての田島公の研究に依拠し、それが堂上諸家の所蔵する蔵書を借用して書写され、後西上皇によって寛文六年（一六六六）に進上されたものと推定した（「『続日本後紀』現行本文の問題点」）。冊子本である三条西家本の系統に属しながら巻子本であるのは、巻子本としての統一をはかったためであろうとする。東山御文庫本は良質の写本として、後述する宮内省における六国史の校訂事業や、新訂増補国史大系本の校訂に用いられた。なお東山御文庫には、他に冊子本二十冊・同二冊の『続日本後紀』も所蔵されている。

　これらに対し、国学院大学所蔵高柳光寿旧蔵本は中山侯爵家の旧蔵にかかり、弘化二年（一八四五）に書写されたものである。巻子本で、巻五・八の二巻を残すのみだが、三条西家本の祖本である大治年間の書写本を、虫損に至るまで忠実に影写したと思われるものである（高田淳「高柳博士旧蔵『続日本後紀』（巻五・八）について」）。行間・紙背に多くの書き入れがあり、現行本文の成立を考えるうえで貴重な素材を提供している。

『続日本後紀』の版本には、寛文八年（一六六八）の版本、および寛政七年（一七九五）の再刻本がある。寛文八年本は立野春節の校訂になり、その版が天明八年（一七八八）の火災で焼失したため再刻されたのが寛政七年本であるが、寛文版本に比べると誤謬が多いといわれる（佐伯有義『増補六国史』解説）。明治以降は活字本が、国史大系（旧輯）第三巻、国史大系六国史（大正二年（一九一三））、朝日新聞社本六国史巻七（昭和四年（一九二九））、増補版昭和十五年（一九四〇））、新訂増補国史大系第三巻（昭和九年（一九三四））などとして刊行されている。

『続日本後紀』の伝本には脱文・錯簡・重出などがきわめて多いこともあって、徳川光圀による元禄四年（一六九一）の校本をはじめ、伴信友・狩谷棭斎・内藤広前・山崎知雄・井上頼圀・谷森善臣らによる校合本が数多く残されている。大正元年（一九一二）に刊行された村岡良弼の『続日本後紀纂詁』では、十八種に及ぶ異本による本文の校訂が行われた。

宮内省図書寮では、明治の末年から定本作製をめざした六国史の校訂事業が進められた。明治四十五年（一九一二）からは第一次の事業として古写本を収集しての校合が井上頼圀・佐伯有義・田辺勝哉・村岡良弼らによって進められ、『続日本後紀』の場合には東山御文庫本など五本を用いての校合が行われた。大正八年（一九一九）からの第二次事業では佐伯有義を中心に考異・考文の作製が進められ、『続日本後紀』については東山御文庫本を底本とし、巻五・八は高柳本をも用いる方針がとられた。この事業の成果は校本のほか、『校訂六国史考異』八十八冊（うち「続日本後紀考異」十冊）、『校訂六国史考文』三十五冊（うち「続日本後紀考異」五冊）として宮内庁書陵部に伝えられている（吉岡眞之「宮内省における六国史校訂事業」）。

『続日本後紀』の注釈としては、河村益根の『続後紀集解』、矢野玄道の『続日本後紀私記』、村岡良弼の『続日本後紀纂詁』などがある。『続後紀集解』十冊は河村秀根・益根父子による六国史集解の一部をなすもので、『続紀集解』などとともに稿本のまま名古屋市蓬左文庫に伝えられ、注記によって文化十一年（一八一四）十二月に成ったことが知られる。『書紀集解』と同様漢籍を多く引用し、字句の出典の研究に力を注いでいる点に特色がある。また『続日本後紀私記』五冊は宮内庁書陵部の所蔵で、奥書によって著者矢野玄道が明治十年（一八七七）に正史改訂の大命を奉じ、かねて抄録していた私記に重ねて讐校を加え、翌十一年四月に著したものであることが知られる。『続日本後紀』の注釈として公刊された唯一のものが、村岡良弼の『続日本後紀纂詁』である。和装の活字本二十冊として大正元年（一九一二）に刊行されているが、明治三十五年（一九〇二）刊行の『国学院雑誌』八巻に、九号にわたって冒頭天長十年の部分のみが連載されているので、おそらくこの頃には完成していたと見られる。各種の異本を集めて本文を校訂し、字句に詳細な注釈を加えており、翌大正二年度の帝国学士院恩賜賞を受賞した。

索引としては、六国史索引編集部編の『日本後紀・続日本後紀・日本文徳天皇実録索引』が、六国史索引の第三として昭和四十年（一九六五）、吉川弘文館から刊行されている。

2　本文校訂上の問題点

さて、『続日本後紀』の本文を校訂する際の最大の課題は、伝存する写本が本来良質なものではない上に、伝写の過程で多くの手が加えられ、その本来の姿を復元することが困難であるということにある。

『続日本後紀』の記事のなかには、坂本太郎の指摘した承和三年五月丁未条（『六国史』）や、佐々木恵介の指摘した同十年八月戊寅条（「六国史錯簡三題」）のように、編者の不注意によって誤った年次に係けられたと思われるものもある。しかし『続日本後紀』の記事の混乱の多くは、もともと抄略されていた伝本に、後人が『類聚国史』や『日本紀略』などによって記事を補入するさいに生じたと思われるものである。

その具体例の若干を、新訂増補国史大系によって以下に挙げてみよう。

伝存する『続日本後紀』の写本の状況は巻によって一様ではなく、巻九・十、および巻十八・十九・二十のように比較的原形を良く保っていると思われる巻もある。しかし多くの巻においては、枚挙に遑ないほどの抄略・脱文・重出・錯乱が認められる。

抄略の著しい例は、叙位・任官記事である。巻四、承和二年十二月乙未条に「以二参議従四位上藤原朝臣常嗣一為二兼左大弁一。近江守如レ故云々」とあるように、一名ないし数名の記事のみを掲げ、あとは「云々」で省略するものである。これと並んで抄略の著しいのが長大な詔文や上表文の場合で、巻五、承和三年二月戊寅条の遣唐使への詔文や、同五月己酉条の中納言藤原愛発の上表文など、その例は多い。また人々の薨卒記事においても、巻十七、承和十四年二月戊寅条の時子内親王薨去の記事に「親《マヽ》王者、天皇之皇女也。云々」とあるように、本来掲げられていた伝の部分を「云々」で抄略したと見られるものがある。

以上は記事の内容による抄略と見られるものであるが、なかには単純に、一行ないし数行の脱文と見られるものもある。巻六、承和四年六月条で壬子（二十一日）条と癸丑（二十二日）条とが連続して脱落し、巻七、承和五年四月戊申（二十一日）条の記事部分と乙卯（二十八日）条の干支部分とが連続して欠落しているなどは、その例である。

なお巻十五（承和十二年）・巻十六（承和十三年）では、叙位・任官記事において、これら「云々」で抄略された部分を御本（東山御文庫本）によって補入している例が数多く見られる。この二巻には、その他にも他の諸本には欠け、東山御文庫本によって補われた記事が数多い。これは東山御文庫本の成立に関わることで、今後研究すべき課題の一つである（遠藤慶太「『続日本後紀』現行本文の問題点」）。

つぎに重出・錯乱の問題に触れよう。先述したようにその多くは、抄略されていた伝本に後人が『類聚国史』や『日本紀略』によって記事を補入したさい、誤って生じたと思われるものである。その様態としては、異なった年の同月同一干支条への補入（巻三、承和元年三月辛酉条）、異なった月の同一干支条への補入（巻十三、承和十年三月丙辰条）、同月内の別の条への補入（巻四、承和二年正月癸丑条）などがある。同月内における干支の順序の混乱も、補入のさいの誤りによって生じたものであろう。

現存『続日本後紀』本文の抄略は、その祖本である平安時代、大治年間の書写本にまで遡り、それへの『類聚国史』などによる記事の補入もまた、平安時代にまで遡るものであった。遠藤慶太は、大治写本の忠実な影写本である高柳本についての高田淳の調査（「高柳博士旧蔵『続日本後紀』（巻五・八）について」）を踏まえ、井上頼圀校本に見える巻一の奥書から、高柳本に見える傍書・裏書のかたちでの『類聚国史』などからの記事の補入は、保延二年（一一三六)、源忠季によって行われたものと推測した。さらに遠藤は、高柳本と他の流布本との対照から、源忠季によって補入された傍書の大半は、おそらくは三条西家による書写の段階で本文中に取り込まれ、現在では大治写本の本来の姿はもはや復原不可能であり、またそのことが現行諸写本に見られる錯乱の原因にもなっていると指摘した（前掲論文)。

高柳本の裏書が本文に取り込まれた一例を、巻八について見てみよう。承和六年四月乙卯条に女御藤原沢子の卒伝があるが、この伝は六月己卯条にも同文が見え、『日本三代実録』元慶八年六月十九日条によると六月己卯条が正しいことが判る。四月乙卯条は高柳本では裏書となっており、伝写の過程で四月条に本文として誤入したものであることは明らかである。先述した巻一、天長十年二月丁亥条の後に見られる賜姓記事の類聚も、本来傍書・裏書のかたちで存在していたものが筆写の過程で本文中に取り込まれたものであろう。

現存写本の実態が明らかにされるにともなって、新訂増補国史大系の校訂のありかたについても反省すべき点が明らかにされつつある。とくに問題となるのは、抄略者の注記や『日本紀略』の注記によって本文を復原している点であろう。

巻六、承和四年七月庚辰条の例を挙げてみよう。大系本は本条を「除目云々。以㆓従四位上南淵朝臣永河㆒為㆓大宰大弐㆒」と復原している。鼇頭の注に従えば、原本は「除目云々」であり、『日本紀略』は「任官」とし、「以従四位上」云々の文は宮本傍朱書・伴イ本によって補ったものである。原本の「除目云々」の四字は抄略者が加えたものであり、削除すべきであろう。

原写本が抄略している部分を、『日本紀略』によって「女叙位幷外任」「任官」などのかたちで補っている場合もしばしば見られるが、これも『続日本後紀』本来の文とは言えず、補うべきものではない。これは同じく抄略の著しい

『日本三代実録』の後半部分において、死没記事の卒伝の部分を「云々」と抄略したり、叙位・任官記事で「女叙位〈十六人〉」「除目廿四人」あるいは「以㆓従四位上行中務大輔兼因幡権守棟貞王㆒為㆓神祇伯㆒〈云々。卅五人〉」などのかたちで抄略している場合についても言えることである。

『続日本後紀』が三条西家による六国史筆写事業の最後となったのは、卜部家本などの良質な写本を得られなかったためであるとされる（遠藤、前掲論文）。今日、現存する写本以上の良好な写本を求めることは、まず不可能であろう。『続日本後紀』の本文研究のためには、今後、高柳本・東山御文庫本など諸本の成立過程やその性格についての究明を一層進めるとともに、伴信友・井上頼圀らによる校訂作業の実態についても考察を深める必要があろうと思われる。

参考文献

村岡良弼 『続日本後紀纂詁』 一九一二年 近藤出版部

和田英松 『本朝書籍目録考證』 一九三六年 明治書院

宮内庁書陵部編 『図書寮典籍解題』歴史篇 一九五〇年 養徳社

坂本太郎 『六国史』（『坂本太郎著作集』第三巻所収 一九八九年 吉川弘文館） 一九七〇年 吉川弘文館

萩野由之 「続日本後紀宣命」 一八九八～九九年 『国学院雑誌』四巻二～一一号、五巻二号

坂本太郎 「六国史について」史学会編『本邦史学史論叢』上所収 一九三九年 冨山房

同 「六国史とその撰者」（『坂本太郎著作集』第三巻所収 一九八九年 吉川弘文館） 一九五五年 『歴史教育』三巻一号

同 「史料としての六国史」（同上所収） 一九六四年 『日本歴史』一八八号

同　「六国史の文学性」（同上所収）　一九六四年　『国語と国文学』四一巻四号

同　「藤原良房と基経」日本歴史学会編『歴史と人物』所収（『坂本太郎著作集』第一一巻所収　一九八九年　吉川弘文館）　一九六四年　吉川弘文館

渡辺直彦　「『逸文・拾遺』『検非違使起源の問題』」　一九六六年　『新訂増補国史大系月報』五一

坂本太郎　「六国史の伝来と三条西実隆父子」（『坂本太郎著作集』第三巻所収　一九八九年　吉川弘文館）　一九七〇年　『史料纂集』会報一二・一三号

松崎英一　「『続日本後紀』記事の誤謬・矛盾」　一九七六年　『古代文化』二八巻一一号

亀田隆之　「『続日本後紀』における「伝」の性質」（「『続日本後紀』における「伝」」と改題し、『日本古代制度史論』所収　一九八〇年　吉川弘文館）　一九七六年　『日本歴史』三四二号

吉岡眞之　「〈明治・大正期〉宮内省における六国史校訂事業」（「宮内省における六国史校訂事業」と改題し、『古代文献の基礎的研究』所収　一九九四年　吉川弘文館）　一九八三年　『書陵部紀要』三四号

野口武司　「『続日本後紀』と『文徳実録』」　一九八八年　『信州豊南女子短期大学紀要』五号

高田淳　「高柳光寿博士旧蔵『続日本後紀』（巻五・八）について」　一九九一年　『国学院大学図書館紀要』三号

田島公　「禁裏文庫の変遷と東山御文庫の蔵書—古代・中世の古典籍・古記録研究のために—」大山喬平教授退官記念会編『日本社会の史的構造〈古代・中世〉』所収　一九九七年　思文閣出版

佐々木恵介　「六国史錯簡三題」皆川完一編『古代中世史料学研究』上所収　一九九八年　吉川弘文館

吉岡眞之　「続日本後紀」毎日新聞社「至宝」委員会事務局編『東山御文庫御物』2所収　一九九九年　毎日新聞社

遠藤慶太　「『続日本後紀』と承和の変」（『平安勅撰史書研究』所収　二〇〇六年　皇學館大学出版部）　二〇〇〇年　『古代文化』五二巻四号

同　「『続日本後紀』現行本文の問題点」（同上所収）　二〇〇〇年　『続日本紀研究』三二八号

（補注）『続日本後紀』を初めとする古代の典籍史料の研究は、本論文の発表後著しく進んでいる。

『続日本後紀』の諸本と本文の校訂について、本論文でその研究成果に負うことの多かった遠藤慶太は、二〇〇六年に『平安勅撰史書研究』を著した（皇學館大學出版部）。この著は『続日本紀』から『三代実録』に至る平安時代の勅撰史書について、その本文が現在に至るまでにどのように伝えられてきたのか、諸写本の系統を明らかにすることによってその全体像を明らかにし、それによって日本の古代勅撰史書の特質を明らかにしようとした意欲的なもので、『続日本後紀』に関してはⅠの第三章「『続日本後紀』の写本について」、同第四章「『続日本後紀』現行本文の問題点」およびⅡの第十一章「『続日本後紀』と承和の変」の各篇にその研究成果をまとめている。

田島公を中心とする禁裏・公家文庫の研究も、古代の典籍史料の研究に多くの発見・進歩をもたらしている。小倉真紀子「近世禁裏における六国史の書写とその伝来」もその研究成果の一つで（『禁裏・公家文庫研究』第三輯、思文閣出版、二〇〇九年）、『続日本後紀』については東山御文庫所蔵の諸本（二十巻本・二十冊本・二冊本）と高松宮本（国立歴史民俗博物館所蔵）との関連を中心に詳細な考察が行われている。

鹿内浩胤の『日本古代典籍史料の研究』（思文閣出版、二〇一一年）は、その前篇第一章「『続日本後紀』現行本文の成立過程」において、遠藤の前掲の研究を前提としつつ、高柳本の傍書や裏書、東山巻子本の独自条文などについて綿密な考察を行っている。諸写本の性格、その位置づけをより明らかにすることが、『続日本後紀』本来の姿に少しでも近づく道であろう。

第三章　唐風文化と国風文化

はじめに

日本古代の文化を象徴するものとして、われわれの念頭にまず浮かぶのは、八世紀の天平文化であろう。天平文化は、天皇を中心とする古代の貴族社会が達成した高度な文化遺産として、人々の憧憬の対象となっている。東大寺大仏の造営に見られる技術・資材・労力の結集、正倉院宝物に見られる文化の世界性は、後代にその比を見ないものといっても支障ない。それを支えたものは律令制のもとでの富と権力の集中であり、またそれ以前数世紀にわたる大陸文化の学習であったと思われる。

しかしわれわれがより注目すべきは、その後の九―十世紀における文化の様相の著しい変化である。九世紀前半の、比較的短期間でしかもきわだった特色を持つ唐風文化の時代を経て、九世紀後半から十世紀にかけて、いわゆる国風文化が成立する。仮名文字を用いた和歌や物語の発展、倭絵や浄土教美術の成立にそれは象徴されるが、広くその基盤をなす衣食住の生活文化をも含めて、この文化は日本の伝統文化として、その後に大きな位置を占めていくことになる。これに反して、八世紀の天平文化の要素の多くは、以後その姿を滅していく。『万葉集』や天平の仏教芸術の世界が再認識されるのは、明治以降の近代日本においてなのである。

このような文化史上の変貌が、基盤をなす社会構造の大きな変化や、律令制的国家体制の崩壊、さらには唐を中心とする東アジア世界の変貌という、周辺の諸状況の変化と密接に関わることは、すでに多くの論者によって指摘されてきたところである。その点で私は、平安初期における、桓武天皇による平安遷都と、族長を中心とする地方社会の変貌とをとくに重視したい。文学や芸術の成立は、人為と自然とが一体化していた旧来の社会からの脱却によってはじめて達成されると考えられるが、この二つの事件は、そのような社会的変革を生み出すうえに大きな役割を果たしたと思うからである。

本章では、九―十世紀を中心とする唐風文化・国風文化の様相と、その成立の過程とについて考えるが、文化の諸事象を直接政治や社会の変化と結びつけて解釈することは、極力避けたいと思う。また、文学や宗教・思想・芸術の各分野にはそれぞれ独自の内在的な展開があり、それを無視して抽象的な議論に走ることも警戒しなければならない。各分野についてはそれぞれ深い研究の蓄積があり、それらをどの程度理解できているか、すこぶる心もとないが、できうる限り、文化それ自体の動向を総体として捉える心がまえで、以下の考察を進めていくことにしたい。

一　平安遷都と唐風文化

1　「唐風文化」の概観

ここでいう「唐風文化」とは、中国に倣った古代の文化一般をさすのではなく、平安初期、九世紀の時代に現出した、特定の文化事象を意味している。時期的には、嵯峨天皇が天皇・上皇として政治を主導した時期を中心とし、現象的には、宮廷を中心とした漢詩文の盛行、法典・仏書・類書など高度な内容を持つ漢文による大部な著述の出現、密教美術などによって表される。それは、七―八世紀以来の中国文化摂取の延長上にありながらも、明らかにそれとは一線を画する、独自の文化としての性格を持つものである。

その第一の特色は、それが王権によって強力に主導されていたことである。「文章は経国の大業なり」（『凌雲集』序）の語に示されるように、文芸に国家の支柱としての高い地位が付与されたことである。

王権が国政の主導権を握り、宮廷が政治文化の中心となる傾向は、八世紀末の桓武朝からすでに明瞭に現れていた。宝亀元年（七七〇）、藤原永手らの貴族は、それまでの天武系の皇統に代え、天智天皇の孫光仁天皇を擁立し、政局の混乱の収拾をはかった。天応元年（七八一）、父光仁のあとを継いで即位した桓武天皇は、延暦三年（七八四）には山背の長岡への遷都を決行した。長岡京の造営事業が、藤原種継暗殺事件やあいつぐ肉親の死、飢饉・疫病によって停滞すると、天皇はあらためて平安京の造営を決定し、延暦十三年（七九四）、ここに遷都した。天皇はまた、光仁朝以来の蝦夷の反乱を、坂上田村麻呂を将軍に起用することによって鎮定し、延暦二十一年（八〇二）には胆沢城を築き、東北地方の支配を確実なものとした。

桓武朝は、本来藤原式家などの貴族勢力によって支えられた存在であったが、天皇はみずから造都・征夷の事業を積極的に推進することにより、政治の主導権を握っていった。延暦元年（七八二）の左大臣藤原魚名の罷免、同十五年の右大臣藤原継縄《つぐただ》の死後、大納言以上に藤原氏の姿はなく、同十七年以降は、神王《みわおう》・壱志濃王《いちしのおう》など天皇の近臣が、右大臣・大納言という太政官の要部を占めるようになった。

天皇は、他方百済王氏などの氏族を優遇し、延暦十四年（七九五）には茨田親王に周防国の田一百町・山八百町を賜わるなど、皇族や寵臣に大量の賜地・賜田を行った。

王権が貴族層に対する優位を確立していったさまは、ことに平安遷都後の宮廷の状況に明瞭に看取される。天皇は即位後、京辺各地に頻繁に行幸・遊猟し、皇族・貴族の私邸に赴いては宴飲を行った。このような行幸や宮廷での宴会にあたり、皇族・貴族や諸官司・衛府などはしばしば奉献を行った。奉献は桓武朝に始まる平安初期特有の事象であって、天皇の絶大な権威に結びつこうとする皇族・貴族の志向と、彼ら院宮王臣家の私的財産の形成とがその盛行をもたらしたものと考えられる。平安初期の奉献の様相は目崎徳衛によって詳細に分析され、それが平安初期における宮廷儀礼の発展、貴族文化の洗練をもたらしたとするすぐれた洞察がなされている(1)。

平安遷都後、政情は安定し、桓武朝はその威容を国の内外に誇った。延暦十五年(七九六)には新銭「隆平永宝」が鋳造され、翌年には『日本書紀』につぐ第二の正史としての『続日本紀』が完成した。同十八年には諸氏に本系帳の提出が命じられ、後に『新撰姓氏録』となって結実する氏族志編纂の事業が開始された。外交面では、延暦十四年(七九五)以後渤海との交渉が頻繁となり、翌年には遣渤海使のもたらした渤海王の上啓が礼にかなうにより、群臣が慶賀するということがあった。やがて延暦二十三年には、藤原葛野麻呂を大使とする遣唐使が、最澄・空海・橘逸勢ら、この後の文化の進展に大きな役割をになう人々を従えて唐に向かうことになる。

大同元年(八〇六)の桓武天皇の死後は、平城天皇の短い執政期を経て、同四年、嵯峨天皇が即位する。

平城天皇は、中央官司の大規模な統廃合を進め、また地方政治に意を用いて、桓武天皇の造都・征夷事業のもたらした人民の窮迫を救い、財政を再建することに努めた。これと関連して、天皇は、宮廷の儀容についてもその簡略化をはかり、正月十六日や三月三日の節会《せちえ》を廃したほか、内豎を停めたり、諸国采女の貢上を停止したりし(大同二年)、衛府についても、左右近衛・兵衛の減員、衛門府の廃止などの措置をとった(同三年)。このような天皇の禁欲的な政策は、特権的な皇族・貴族層からは、国家の体面を損ない、王権の弱体化をまねくものとして、反発をうけるものでもあったと思われる。

平城天皇の退位後、薬子の乱の政治的混乱を克服した嵯峨天皇は、宮廷儀礼に関しては一転して桓武朝の盛儀を復興し、それを発展させる政策をとった。弘仁元年（八一〇）から翌年にかけて、左右近衛・兵衛の定員はあいついで旧に復し、内豎も復活した。弘仁五年には正月の節会が復活され、同三年には、二月の桜花の季節に行われる花宴《はなのえん》が創始された。衣服に関する前代の禁令も解除され、餝刀《かざりたち》の帯用や金銀装車の乗用などが身分に応じて認められ、宮廷はその華麗さを増した。宮中での賜宴のほか、天皇は京中の神泉苑をはじめ、交野《かたの》・栗前野《くりくまの》・水生野《みなせの》など各地に行幸を繰り返し、賜宴にあたっては文人の賦詩、奏楽・奉献が行われた。

宮廷儀礼の唐風化が強力に推進されるのは、弘仁九年（八一八）からである。同年三月、朝会の礼、常時の服装、跪礼などを改めて唐法によることとし、朝堂における拝礼の作法も改められた。四月には平安宮の殿閣・諸門の号が改正された。『続日本後紀』に載せる菅原清公の伝によれば、五位以上の位記もこの年に漢様に改められ、これらの朝儀には清公がみな関説したという。清公は遣唐使判官として延暦二十三年（八〇四）に渡唐し、長安城含元殿での朝賀に列するなど唐朝の儀礼を直接体験し、嵯峨天皇にその学識を重んじられた人物であるから、これらの政策も、清公の学識に負うところが大きかったであろう。弘仁六年（八一五）に役夫一万九八〇〇人を徴発して開始された朝堂院の修理も、朝儀の唐風化に対処するための処置であった可能性がある。

弘仁十四年（八二三）、嵯峨天皇は退位し、異母弟の淳和天皇が即位する。淳和天皇の皇太子には嵯峨の子正良親王が立ち、やがて天長十年（八三三）に淳和天皇が退位すると、親王は仁明天皇として即位し、皇太子には淳和天皇の皇子恒貞親王が立てられた。この間嵯峨上皇は健在で、承和九年（八四二）、上皇の死の直後にいわゆる承和の変が起こるまで、宮廷は上皇の家父長的支配のもとで安定した状況が続いた。

嵯峨朝のあとを受けた淳和朝の初頭には、文華の費を絶てとの藤原緒嗣の主張もあり、元日の朝賀、大嘗祭を旧儀によって行うなど、朝儀を簡素にする動きが起こった。しかしそれは永続せず、天長十年（八三三）、仁明天皇即位の大嘗祭の標山《しめやま》には、日像・半月像・西王母や鸞鳳・麒麟など、中国思想にもとづく華麗な装飾が見られ、宮廷文化は一層爛熟の方向へと進んだ。

この時期の宮廷行事は、天皇と結ぶ特権的な皇族・貴族を中心としたものとしての性格を強めていく。正月、親王・公卿や源氏など限られた身分の者が参加して仁寿殿《じじゆうでん》で行われる内宴は、淳和朝から恒例化した。元日の朝賀に続き、正月の二日もしくは三日に群臣が皇后・皇太子のもとに赴いて拝賀するいわゆる二宮《にぐう》饗宴が定例化するのも淳和朝であり、同じ正月、天皇が上皇に対して行う朝覲《ちようきん》行幸も、仁明朝から開始される。これらは、嵯峨上皇の家父長的権威のもとで宮廷の安定が保たれていた当時の状況を反映するものといえよう。

この時期には、天皇の私的な経済機構としての後院《ごいん》が形成され、その経済を支える勅旨田の設定が大規模に行われた。これに対応して、親王・上級貴族に対しても大量の賜田が行われた。当時の宮廷の繁栄、文化の興隆は、いわゆる院宮王臣家の発展と相応じていたのである。宮廷の発展を支えるため、この時期には供御所《くごしよ》の設置など、宮廷の経済的基盤の充実も着々と進められた。

この時期の文化活動の様相について、以下に略述したい。

平安初期の漢詩文の世界で最初に主導的な役割を演じたのは、石上宅嗣の芸亭《うんてい》で研鑽を積んだ賀陽豊年《かやのとよとし》であった。豊年は大同元年（八〇六）に文章博士となり、嵯峨朝の初年、弘仁六年（八一五）に没した。それを受けたのが菅原清公であり、嵯峨天皇の信任をうけ、大学頭・文章博士として空海とともに嵯峨朝における唐風化政策に中核的な役割をになった。文章博士の官位相当が従七位下から従五位下へと飛躍的に引き上げられたのは、弘仁十二年（八二一）、彼の文章博士在任時のことである。勅撰の漢詩文集として、嵯峨朝には『凌雲集』一巻、『文華秀麗集』三巻が、淳和朝の天長四年（八二七）には『経国集』二十巻が編纂された。

嵯峨朝から淳和朝にかけては、各方面に多様な文化活動が行われたが、とくに注目されるのは、大部かつ高度な内容を持つ著述が、あいついで出現したことである。

法典では弘仁十一年（八二〇）に『弘仁格』十巻、『弘仁式』四十巻、翌弘仁十二年に『内裏式』三巻が編纂され、淳和天皇の天長十年（八三三）には、令条についての解釈を公的に統一した『令義解』が編纂された。桓武朝の事業を継承した氏族志の編纂も、弘仁五年（八一四）『新撰姓氏録』として完成した。歴史書ではやや遅れて、仁明天皇の承和七年（八四〇）、桓武朝の『続日本紀』に続く『日本後紀』四十巻が藤原緒嗣らによって著された。

著述活動は、法典や歴史書にとどまらず、学術の各分野に及んだ。大同三年（八〇八）の安倍真直らによる『大同類聚方』一百巻、天長八年（八三一）、中国の類書に倣い、それに依拠して作られた滋野貞主《しげののさだぬし》の『秘府略』一千巻、(2)唐代詩文の理論を述べた空海の『文鏡秘府論』六巻、同じく空海の、中国の『玉篇《ごくへん》』に倣った辞書『篆隷万象名義《てんれいばんしょうめいぎ》』などがそれである。仏教教学に関する最澄・空海や南都の諸学僧による著述にもおびただしいものがあり、天長七年（八三〇）には諸宗の教義の大要を述べた真言宗空海の『十住心論』、律宗豊安《ぶあん》の『戒律伝来記』など、いわゆる「天長六本宗書」が撰進された。

日本古代の文化に高度な達成をもたらしたこの時期の文化活動を支えたのは、文芸に国家の支柱としての高い価値を認めようとする当時の王権のありかたであった。しかしそのような文化活動を可能とした背景には、大きな社会の変貌のあったことが考えられる。次節ではそのことについて詳論しよう。

2 平安遷都と社会の変動

八世紀末、桓武天皇によって行われた長岡・平安両京への遷都は、たんなる都城の移転にとどまらない意義を古代の歴史の上に持っている。それは、当時の社会の大きな変動と関連するものであり、また文化の動向にも大きな影響を与えるものであった。

日本の律令国家は、畿内を本拠とする天皇・豪族による全国支配としての性格を持っていた。しかし畿内とはいっても、それらの豪族の本拠は、大和、もしくは河内の地にあり、新たに都の置かれた山城の地には、葛野《かどの》・賀茂などの県主や、渡来系の秦《はた》氏といった、在地性の強い小規模な豪族が存在するのみであった。山城の地は、当時の有力貴族にとっては、比較的なじみの薄い土地であったといえる。

かつての藤原・平城両京の場合、豪族は官人として勤務するかたわら、大伴氏の跡見庄《とみのしょう》・竹田庄などのように、奈良盆地の各所に庄を持ち、経済の基盤としていた。都に居住しつつ、本来の勢力基盤である大和の地と密接な関係を持ち続けていたのである。

したがって、桓武天皇による長岡・平安両京への遷都は、これらの豪族に本来の勢力基盤から離れるという深刻な事態をもたらした。このことは、諸豪族の王権への依存を強め、王権にとっては、旧来の秩序にとらわれることなく、自己の寵臣に新たな特権的な地位を与えることを可能にした。平安京への遷都と院宮王臣家の創出という二つの事象は、無関係に生じたとはいえないものを持っている。平安京の建設とともに、山城の各所には藤原継縄・伊予親王・清原夏野などの皇族・貴族の別業がつぎつぎに設けられていき、山城は、旧来の大和の地に代わる、新しい階層である院宮王臣家の地としての性格をになうようになっていったと考えられる。

平安遷都が行われた八世紀末の時代は、さらに、より広範な、地方社会の変貌の進んだ時期であった。大化前代から継続し、律令国家の体制を支えてきた在地首長による民衆支配が、この時期に崩壊しはじめたのである。律令制のもとでは、旧来の国造などの在地首長が郡司（大領・少領）に任命され、造籍や班田、徴税や稲穀の管理など、行政の各面で国家の運営を支えてきた。郡司の任用には、大化以来の譜第が重んじられた。しかし八世紀末になると、新興の勢力によって譜第郡司の地位は脅かされはじめた。他方、中央勢力の支配は徐々に地方社会に浸透し、国分寺の造立などによって、イデオロギーの面においても、在地における宗教的指導者としての首長の地位は動揺をきたすことになった。

桓武朝の政策は、このような在地首長層の解体をいっそう促進するものであった。延暦十七年（七九八）に郡司の譜第による任用が停止されたことは、伝統的な在地首長に大きな打撃を与えたと考えられる。これと関連して、兵衛に郡司子弟を貢上させる軍防令の制度も停止されたと見られ、また出雲国造が意宇《おう》郡大領を帯することがとどめられ（延暦十七年）、筑前国宗像《むなかた》郡の大領が宗像神社の神主を帯することを禁じられる（同十九年）など、神郡における祭祀と行政とを分離する政策も進められた。

郡司任用の制は嵯峨朝の弘仁二年（八一一）に改められ、譜第優先の制に復するが、翌年には郡司選考の権が国司に委ねられ、国司の郡司に対する支配が強化された。さらに弘仁十三年（八二二）に制によって擬郡司が郡司に準じる一個の職として扱われるようになると、新興豪族層の郡司への進出はいっそう促進された。八世紀の末から各地に成長してきた富裕な農民層も、郡雑任となって徴税などの職務を分担し、郡の政務の実権を握り、旧来の豪族の地位を奪った。

在地首長層の解体は、その上に立つ律令国家の支配体制そのものに大きな影響を及ぼした。律令国家の収取体系は在地首長の中央への服属の体制に依拠したもので、貢納制的な要素を多分に持つものであったから、在地首長層が衰退し、富裕な農民層が台頭してくると、生産物や労働力が彼らのもとに吸収され、貢納物の粗悪・未進や、兵士の弱体化などの現象を生じるようになった。八世紀末になると、国家も社会の状況に応じた新しい人民支配の体制を模索せざるを得ない状況に立ち至ったのである。

社会の大きな変動は、中央官制にも影響を及ぼした。それは伴部《ともべ》における、負名氏《なおいのうじ》による世襲的な職務維持体制の崩壊である。

律令の官制には、衛門府の門部《かどべ》や主殿寮《とのものりょう》の殿部《とのべ》、掃部寮《かにもり》の水部《もいとり》、造酒司の酒部《さかべ》など、伴部とよばれる人々が存在した。これらは大化改新以前からの伴造《とものみやつこ》の系譜を引くもので、代々特定の職務を世襲する、いわゆる負名氏によって構成されていた。殿部の場合、それは日置《ひおき》・子部《ちいさこべ》・車持・笠取・鴨の五氏の人々から採用される定めであった。しかしその体制は九世紀に入ると急速に崩れ、負名氏だけでは伴部としての定員を満たせない状況が随所に生じるようになった。天長八年（八三一）、囚獄司の物部が負名氏だけでは四十人の定員が満たせず、うち十人を他氏から取ることとしたのはその一例である。大和政権以来の伝統的な体制が、社会の変化にともなって崩壊していく状況がここに看取されよう。(3)

このような大きな社会的変動は、平安京の成立とそこに住む人々の動向にどのように影響しただろうか。

平安京という新しい都城の創出には、大きな困難がともなった。遷都にともない、長岡京・平城京からは多くの住民が移住してくる。畿内や外国《げこく》（京畿以外の諸国）からの移貫者をも含め、それをいかに配置し管理するかについては、造営工事以上に多くの配慮を必要としたであろう。

すでに遷都後七年目の延暦十九年（八〇〇）、「外民奸を挟《さしはさ》み、競ひて京畿に貫す」と、賦役の負担の軽減をはかる外国の民が京畿に流入するさまが指摘されている（『類聚国史』）。国家は本来、課丁数を維持するため、戸籍に付されていない者を自発的に申告させ（隠首《おんじゅ》）、あるいは摘発する（括出《かつしゅつ》）などの政策をとってきたが、外国の人々はそれを利用して京畿に流入し、冒名（他人の名をいつわる）、仮蔭《かおん》（皇親や有位者の子孫であるといつわる）などの手段を用いて京戸の籍を得ようとしたのである。(4)

平安の新京においては、旧来の氏族的な結合が弛緩したこともあって、絶戸（戸籍上戸口が皆無となった戸）・無身戸（現実に戸口が存在しない戸）が数多く発生していた。冒名・仮蔭の徒は、これらの戸の戸口と称することにより、京戸の籍を得ようとした。政府は貞観三年（八六一）、大中臣・中臣両氏の絶戸左右京計一三七烟を除棄するなど、絶戸を廃止することにより、冒名・仮蔭の徒の横行を抑えようとしたが、はかばかしくは進まなかった。

これと関連して注目されるのは、この時期、地方に本貫を持つ下級官人で畿内や京にその本貫を移す者の多いことである。正史に現われるその数は、村山修一によれば、延暦十五年（七九六）から仁和三年（八八七）までの九十二年間に、一二六件に達している。(5)

これらが正史に記録されるのは、それが官人の申請にもとづいて個別に許可されるためであって、外国から京に移貫し、京戸の人となることが、一つの特権的な身分を得ることであったことを示している。それは上記のような、外国の人々が非合法的な手段を用い、争って京戸の身分を取得しようと試みる動きとは、明らかな対照を示すものである。

このように、外国出身の下級官人層がきそって本貫を京へと移す動きを示したことの背景には、やはり先述したような、八世紀末以来の在地首長層の権力基盤の動揺、その在地支配の崩壊という事態を考えなければならない。これらの下級官人層の京畿への移貫は、多くの場合、旧来の姓を新姓に改めることをともなっていた。この改姓の動きのなかに、われわれは、当時の社会の変動が呼び起こした人々の意識の変化と、そこでの唐風文化の果たした役割とを探ることができるように思われる。

いくつかの事例について考察してみよう。

明法博士讃岐永直《みょうぼうはかせさぬきのながなお》は、讃岐国寒川郡の出身で本姓は讃岐公であったが、承和三年（八三六）に姓讃岐朝臣を賜わり、右京に本貫を移した。他方、讃岐国造の家柄である多度郡の佐伯直氏は、嘉祥三年（八五〇）、まず僧実恵《じつえ》の系統である正雄らが佐伯宿禰姓を賜わって左京職に貫せられ、続いて僧空海・真雅の系統である書博士豊雄らが、貞観三年（八六一）、中納言伴善男の奏言により、同じく佐伯宿禰の姓を賜わって左京職に貫せられた。

これら讃岐公・佐伯直氏の場合は、京に本貫を移し、改姓しながらも、なお本来のウヂナを守っていた。しかしより小規模な豪族の場合、多くは改姓にあたり、地名を冠する伝統的なウヂナを放棄してしまうのが一般であった。讃岐の隣国伊予では、浮穴《うけな》郡の浮穴直千継らが春江宿禰（承和元年）、風早郡の風早直豊宗らが善友朝臣（同六年）、越《お》智《ち》郡出身の助教越智直広峯が善淵朝臣（貞観十五年）と、いずれも地名を冠するウヂナを捨て、抽象的・中国的な雅号にその姓を改めている。

このような改賜姓の動きは、決して「辺籍を除く」（風早直、承和六年）ことを願う地方豪族層に限ったものではない。中央の伝統的な伴造《とものみやつこ》氏の場合でも掃守連《かにもりのむらじ》が善世宿禰（承和二年）、建部《たけるべ》公が長統朝臣（承和十四年）、門部連が興道宿禰（斉衡三年）と改姓するなど、その動きは同じであった。渡来系氏族の場合も、直本・允亮《ただすけ》などの律令学者を生んだ惟宗宿禰氏は、京都盆地に住む雄族秦氏の改姓したものであった。

九世紀における改賜姓は、桓武朝の、六世以下の諸王を改姓させ、皇親との別を明確にしようとする政策から始まった。この結果、延暦二十三年（八〇四）には小倉王の子繁野王が姓を清原真人、名を夏野と改めたのを初め、翌年には一〇二人の諸王が三国真人などの賜姓を受けた。

しかしより大きな刺激を当時の人々に与えたのは、嵯峨天皇による諸皇子への源氏の賜姓であろう。源《みなもと》の姓は、北魏世祖の故事にもとづき、天皇とその源を同じくする氏であることを表徴するもので、嵯峨朝の政策にふさわしく、明確に中国的な思想にその裏づけを持つものであった。

そのような観点から上記の改賜姓の動きを見ると、そこに挙げた例の多くが、学者や僧侶などとして頭角を現した知識人とその同族であることが注目されよう。これらの人々は嵯峨天皇以来の唐風文化をその基盤において支えた人々であり、彼らはとくに、地方出身者として辺地の名をウヂナに負っていることを恥としたのであろう。彼らのこうした動きは、やがて下級の官人層一般に広がり、人々はその地名や朝廷における職務を冠したウヂナを争って捨てていった。こうして九世紀の中央官人の氏姓は、滋野朝臣・滋善宿禰・善世宿禰・当世宿禰・当道朝臣など、氏族の由来や本拠地の分からない、優雅ではあるが無性格のものによって満たされる方向に進んだのである。

この時期にはまた、真人《まひと》を最上位におく天武朝以来のカバネの秩序も崩壊した。桓武朝のころから真人に代わって朝臣《あそん》が皇親に賜姓されるようになり、嵯峨天皇による源朝臣の賜姓でそれは決定的となった。道教の思想にもとづくとされる真人よりも、朝廷の臣であることを表示する朝臣のほうがふさわしいとされたのであろう。真人姓は、天武系の六世王に与えられる清原真人（もしくは文室真人・高階真人）、天智系の淡海真人などに限られるようになる。高階真人氏は一条朝の正暦三年（九九二）に至って高階朝臣に改姓するが、十世紀末には、真人姓はもはや廷臣の姓としての地位を喪失していたといってよい。

このように、律令制下の官人身分を規定していた七世紀以来の氏姓の制度は、九世紀に入って急速にその実質を失っていった。それは、みずからの職務や出自を氏の名に負うという呪術的な意識が、官人層の間から消滅していったことをも意味している。

先述したように、嵯峨天皇は弘仁九年（八一八）、平安宮の殿閣・諸門の号をすべて唐風に改正した。この年に改正されるまで、宮城の諸門には、佐伯門（藻壁門）・丹比門（達智門）などの氏の名がつけられていた。これらは門の守衛に当たる門部を構成する、いわゆる負名氏《なおいのうじ》の名で、これらの負名氏は、文字どおり門にみずからの名を負うことにより、守衛すべき宿命を負わされていたのである。

この門号の改正は、いうまでもなく嵯峨天皇による唐風化政策の一環である。重要なのは、この政策によって、八世紀を通じて強固に残存してきた、宮城門についてのきわめて呪術的な要素が一挙に消滅したことである。

宮城門のうちもっとも重要な位置を占める南面中門の朱雀門《すざくもん》は、かつては大伴門とも呼ばれていた。大伴氏は、負名氏を統率して宮廷守衛の任に当たる伴造として、その名を宮城の中央の門に冠していたのである。

しかしその大伴氏は、弘仁十四年（八二三）、淳和天皇の諱（大伴親王）を避けて伴宿禰に改姓した。避諱の思想が強くなった九世紀のことであるとはいえ、大伴氏があれほど重んじてきた「古ゆさやけく負ひて来にしその名」（『万葉集』四四六七、大伴家持）を改めざるをえなかった背景には、先述したような、門部などの伝統的な旧氏族がその氏族的特質を喪失していくという当時の動きがあったことは、容易に想像されよう。門号を唐風に改める嵯峨天皇の政策は、そのような動きをいっそう促進する働きをなしたものと思われる。

貞観八年（八六六）に起きた有名な応天門の変は、大納言伴善男が左大臣源信《みなもとのまこと》の失脚を狙って放火したものとされる。応天門の号は大伴門の名を継承したものとされており、かりに事実とすれば、善男は、みずからの氏族の名を負った門に放火したことになる。すでに氏族としての伝統を重んじる意識を失っていたと見られる当時の大伴氏の状況を考えるならば、少なくとも善男にその嫌疑がかかる可能性は、十分に存していたと見られよう。

承和九年（八四二）、嵯峨上皇は死にあたって薄葬を命じ、遺誡《ゆいかい》して「世間の事、物恠《もののけ》あるごとに祟りを先霊に寄す。これ甚だ謂《いわ》れなし」と述べ、怨霊思想を否定した。これはのちに、神祇官の行う卜筮の結果を用いるべきか否かの議論を生むことになり、承和十一年、文章博士春澄善縄・大内記菅原是善は大納言藤原良房の宣を受け、君子は考えるに義をもってすべきであり、君父の命も宜しきを量りて取捨すべきであると主張し、朝議もこれに従い、卜筮の結果を重んじるのをよしとした。(6) 嵯峨天皇は、弘仁三年（八一二）の勅でも「恠異の事、聖人語らず」と述べており、その意識においてすぐれて開明的であったと考えられるが、翌弘仁四年、巫部宿禰《かんなぎのすくね》公成らが、後世に巫覡の徒と疑われる恐れありとして当世宿禰に改姓しているように、官人の間にも、呪術的な蒙昧の時代を脱しようとする意識は高まっていたのである。

このように、九世紀における唐風文化の盛行は、朝儀や漢詩文の華やかな外面にとどまらず、人々の意識の面にも大きな変革をもたらした。唐風文化は、九世紀の大きな社会的変動をてこにして、人々の間に根強く残る呪術的な意識を取り去り、多くの呪術的風習を消滅させる働きをなしたのである。自然からの自立を成し遂げていなかった蒙昧の時代はここに終わりを告げた。国風文化における日本的な自然観、伝統的な美意識の形成は、九世紀における平安遷都と唐風文化の盛行とを前提にしてはじめて可能になったといえるであろう。

3　仏教界の革新

近江国分寺の僧最澄は、延暦四年（七八五）東大寺で受戒したが、ほどなく、みずからの決意を披瀝した願文を書き、比叡山での修行の生活に入った。それは桓武天皇による長岡遷都の直後のことである。最澄が南都の寺院での生活を放棄した背景に、平城京から長岡京への遷都、奈良諸大寺の動揺と混乱といった事態が存在していたことはほぼ確実であろう。最澄の求道と天台宗の開立は、桓武天皇による政治の改革と最初から緊密に相関連するものを持っていたと見ることができる。(7)

比叡山での修行の時期を経て、最澄が人々の前にその姿を現わし、みずからのよって立つ天台の教義を説きはじめたのは、平安の新京がようやくその形を整えはじめた延暦十七年（七九八）のことであった。同二十一年、高雄山寺での講演のことが和気広世を通じて天皇の耳に入り、最澄は還学僧《げんがくそう》として遣唐使に加わることを許され、同二十三年渡唐した。

帰国後の最澄は、大同元年（八〇六）、天台宗の年分度者二名をとることを許され、南都六宗に並ぶ天台宗の開立を果たした。しかし最大の外護《げご》者であった桓武天皇を失い、以後は伝道と教団の維持とに苦闘を強いられることになった。

最澄は、南都諸大寺に対する批判を強め、弘仁九年（八一八）には、真の大乗仏教徒のための独自の戒壇を比叡山に設立することを嵯峨天皇に請うた。しかし天皇は、僧綱の意見を考慮してこれに慎重な態度をとり、結局比叡山における戒壇の設立は、弘仁十三年（八二二）の最澄の死後、ようやく勅許された。

最澄の仏教の特色は、何よりも、きびしい倫理性に貫かれた改革の精神にあった。

最澄は、人間存在の評価の上に立つ菩薩道の実践を重んじ、真の鎮護国家は大乗の菩薩僧の力によらねばならないとし、実践をともなわない奈良諸大寺の仏教を批判した。最澄は、天台の学生《がくしょう》に対してはきびしい修学を要求するとともに、得度の後も俗籍を除いて僧籍に入れることをせず、菩薩僧としての立場を明確にしようとした（『天台法華年分学生式』）。

桓武朝においては、仏教・寺院の統制とともに、得度・受戒制度の改革などにも意が用いられ、南都六宗においても教学再興への動きが起こっていた。最澄の活動は、そうしたなかで、仏教界の内面からの刷新に主導的な役割を果たしたのである。それはまさに、桓武朝という時代の機運をそのままに体現したものであった。

最澄の活動における第二の注目すべき点は、東国への布教である。最澄は弘仁八年（八一七）、東国へ赴き、上野・下野を中心に布教し、常陸の筑波山や会津の慧日寺《えにちじ》に拠って布教活動を行っていた法相宗の徳一《とくいち》との間に激しい教理論争をくりひろげた。

最澄の東国における活動を支えたのは、下野国都賀郡の大慈寺の僧広智であった。広智は、鑑真の弟子で「東国の化主」と称される道忠に師事した人であり、のち最澄の弟子となる円仁も広智に師事した。真言宗の空海も広智と陸奥国の徳一とを重んじ、両者に密教経典の書写についての協力を求めた（『高野雑筆集』）。

当時の東国には、下野国の大慈寺のほか、上野国に緑野寺《みどのでら》（浄土院）があり、承和元年（八三四）には相模など東国六国の国司に対し、同寺の一切経を書写し奉進すべきことが命じられている。他方武蔵国からは、承和五年（八三八）に没した寿遠《じゆおん》、法隆寺東院の復興につくした律師道詮など、三論宗の僧が現れた。武蔵国分寺の僧最安が承和十四年（八四七）に書写した大菩薩蔵経巻十三が法隆寺に蔵されているのは、おそらく道詮との関係によるものであろう。

昭和五十一年（一九七六）、埼玉県美里町の東山遺跡から平安初期の瓦塔・瓦堂が出土した。桁行二間、梁間一間の掘立柱建物の内部から出土したもので、瓦塔は五重塔、瓦堂は金堂を表現したものと考えられる。これは当時の東国の集落での仏教信仰のありかたについて、大きな示唆を与えるものである。

九世紀における東国仏教界の活況、各宗による活発な布教活動の背景には、開発の進行、生産力の向上といった当時の東国の社会的変動が考えられる。そのようななかで、遊行僧《ゆぎようそう》満願による多度《たど》や鹿島の神宮寺設立の動きも見られ、郡司を主宰者とする旧来の呪術的な祭祀に代わって、集落の仏堂を中心とする新しい信仰の形態が生じたものと推測される。革新の気にあふれた当時の仏教界は、このような状況にある東国に新たな発展の基盤を求めた。仏法東漸の思想もおそらくそこには関係していたであろう。

最澄による東国への布教には、法華経を安置する宝塔を上野・下野両国に建立する計画に示されるように、鎮護国家の理念の実現という性格があった。そこには、国家による東北地方の支配の安定を理念の面から支援するという意味が含まれていた。この点でも最澄の活動は、桓武天皇の施策と緊密に関係していたのである。

同じく平安仏教の創始者と仰がれる二人でありながら、空海の活動は、最澄のそれとはきわめて対蹠的である。空海は最澄と同じく、延暦二十三年（八〇四）に遣唐使に従って渡唐したが、抜きんでた学才を持つにも拘わらず、当時はまだ無名であった。空海は長安に至り、青龍寺の恵果《けいか》に師事して密教の両部大法を授けられ、大同元年（八〇六）に帰国した。帰国後の空海は、伯父阿刀大足《あとのおおたり》と伊予親王との関係から、平城朝においては一時逼塞を余儀なくされたが、嵯峨天皇の即位とともに一躍宮廷にその名をあらわすことになった(8)。

密教の阿闍梨《あじゃり》としての空海の名声は、弘仁三年（八一二）、高雄山寺で行われた金剛・胎蔵両界の結縁灌頂《けちえんかんじょう》によって一気に高まった。空海は、祈雨の行法を修するなど国家のための修法《しゅほう》を行い、多くの皇族・貴族に灌頂を授け、病気平癒のために息災《そくさい》の法を行うなどしてその信頼を集めた。

空海は、中国から将来した詩書を献上し、詩の贈答を行うなどして嵯峨天皇に接近し、天皇も新帰朝の知識人として空海を重んじた。空海は、菅原清公とともに天皇による唐風化政策の推進者となり、当代一流の文化人として、詩文や書などにその名声をほしいままにした。

空海は各方面に超人的ともいえる才能を発揮したが、とくに密教理論については、『十住心論』『秘蔵宝鑰《ほうやく》』『即身成仏義』『弁顕密二教論』などを著わし、真言密教を教義と実践とを兼ね備えた一つの体系にまとめあげることに成功した。そして弘仁十四年（八二三）には、嵯峨天皇から東寺を賜わってこれを密教の根本道場とし、承和元年（八三四）には宮中に真言院を置き、唐の内道場に準じて御修法《みしほ》を行うことが認められた。翌年、真言宗年分僧三人が認められ、ここに宗派としての真言宗が確立した。

空海との関わりで注目されるのは、淳和朝から仁明朝にかけて各種の仏教行事が朝儀のなかに位置づけられ、それによって鎮護国家仏教を蘇生させようとする動きが見られることである。

空海は承和元年、上奏して、毎年正月に大極殿で行われる最勝王経の講説（御斎会《ごさいえ》）がただ文を読み義を談じるにすぎず、醍醐の味を嘗めるにはほど遠いと批判し、真言の法による修法（後七日御修法《ごしちにちのみしほ》）を併修することが認められた。これと相応じるように、淳和朝から仁明朝にかけては、諸国に仁王護国般若経を講説させ（天長二年）、薬師寺に最勝王経会を設け（同七年）、諸寺に最勝王経法の勤修《ごんしゅ》を命じ（承和元年）、諸国国分寺における最勝王経の奉読の励行を命じ（同六年）、八百僧による仁王経の講読を行う（同十四年）など、最勝王経・仁王経などの護国経を重視する施策がしばしば見られる。仁明天皇が承和元年（八三四）から四度にわたってみずから御斎会を聴講していることも注目される。

承和六年（八三九）には、興福寺維摩会《ゆいまえ》の講師を経た僧を翌年の宮中最勝会の講師とすることが定められた。こうして、毎年十月の興福寺維摩会の講師を勤めた僧を、翌年正月の大極殿の御斎会、三月の薬師寺の最勝会の講師とし、これら三会の講師を経た僧を僧綱に任じるという体制がこの時期に形成された（『三代実録』貞観元年正月八日条）。また、同じく維摩会・最勝会の竪義《りゆうぎ》には、法隆寺・新薬師寺・崇福寺などの諸寺の僧が順序により任用されることになる。奈良を中心とする諸寺院で行われていた個々の法会《ほうえ》が体系化されて国家の行事のなかに位置づけられ、そのなかで旧来の鎮護国家仏教が新しい役割をになっていくことが看取されよう。

最澄の没後、天台宗は教団の経営に苦しみ、貴族の経済的援助を期待した。そして貴族の要望に応えるため、比叡山の密教をより本格化する必要に迫られた。こうして、承和五年（八三八）には円仁、仁寿三年（八五三）には円珍があいついで渡唐し、密教の大法を受けて帰国した。これによって天台密教の基礎は固められるが、同時に摂関家など権門との結合も強まった。京都の近郊に位置する比叡山は、念仏や法華信仰など、さまざまな信仰の形態を通じて平安京の人々の精神的なよりどころとなり、この後の時代に大きな役割を果たすことになる。

二　国風文化の形成

1　貞観・寛平期の趨勢

九世紀後半の時代は、政治・社会の動きのなかで、それまでの律令国家の支配体制が変質し、新しい地方支配・人民支配の体制が模索される、大きな転換期に当たっている。それはまた、新しい国風文化の基盤が形成される時期としても、重要な意味を持つものであった。

承和九年（八四二）、嵯峨上皇が没すると、淳和の皇子恒貞親王は謀反の疑いをうけて皇太子を廃され、仁明天皇の皇子で藤原冬嗣の娘順子の生んだ道康親王（文徳天皇）が、代わりに皇太子に立てられた。

この承和の変ののち、順子の兄に当たる藤原良房の権力は急速に伸長し、天安二年（八五八）には、文徳天皇と良房の娘明子の間に生まれた惟仁親王が九歳で践祚し、清和天皇となった。こうして清和・陽成の二代にわたり、外戚に当たる藤原良房・同基経が幼少の天皇に代わって政務を総攬する、いわゆる前期摂関政治の時代が到来する。

藤原基経は畿内に班田を行い、官田を設置するなど、律令的な支配の維持に努めた。基経の死後は宇多天皇が国政の権を握り、嵯峨天皇にならって内廷の充実をはかるとともに、院宮王臣家の土地・人民支配の抑制に努めた。つぎの醍醐天皇のもとでは、延喜元年（九〇一）、藤原時平が菅原道真を追放して実権を掌握し、翌年にはいわゆる延喜の改革を実施した。この改革は、院宮王臣家の土地・人民支配を抑制し、律令的な公民支配の体制を維持しようとする国家の最後の努力を示すものであり、以後の政権は、院宮王臣家の利害を代表するものへと急速に変質していく。

嘉祥三年（八五〇）に仁明天皇が没すると、皇子常康親王・女御藤原貞子・寵臣良岑宗貞《よしみねのむねさだ》（遍照）らがあいついで出家した。その後、常康親王は先帝の菩提をとむらうため、みずからの邸宅を寺（雲林院《うりんいん》）とし、それを遍照に付託した（『三代実録』元慶八年九月十日条）。良房の台頭のなかで、人々は天皇の死に一つの時代の終わりを感じとったのであろう。

仁明朝、ことに承和九年（八四二）の嵯峨上皇の死後は、宮廷の様相にも変化が見られ、それまでの唐風一色の空気に代わって、日本的なものを再認識しようとする動きが生まれてきた。

承和十二年（八四五）正月、大極殿における最勝会（御斎会）の初日、百十三歳の老翁尾張浜主《おわりのはまぬし》は、自作の和風長寿楽を竜尾道の上で舞い、見る者は千をもって数えた。また嘉祥二年（八四九）、興福寺の大法師らは、仁明天皇の四十の算賀に、経巻・聖像などに副えて三一〇句にも及ぶ長歌を奉献した。この歌に付して『続日本後紀』の編者は、「それ倭歌の体《てい》、比興を先となす。人情を感動せしむること、最も茲《ここ》に在り。季世陵遅、斯道すでに堕《お》つ。今僧中に至りて頗《すこぶ》る古語を存す。謂《い》いつべし、礼失はるれば則ちこれを野《や》に求めよ、と。かれ探りてこれを載す」と、その長大な歌詞を掲載した理由を述べている。

このような状況が生まれてきた背景には、

翁とて侘びやはをらむ草も木も栄ゆる時に出でて舞ひてむ（尾張浜主）

の歌に示されるように、宮廷を中心に高揚した唐風の文化に刺激され、伝統的な文化を保持する者がみずからを主張するようになった事情が考えられる。それはまた、唐風化の積極的な推進者であった嵯峨上皇が没したことによって起こった、急激な唐風化に対する反動であったとも見られよう。

国史によれば、桓武天皇は、貴族の山荘での宴や、遣唐使を送る賜宴などでしばしば古歌にもとづく和歌を誦した。平城・嵯峨の両天皇も、行幸にあたって陪臣に和歌を詠じさせ（大同三年）、また大臣との間で和歌の唱和を行っている（弘仁四年）。唐風文化の盛行期に一時宮廷からその姿を消していた伝統的な文化がここに再認識されるわけであるが、しかしそれは旧来の文化そのものではなく、唐風文化の試練を受けた、新しい様相を持つものとして登場してくるのである。

仁明朝から清和天皇の貞観年間にかけては、漢文学の世界にも変化が起こった。仁明朝の小野篁《おののたかむら》についで、九世紀後半には春澄善縄・大江音人・菅原是善・都良香《みやこのよしか》、さらに嶋田忠臣・菅原道真・紀長谷雄《きのはせお》らがあいついで現われるが、帝王と臣下のあるべき姿を表徴するというそれまでの詩歌の理念は影を薄め、応詔の詩に代わって個人的な詠嘆や思索に関わる詩が重みを増していく。勅撰漢詩集の編纂は行われなくなり、『田氏家集』『菅家文草』『菅家後集』『紀家《きか》集《しゅう》』など私家の詩文集が編まれるようになる。

この時期は、その後の平安貴族社会に大きな影響を及ぼす『白氏文集《はくしもんじゅう》』が将来された時期としても重要であるが(9)、漢詩の表現形式においては、伝統的な表現形式がゆるむとともに日本的な表現が現われ、日本漢文学の独自の性格がこの時期に形成される。九世紀末の菅原道真の詩文には、学問の家に生まれた者としての自覚と深い思索とに裏づけられたすぐれた文学的達成を見ることができる。

小野篁は承和五年（八三八）、「西道の謡」を作って遣唐の役を諷し、嵯峨上皇の怒りを買って隠岐に流された。配流にあたって詠じた「謫行の吟」も、人々に吟誦されたという。川崎庸之が指摘するように、個人の幽憤を主題とする詩歌が行われていることに、詩文の世界における一つの転機を認めることができるが、このとき篁が、

わたの原八十島かけて漕ぎ出でぬと人には告げよ海人の釣舟
思ひきや鄙の別れに衰へて海人の縄たき漁りせんとは

の歌を詠じていることも、和歌の世界との関わりのうえで注目される(10)。

篁の時期につぐ清和天皇の貞観年間、和歌は遍照・在原業平《ありわらのなりひら》・小野小町など、いわゆる六歌仙の時代を迎える。これらの歌人には、遍照や在原業平など、仁明朝以後政治的世界から離脱していった人々があり、それらの人々によってこの時代の和歌が担われていたことが注目される(11)。やがて九世紀の末になると、和歌はようやく宮廷にその地位を獲得するようになり、元慶六年（八八三）八月、宮中における『日本書紀』講読の終了にあたって行われた宴には、列席した六位以上の者がおのおの和歌を詠じ、宇多天皇の寛平年間には、皇太后班子女王のもとで百番歌合が行われるまでになった。

こうして十世紀の初頭、醍醐天皇の延喜の時代に至って、最初の勅撰和歌集である『古今和歌集』が成立する。延喜五年（九〇五）、紀友則・紀貫之・凡河内躬恒《おおしこうちのみつね》・壬生忠岑《みぶのただみね》らに撰歌のことが命じられてその事業は開始された。『古今和歌集』の成立は、貞観期以来の和歌の発展を基盤としたものであるが、目崎徳衛が説くように、序文や内容から、その背後には、和歌に漢詩文と並ぶ公的な文化価値を付与させようとする、醍醐天皇を中心とする宮廷の強い意志のあったことがうかがわれる(12)。

『古今和歌集』二十巻は、春・夏・秋・冬・賀・離別・羈旅・物名・恋・哀傷などの部立てからなり、さらに春の部は立春・雪・鶯・若菜といった主題の順に並べられ、全体にきわめて緻密に構成されている。その構成に中国漢詩文集の影響があることはもちろんであるが、『古今和歌集』の歌には、主題や表現の方法、対象の認識方法などのあらゆる面で、中国詩文のありかたに学び、それを自分のものとしていった人々の体験のさまが認められ、それによって、唐風文化の試練を経て人々の観念自体が大きく変化したさまを知ることができる。

『古今和歌集』では漢詩の観念的な思考が受け継がれ、『万葉集』のような直接の叙景・抒情に代わって、事実を観念的に再構成したうえで歌にするという態度が生まれた。それと関わって掛詞《かけことば》や縁語、擬人法などの技法が駆使され、また桜の花については華麗ではあるがどことなく物憂いもの、というような様式化された美意識が生まれ、自然観にも大きな変化が生じたことが知られる(13)。

『古今和歌集』の成立の背景に、仮名文字(平仮名)の実用化とその普及といった基本的な条件の整備があったことは論をまたない。真仮名《まがな》(万葉仮名)の使用は八世紀以来しだいに広まり、字母が限定され、記号化されることによって実用化され、使用階層も拡大していった。九世紀から十世紀にかけて、漢字の草書体を用いた草仮名《そうがな》(女手《おんなで》)を経て平仮名が成立する。これが男女の社交の場に使用されたことが、和歌の再興と仮名による表記とを不可分のものにした。女性が文字と文章を書く技術とを身につけたことは、この後の女流文学の発展の基礎となり、多彩な作品を生むことになる。

『古今和歌集』の歌風についていま一つ注意しておくべきことは、絵画作品を通じての事象の認識という問題である。

『古今和歌集』には、素性《そせい》の、「二条の后(藤原高子)の春宮《とうぐう》のみやす所と申しける時に、御屛風に竜田川にもみぢながれたるかたをかけりけるを題にしてよめる」の題を持つ歌など、屏風に描かれた風物を主題として詠まれた歌がしばしば見られる。絵を題にして歌を詠み、また詠まれた歌を画題として絵を描くということは、かなりに高度な事象の認識の方法であり、自然に没入する生活を脱した、自然を客体として観ずる態度であるといえよう。

このような認識のありかたも、唐風文化のなかで人々が体得したものであった。『経国集』十四には、嵯峨天皇の「清涼殿画壁山水歌」一首と、それに和した菅原清公・都腹赤《みやこのはらか》・滋野貞主《しげののさだぬし》の詩とがあり、中国風の絵画を主題として詩を詠じたことが知られる。元慶元年（八七七）三月、大納言南淵年名の山荘において催された尚歯会《しょうしえ》は、唐の会昌五年（八四五）に白居易の催した七叟尚歯会を模したものであるが、その情景は、中国から将来された屏風によって人々に認識された（菅原是善「南亜相山庄尚歯会詩序」『本朝文粋』九）。『田氏家集』にも「竹林七賢図」に題した詩が見られるが、中国の隠遁者の思想や生活は、詩文のみでなく、絵画を媒体としても認識されたのであった。(14) このように、唐風文化の試練を経ることによって日本人の自然観ははじめて蒙昧の境を脱し、和歌と結びついた倭絵《やまとえ》の発展を見ることになったと考えられる。

九世紀の末から十世紀の初めにかけての時代は、官人貴族の政治思想の推移の面でも重要な時期に当たっている。律令国家体制の変貌のなかで、貴族の間には、国家・社会のありかたや具体的な政策などについて、意見や立場の相違が生まれてきた。寛平から延喜の時代に活躍した菅原道真と三善清行《みよしのきよゆき》との間に、それはもっとも明瞭に認められる。道真が検税使派遣の停止や遣唐使の停止の要請に見られるように、現実を直視し、それに応じた方策を模索する政治家であったのに対し、清行は、延喜十四年（九一四）の「意見十二箇条」に見られるように、律令政治を理想とし、政治を本来の姿に帰すことを願う一方で、「革命勘文」や『善家秘記』に見られるように、超自然的な霊力の信奉へと傾いた人でもあった。このような政治的立場の相違は、『類聚国史』と『藤原保則伝』という、双方の史学史的な業績の性格の相違ともなって現れている(15)。

平安初期の国家は、文章に国家の基本としての高い地位を付与した。しかし十世紀の皇族や貴族は、紀貫之の『土左日記』に見られるように、国家としての理念、官人としての思考からは解き放たれた、個人としての自由な思考をもつようになった。古代国家の変容のなかで、文学や芸術に新しい道が開けてきたのである。

2 宮廷文化の成熟

十世紀は、藤原氏による摂関政治の発展期である。藤原氏は、姻戚関係を通じて天皇権力を自己の家父長的な権威のなかに包摂し、それによって権勢を振るった。十世紀は同時に、九世紀以来形成されてきた国風文化の発展期でもあり、それは摂関政治のもとでの宮廷の繁栄と密接に関わっていた。

宮廷がもっとも安定し、文化の成熟を見たのは、十世紀中葉の村上天皇の時代である。宮廷の安定を支えたのは、藤原北家と皇室との緊密な関係であった。朱雀朝以来関白の地位にあった藤原忠平が天暦三年（九四九）に没したあとは天皇親政の時代となるが、宮廷においては、天皇の母で忠平の妹の藤原穏子《おんし》、さらには皇后で師輔の娘藤原安子《あんし》が大きな発言権を持ち、皇位継承にも関与した。摂関政治のもとでの政治の安定には天皇と摂関との協調が不可欠であったが、村上朝は、十世紀末の一条天皇の時代とともに、それがよく保たれた時期であった。

宮廷の繁栄には、それを支える機構の整備も関係している。九世紀以来、内廷の機構は蔵人所を中心にしだいに充実し、十世紀には、侍従所・御厨子所《みずしどころ》・楽所《がくしょ》・贄殿《にえとの》など、宮廷の諸機能を支えるための各種の機関が置かれるようになった。水産物や鳥獣肉など、宮廷の必要とする食料を供給する体制も整えられ、醍醐天皇の延喜十一年（九一一）には、畿内および近江国の六国から日別に贄を貢上する制が定められた。

村上朝は、さまざまな面で、それまでに代わる新しい様相の現れてくる時代である。

唐風文化の時代には、国家の勢威を示すために史書や法典の編纂事業が活発に行われ、桓武朝には『続日本紀』、嵯峨朝には『内裏式』『弘仁格式』などが編纂された。その後もこれらの事業は、天皇の地位を強化する目的もあって積極的に行われ、清和天皇の貞観年間には『続日本後紀』『貞観格式』『貞観儀式』、醍醐天皇の延喜年間には『日本三代実録』『延喜格式』などがあいついで編纂された。村上朝においてもこれらの事業の継承がめざされ、大江朝綱・大江維時らを中心に国史の編纂が進められ、また『新儀式』も編纂された。しかし国史の編纂が結局未定稿のまま終わったように、これらはこの時期を最後に廃絶する。銭貨の鋳造も天徳二年（九五八）の乾元大宝《けんげんたいほう》をもって終わり、律令制のもとでの国家的な事業はこの時期にすべて廃絶するのである。

村上朝を中心とする時代はまた、嵯峨朝以来の宮廷の諸儀式の体系が新しく整備された時期であるとともに、この後の時代に受けつがれる故実の形成された時期でもあった。

嵯峨朝の『内裏式』は、奈良末から平安初期にかけて出現した新要素を軸に諸儀式を再編成したもので、官僚機構の確立にともなう儀式と政務の分化によって儀式を体系化する必要が生じたことや、天皇を中心とした秩序の確立を目に見えるかたちで現す必要があったことから成立した。清和朝の『貞観儀式』において、それはさらに整ったものとなった。

十世紀を代表する源高明《たかあきら》の編んだ儀式書『西宮記《さいきゆうき》』を九世紀のこれらと較べると、『内裏式』『儀式』（貞観儀式）には見えない新たな儀式が多く載せられている。そこには、内裏の正殿である紫宸殿《ししいでん》や、天皇の日常生活の場である清涼殿での儀が多く見られ、また平安初期に旧来の呪術性を脱却し国家の盛儀として整備された節会《せちえ》が事実上解体し、個々の行事に分解していくさまを見ることができる。これらは、天皇との私的関係を構成原理とした宮廷社会の成立によって、本来天皇の私的な行事であったものまでが政治的に意味を持つようになり、それらを含んだ年中行事が成立したことを物語っている。(16)

このような儀式の変化の画期となったのは、仁和元年(八八五)に藤原基経が献上した『年中行事御障子文《みそうじのふみ》』であったとされている。この頃から、宮廷諸儀式の具体的な作法を故実として重んじ、それを子孫に継承させるという意識が生まれてきた。基経の子藤原忠平は、公事《くじ》に関する儀礼を子の実頼・師輔に伝え、実頼・師輔は小野宮《おののみや》・九条家の祖となってそれぞれの流儀を伝承した。また醍醐天皇の皇子重明《しげあきら》親王もその日記『吏部王記』に朝廷の儀礼を詳細に書きとめ、それは源高明の『西宮記』の成立に大きな影響を与えたといわれる。皇族・貴族が朝儀の次第を詳細に日記に記録する風習は、このような故実の伝承と緊密に関係して始まったことであった。(17)

村上朝においては、宮廷の充実を背景に、文学や芸術においても著しい発展が見られた。文人としては大江朝綱・大江維時・菅原文時・源　順《みなもとのしたごう》・兼明親王らがあり、一条朝には大江匡衡《まさひら》・源為憲・紀斉名《きのただな》・大江以言《もちこと》らが現れた。また『古今和歌集』に次ぐ勅撰和歌集として、村上朝に大中臣能宣《よしのぶ》・清原元輔・源順によって『後撰和歌集』が撰進され、一条朝には『拾遺和歌集』が撰進された。村上朝の歌人としては、他に源重之・壬生忠見《ただみ》らがある。天徳三年(九五九)八月には、菅原文時・源順と大江維時・橘直幹とを左右に分かっての殿上詩合《しあわせ》が行われ、それに刺戟されて、翌年三月には内裏清涼殿で女房歌合(天徳歌合)が行われるなど、村上天皇の宮廷では、華やかな詩文の世界が展開された。

宮廷の発展は、進物所《しんもつしょ》・贄殿・絵所・楽所など、宮廷の職務・行事を分担する諸司・所々《ところどころ》を成立させたが、これと関連して、特定の家が特定の官職・技能を継承する、いわゆる家職の制もこの時期に成立した。太政官の弁官の史(官務)の職を小槻《おづき》氏、外記《げき》(局務)の地位を中原氏が継承したのを初め、文章道の菅原・大江両氏、医道の和気《わけ》氏・

丹波氏、陰陽道《おんみようどう》の賀茂氏・安倍氏などの各方面にそれは見られる。

元来天皇身辺の警護の任に当たる左右近衛府は、この時期には競馬《くらべうま》・楽舞などの芸能の面で宮廷に奉仕する性格を強めた。古来宮廷に伝えられた中国・朝鮮などからの外来楽は、この時期に左方（唐楽）・右方（高麗楽《こま》）両部に再編成されて舞楽としての形態を整えるが、楽所に所属して舞楽に奉仕したのは近衛府の下級官人・舎人《とねり》であり、ことに多《おお》氏と狛《こま》氏とが左右の楽を伝承した。(18)

競馬や相撲《すまい》などの遊芸もこの時期に発展が見られ、競馬では尾張氏と播磨氏とがそれぞれ左右の近衛府に属し、覇を競った。両氏は互いに競馬についての「先祖の秘説」を有し、それは左右の「競馬の様《ためし》」として子孫に伝授された（『江家次第』）。

各種の芸能に活躍したこれら左右近衛府の下級官人・舎人は、同時に摂関・大将などの有力貴族に随身《ずいじん》として奉仕する存在であった。随身としては前記の尾張氏・播磨氏のほか、秦氏や下毛野氏などが権門の庇護をうけてその職を世襲した。

多氏が近衛の官人として左右の舞を奉行《ぶぎよう》したのは、清和朝の自然麻呂《じねまろ》の時であり、尾張氏が初めて近衛の官人として現れるのは、醍醐朝の遠望《とおもち》からである。諸氏が近衛の官人・舎人として諸芸を伝承し、同時に随身として有力貴族に奉仕する体制が確立するのは、村上朝から一条朝にかけてであった。それは宮廷の発展とその貴族化の動きとに対応するものと見ることができる。(19)

これら朝廷諸職を分掌した諸氏の出自について見ると、在地性の強い畿内の豪族としての秦氏・中原氏（もと十市《とおち》氏）・坂上氏・賀茂氏・秦氏、近国の在地首長としての丹波氏・和気氏などがある。また国造の系譜をひくものに尾張・播磨両氏がある。尾張・播磨両氏の歌舞・馬芸における活躍は、国造としての服属儀礼を継承しているものとも見られよう。

官務家小槻氏は近江国栗太郡《くるもと》の豪族の出で、算術の技能を通じて中央官人としての地歩を固めたとされる。[20] 朝廷諸職を分掌したこれらの諸氏は、九世紀の社会的変動のなかで、在地における権力基盤を捨て、中央下級官人としての道を選んだ氏族であった。彼らは本来の在地との関係をまったく喪失したわけではなかったが、宮廷に奉仕し、王臣家に家人《けにん》として従属し、農民の墾開した墾田を買得するなどして京都の近郊に所領を保持するという、平安京の住民としての新たな生活基盤を形成していったのである。

大江匡房《まさふさ》の撰した『続本朝往生伝』は十世紀末の一条朝をすぐれた人材の輩出した時代として讃え、親王・上宰・九卿・雲客・管弦・文士・和歌・画工・舞人・異能・近衛・陰陽・有験《うげん》之僧・真言・能説之師・学徳・医方・明法・明経・武士の二〇の項目について、当時の「天下の一物」とすべき人物の名を列挙している。十世紀を通じて、摂関・大臣家・諸大夫《しょだいふ》・侍《さむらい》といった貴族社会の身分構成が成立するとともに、諸家がさまざまな職務を通じて宮廷に奉仕する体制も形成されていったことが理解されよう。そこでは、学術・文芸ばかりでなく、絵画・舞楽・武芸などにも独自の価値が付与され、近衛も武士も宮廷に欠かせない要素として認識されている。それは、律令制下の伴部として九世紀まで存続してきた氏族制的な体制とは異なる、新しい体制であるといえよう。この時期の文学・芸術におけるすぐれた達成は、このような新しい体制のもとではじめて可能になったと考えられる。

3　社会情勢と宗教活動

宮廷文化のすぐれた達成を見た十世紀は、一面、中央・地方にわたって社会が大きく混乱した時期でもあった。諸国からの貢納物に依存する平安京の生活は不安定で、人々は米穀の不足や価格騰貴、疫病の流行、盗賊の横行などの社会不安にさらされた。ことに十世紀初頭の延喜年間には、飢饉・疫病によって盗賊・放火・殺人などの犯罪が激増した。村上朝には京都の治安はいっそう悪化し、大蔵省・兵庫寮などの官司や内裏にまで盗賊の被害が及んだ。とくに天徳四年（九六〇）、平安遷都後一六〇年余にして内裏が焼亡したことは、皇族・貴族に大きな衝撃を与えた。

　このような社会不安のなかで、平安京の人々の間では各種の俗信が盛行し、しばしば集団的な狂信となって都を包んだ。疫病の流行を怨霊の祟りと考え、政治的に不遇の死をとげた特定の個人を怨霊神としてまつる御霊《ごりょう》信仰もこのようななかで発展し、貞観五年（八六三）には、朝廷も神泉苑で、早良《さわら》親王以下六所の霊をまつる御霊会《ごりょうえ》を催した。疫神・怨霊神の祭祀は、十世紀には、菅原道真をまつる北野神社を生み、また祇園祭として定着した。

　地方の治安状況も、九世紀の後半以来悪化の一途をたどった。郡司など在地勢力と国司との抗争が各地に起こり、ことに九州や関東では中央の統制が失われ、無政府的な状況を呈しはじめた。

　朱雀朝に起こった平将門・藤原純友の反乱は、時代を画する衝撃的な事件であった。平将門の活動は、一族内の抗争から端を発し、国衙と在地勢力との抗争と関わって、天慶二年（九三九）には常陸国府への襲撃によって国家に対する反乱へと発展した。関東諸国を席捲した将門は、翌年平貞盛・藤原秀郷《ひでさと》によって討たれたが、これと相応じて藤原純友も瀬戸内海で反乱を起こし、天慶四年博多津の決戦に敗死するまで、沿岸諸国に大きな被害を及ぼした。

　将門・純友の反乱は、関東や西国ばかりでなく、京都の住民にも深刻な動揺を与えた。乱時、宮城諸門には兵士が配置され、人々は潜入した純友の士卒による放火におびえて見張りをし、水を運んで火に備えたという。安和二年（九六九）の安和の変で、変に関連して藤原秀郷の子千晴などが逮捕され、「禁中騒動、ほとんど天慶の大乱のごとし」と『日本紀略』に記されていることは、乱時の宮廷の動揺がいかに大きかったかを示すものである。

　乱の影響は、京都に住む貴族・庶民の思想・信仰にまで及んだ。乱平定の報賽《ほうさい》に端を発し、石清《いわし》水《みず》臨時祭や賀茂行幸が創始されたのも、その一つである。乱直後の天慶八年（九四五）、京都の周辺に爆発的に起こった志多羅神《しだらがみ》の信仰も、乱が京都の市民に与えた大きな不安や動揺と無関係とは考えられない。

平安中期、下級官人や文人から始まって広く全階層を覆った浄土教の盛行にも、この乱は大きな役割を果たしていると推測される。(21)

弥陀如来に帰依しその名号《みようごう》を念ずる者は死後弥陀の住する極楽浄土に往生すると説く浄土教の思想は、すでに七・八世紀から行われていた。平安時代、最澄の開創した天台宗で常行三昧《じようぎようざんまい》が行法《ぎようほう》の一つにとりあげられ、円仁によって五臺山の念仏三昧の法が比叡山に移され、その法による不断念仏が毎年の行事となることによって、その信仰は一般にも浸透しはじめた。しかしそれが京都とその周辺の人々の間に爆発的に広まったのは、市《いち》の聖《ひじり》と呼ばれる空也《くうや》の活動によってであり、それは慶滋保胤《よししげのやすたね》が『日本往生極楽記』で述べているように、天慶よりも後のことであった。

空也が鴨の河原で、人々の協力を得て大般若経六百巻の供養を行い、多数の僧侶や庶民を集めたのは、応和三年（九六三）のことであった。翌康保元年には、大学の学生と叡山の僧侶とが西坂本に集まり、法華経を講じ、念仏を修し、仏を讃える詩文を作る勧学会《かんがくえ》が初めて催された。

勧学会を主導した慶滋（賀茂）保胤は、『三宝絵詞《さんぼうえことば》』を著した源為憲らとともに当時の若い文人の一人であった。菅原・大江両氏に超越され、下級の官人としての苦しい生活を余儀なくされた保胤は、そのなかで浄土思想に深く傾倒していった。天元五年（九八二）に著わされた「池亭記」では、王臣家の発展のなかでの平安京の興亡のさまを冷静に観察するとともに、弥陀の念仏と古典の披読とに明け暮れ、「朝に在りては身暫《しばら》く王事に随ひ、家に在りては心永く仏那《ぶつだ》に帰る」、五十歳に達しようとする自分の行きついた生活のありかたへの深い信念が示されている。保胤が念仏者の信仰を鼓舞するため、唐の迦才《かさい》の『浄土論』などに範をとって『日本極楽往生記』を著したのは、この後ほ

どなくのことであったと推測される。(22)

このようにして浄土教の信仰は、一つの時代の風潮となるに至ったが、浄土教がその宗教的基盤を確立するためには、やはり天台の学僧源信《げんしん》による極楽往生思想の理論化と、救済の具体的なありかたについての提示とが必要であった。

寛和元年（九八五）、源信によって撰述された『往生要集』三巻は、地獄の悲惨な姿と、極楽浄土の美しく浄らかなさまとを対蹠的に描くことによって人々に厭離《おんり》穢土《えど》・欣求《ごんぐ》浄土《じようど》の心を起こさせるとともに、念仏にあたっての具体的な方法や心構えを平易に説き、また多くの経典や諸学者の説を引いて、極楽往生の理論的根拠を明らかにした。源信がことに重視したのは観想であって、弥陀の相好を念じ、究極的には弥陀の一身に一切の仏教世界を観ずることを理想とした。また「別時の念仏」、ことに臨終にあたっての一念を重んじた。

源信の立場は、寛弘三年（一〇〇六）に撰述された『一乗要決』三巻に闡明されているように、あくまで法華一乗に帰依する天台の学僧としてのそれであった。したがって、『往生要集』の撰述も、人々の念仏を、教理に即した正しい方向に導こうとするもので、念仏のみを唯一の救済の方法であると主張するものではなかった。しかし『往生要集』撰述の影響は大きく、比叡山では撰述の翌寛和二年、横川《よかわ》の首楞厳院《しゆりようごんいん》に、『往生要集』の教説を実践しともに極楽往生を期す念仏結社である二十五三昧会が結成された。これは、『往生要集』の教説に感銘を受けた学僧二五人の結衆《けつじゆ》と、これに結縁《けちえん》する人々一九人の結縁衆とからなり、慶滋保胤と源信との支援のもとに生まれた。その結社の趣旨と結衆の守るべき掟については、保胤と源信とが撰した「起請《きしよう》」によって知られる。

『往生要集』は上層貴族の間にも広まり、藤原道長もこれを所持し、寛弘二年（一〇〇五）にはその書写を藤原行成に依頼した（『権記』寛弘二年九月十七日条）。

寛仁三年（一〇一九）、道長の手で土御門第《つちみかどてい》の東に中河御堂《なかがわのみどう》（無量寿院）の造営が開始され、翌年には丈六の阿弥陀像九体をまつる阿弥陀堂が完成した。治安二年（一〇二二）には金堂・五大堂なども完成し、同年七月、法成寺《ほうじょうじ》と命名されたこの寺院で盛大な落慶法要の儀が営まれた。法成寺には、密教による怨霊調伏《ちょうぶく》のための祈禱など種々の要素が混在しているが、その中心は、極楽浄土への往生を願う浄土信仰であった。道長は、阿弥陀堂に接して営まれた寝殿で、万寿四年（一〇二七）、弥陀の手とみずからの手とを糸で結び、念仏の唱えられるなかでその生涯を終えた。

法成寺は康平元年（一〇五八）に焼亡してその姿をとどめてはいないが、道長の子頼通が天喜元年（一〇五三）に建立した宇治の平等院鳳凰堂は今に残り、当時の貴族の極楽浄土への信仰をそのままに伝えている。

市井の人々の中に広まった念仏が、上級貴族にまで普及し、その信仰を獲得しえた理由は何であったろうか。極楽浄土の華麗な幻想が、彼らの美的趣味に合致したという面もあったであろうが、より直接には、源信が念仏による救済のありかたを理論的に説明したことにより、それが俗的な信仰にとどまらぬ、高度に宗教的な背景を持つものであることを知識階級に知らせ、信仰へと勧誘した側面が大きかったであろう。

平等院鳳凰堂に代表される浄土教芸術は、阿弥陀仏や諸像の彫刻、浄土図や来迎図《らいごうず》などの絵画、それらを納める阿弥陀堂建築、さらにはそれを取り巻く苑池などを含んだ総合的な芸術である。そこでは、極楽浄土という本来観念的な世界が、中国の浄土変相図によりつつも、日本的な美意識をもってみごとに具現されている。

それはもとより、院宮王臣家の権力と財力とによるものではあるが、しかしそこに至るまでには、天慶の乱以降の民衆の広汎な宗教活動と、それを方向づけた空也や慶滋保胤・源信らの活動、それに結縁した貴族や僧侶・庶民などの支持があった。また、仏師の芸術活動とそれを支える工人の組織、新しい造像技法など、社会的・技術的な基盤が整ったこともその達成を可能にするものであった。それは九・十世紀を通じての、政治・社会・文化の各分野にわたる、あらゆる人々の営為の所産であり、それが浄土教芸術へと昇華されたものと見ることができる。

浄土教の形成には、空也に見られるように、山林に隠遁的な生活を送り、あるいは各地に遍歴して人々を勧進する、聖《ひじり》とよばれる修行者が大きな役割を果たした。聖の住所としての山は、密教の山岳修行の場でもあり、神のよりますところとして、民衆の信仰と深く関わる場でもあった(23)。日本の仏教は密教によってはじめて民衆信仰の琴線に触れることができたとされるが(24)、その線上に形成された浄土教もまた、日本の社会から生まれた宗教思想として、大きな意味を持つものといえるであろう。

注

（1）目崎徳衛「平安時代初期における奉献」（『平安文化史論』所収。桜楓社、一九六八年。初出は一九六五年）。
（2）飯田瑞穂「『秘府略』に関する考察」（『飯田瑞穂著作集』第三巻所収。吉川弘文館、二〇〇〇年。初出は一九七五年）。
（3）笹山晴生「毛野氏と衛府―平安時代左右近衛府下級官人・舎人に関する一考察―」（『日本古代衛府制度の研究』Ⅲの第三、東京大学出版会、一九八五年。初出は一九六三年）。
（4）佐伯有清「新撰姓氏録の成立」（『新撰姓氏録の研究』研究篇所収、吉川弘文館、一九六三年）。
（5）村山修一『日本都市生活の源流』（関書院、一九五三年）。
（6）本書第二部第四章「藤原良房の史的位置」の叙述を参照。
（7）最澄の活動とその思想については、安藤俊雄・薗田香融『日本思想大系4　最澄』（岩波書店、一九七四年）、薗田香融『平安仏教の研究』（法蔵館、一九八一年）、佐伯有清『伝教大師伝の研究』（吉川弘文館、一九九二年）などを参照。
（8）空海の活動とその思想については、川崎庸之編『日本思想大系5　空海』（岩波書店、一九七五年）、渡辺照宏・宮坂宥勝『沙門空海』（筑摩書房、一九六七年）などを参照。
（9）小島憲之『古今集以前』（塙書房、一九七六年）。
（10）川崎庸之「詩賦の流行と和歌の復興」（『平安の文化と歴史』〈川崎庸之歴史著作選集3〉所収、東京大学出版会、一九八二年。初出は一九七四年）。

(11) 目崎徳衛「在原業平の歌人的形成―良房・基経執政期の政治情勢における―」(『平安文化史論』所収、桜楓社、一九六八年。初出は一九六六年)。
(12) 同「古今和歌集勅撰の歴史的背景」(一九六六年。同上所収)。
(13) 鈴木日出男『古代和歌史論』(東京大学出版会、一九九〇年)。
(14) 川崎庸之「弘仁・貞観の文化」(一九六〇年。同上所収)。
(15) 山岸徳平・竹内理三・家永三郎・大曾根章介『日本思想大系8 古代政治社会思想』(岩波書店、一九七九年)。
(16) 古瀬奈津子「政務と儀式」(笹山晴生編『古代を考える 平安の都』所収、吉川弘文館、一九九一年)。同「格式・儀式書の編纂」(『日本古代王権と儀式』所収、吉川弘文館、一九九八年。初出は一九九四年)。
(17) 竹内理三「口伝と教命」(『律令制と貴族政権』Ⅱ所収。御茶ノ水書房、一九五八年。初出は一九四〇年)。橋本義彦「貴族政権の政治構造」(『平安貴族』所収。平凡社、一九八六年。初出は一九七六年)。
(18) 荻美津夫『日本古代音楽史論』(吉川弘文館、一九六七年)。
(19) 笹山晴生『日本古代衛府制度の研究』(前掲)。
(20) 橋本義彦「官務家小槻氏の成立とその性格」(『平安時代貴族社会の研究』所収。吉川弘文館、一九七六年。初出は一九五九年)。
(21) 浄土教の成立に関しては、石田瑞麿『日本思想大系6 源信』(岩波書店、一九七〇年)、井上光貞『日本浄土教成立史の研究』(『井上光貞著作集』所収。初出は一九五六年)、同『日本古代の国家と仏教』(同所収。初出は一九七一年)。
(22) 井上光貞・大曾根章介『日本思想大系7 往生伝・法華験記』(岩波書店、一九七四年)。
小原 仁『文人貴族の系譜』(吉川弘文館、一九七七年)。
(23) 湯浅泰雄『古代人の精神世界』(ミネルヴァ書房、一九八〇年)。
(24) 薗田香融「慶滋保胤とその周辺―浄土教成立に関する一試論―」(『日本名僧論集4 源信』所収、吉川弘文館、一九八三年。初出は一九五六年)。

第四章　藤原良房の史的位置

——時代の転機に果たした役割——

はじめに

藤原良房は摂関政治を開いた人物としてあまりにも有名であり、その歴史的位置についてあらためて論じる必要はないように思われる。しかしその実像は、意外に明らかでない。

良房のあとを継いで摂政となった藤原基経と対比すると、その違いは明らかである。基経の場合、陽成天皇の廃立や宇多天皇との対立、阿衡の紛議などの事件をめぐって、基経がどのような意志にもとづいてどのような行動をとったかが理解しやすいのに対し、良房の場合はそれが明瞭でなく、承和の変（八四二年）や応天門の変（八六六年）などの政治的事件にどのように関与し、どのような具体的行動をとったかが不明瞭であり、それが腹黒い陰謀家との印象を良房に与える所以になっていると思われる。

しかし他面、良房が摂関政治という新しい政治形態の創出に大きな役割を果たしたことは事実であり、その過程に良房自身の政治的判断や行動があったことも否定できない。さらに良房の活動は政治的な面にとどまらず、いわゆる国風文化の創出にも、一人のキーパーソンとして無視できない役割をになっていたことが考えられる。そのような良房の実像に、少しでも迫る私なりの試みを行ってみたい。

一　政治家としての良房の足跡

1　良房の生い立ち

最初に藤原良房の経歴をたどりつつ、平安初期の政治過程のなかでの良房の役割について考えてみたい（図3・4および表10参照）。

図3　摂関家略系図

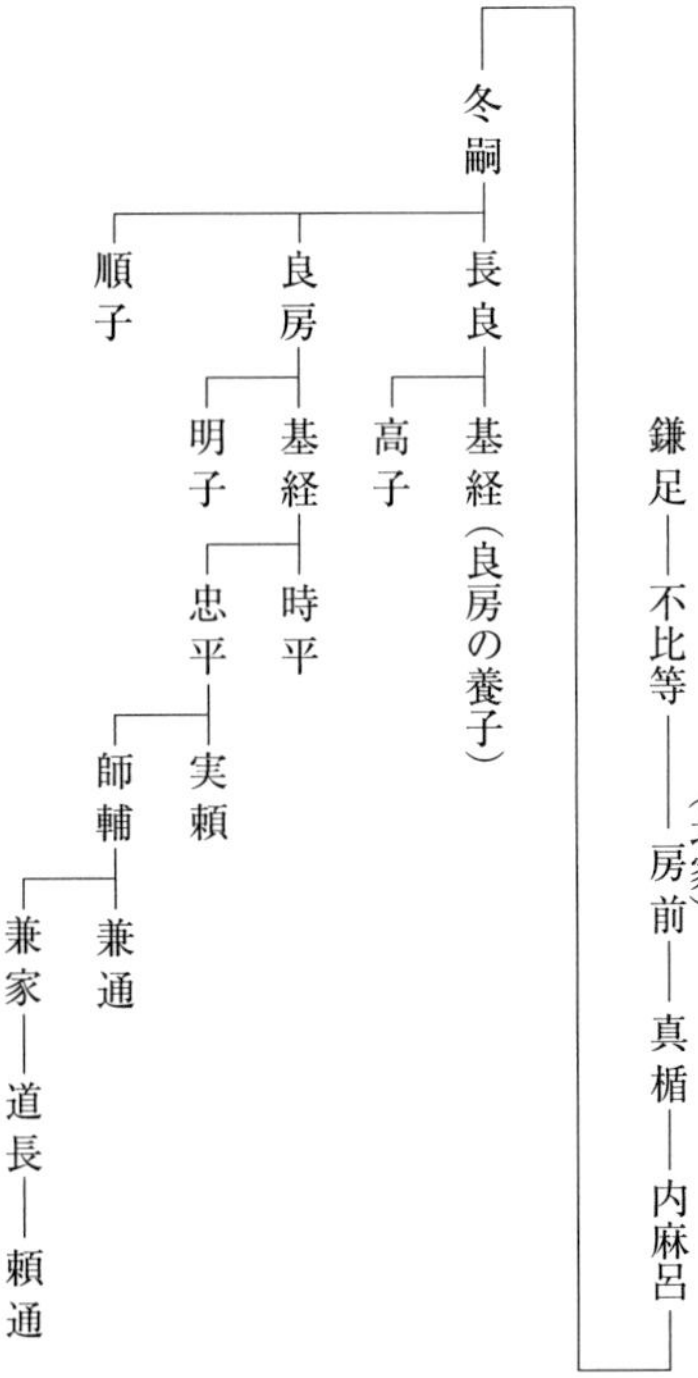

藤原良房は、藤原冬嗣の二男として延暦二十二年（八〇三）に誕生した。母は藤原真作の女美津子。承和七年（八四〇）に没した右大臣藤原三守の姉で、嵯峨天皇の尚侍であった。

父の冬嗣は嵯峨天皇のあつい信任を受け、弘仁元年（八一〇）の藤原薬子の変（平城上皇の変）にあたっては天皇から蔵人頭に補された。同十四年（八二三）、嵯峨天皇は弟の淳和天皇に譲位して太上天皇となるが、天長二年（八二五）、良房は二十二歳で蔵人となり、官人としての第一歩を踏み出した。

図4　皇室と藤原氏との関係系図

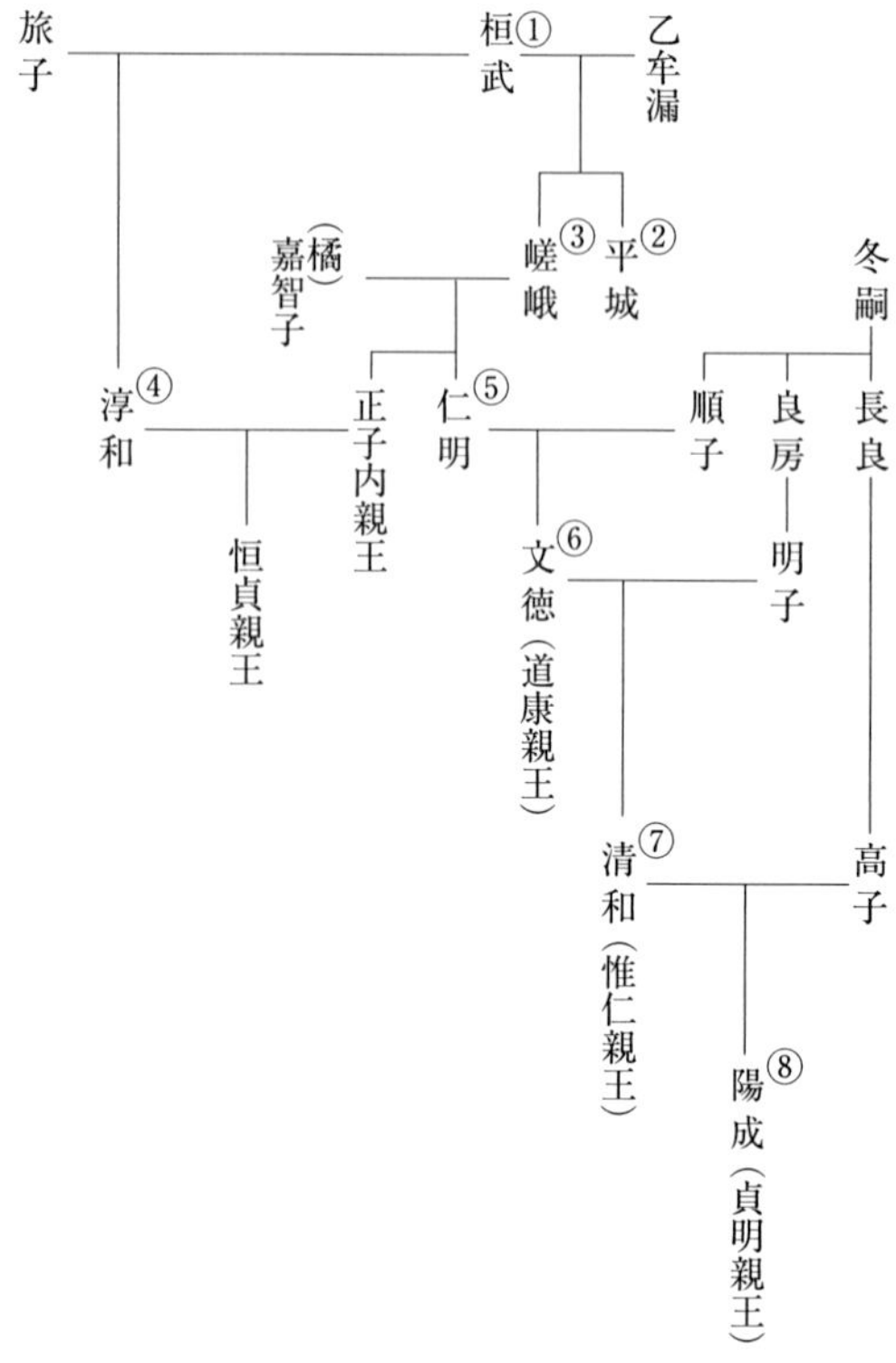

良房は若年から他の貴族とは破格の待遇を受け、官途を昇進させた。それは一つには父冬嗣が嵯峨天皇の絶大の信任を受けていたこと、また良房自身すぐれた器量を持ち、嵯峨天皇がそれを認めて皇女源潔姫と結婚させたことによっている。『文徳実録』斉衡三年六月丙申条に載せる源潔姫の伝には、「良房弱冠の時、天皇、その風操倫《ともがら》に超ゆるを悦び、殊に勅して之に嫁せしむ」と記している。

仁明朝の承和二年（八三五）、三十二歳のとき、良房は七人に超越して参議から権中納言に昇進し、承和七年（八四〇）には中納言となった。

良房のこのような破格の昇進を当時の貴族層が容認したのは、なぜだろうか。

八世紀末、桓武天皇は長岡・平安両京への遷都や蝦夷の征討を行い、貴族層を抑えて政治の主導権を握った。こうして成立した強大な王権のもとで、八世紀の末から九世紀にかけて、院宮王臣家とよばれる特権的な皇族・貴族層が形成された。桓武天皇は皇族とこうした特権的な貴族との婚姻を進め、延暦十三年（七九四）には大臣・良家の子孫には三世以下の王を娶ることを許し、藤原氏にはことに二世王を娶ることを許した。こうしてこの時期、婚姻を通じて王権と特権貴族層との一体化が進んだが、それにしても天皇の女（皇女＝一世王）を娶るということは破格のことであり、これが配偶としての良房の異例の昇進を貴族たちが許容せざるを得ない理由になったと思われる。

嵯峨天皇の治世はきわめて安定したものであった。天皇はその即位直後に起こった皇室内部の対立を克服すると、強い家父長的な権威のもとに、大同四年（八〇九）の即位から承和九年（八四二）上皇として没するまで、三十余年にわたって王室の中心にあった。嵯峨朝には藤原内麻呂・藤原園人・藤原冬嗣・良岑安世、淳和朝には清原夏野があって政権をにない、弁官や地方官の経験者、文章生出身者が政策の立案・実施に当たり、公営田の設定など、当時の社会の変化に即応した政策が推進された。

2　承和の変と良房の覇権

嵯峨天皇はみずからの体験した皇室内部の対立を避け、弘仁十四年（八二三）、弟の淳和天皇に皇位を譲った。淳和天皇の皇太子には嵯峨天皇の皇子正良親王が立てられた。天長十年（八三三）、淳和天皇が退位すると正良親王が仁明天皇として即位し、皇太子には淳和天皇の皇子恒貞親王が立てられた。

このように嵯峨上皇の治世下では、皇室内部の宥和に努力が払われ、表面的には安定した情勢が続いていた。しかしその下では、現実には諸勢力の対立が激化していた。

この時期には、「藩邸の旧臣体制」（福井俊彦）と呼ばれる体制があったとされる。天皇の皇太子時代に春宮坊官人を務めた者が、皇太子が天皇として即位するとその側近として地位を占める体制で、その傾向は淳和天皇の時代に著しく、これによって官人の系列化が進み、派閥が発生するという弊害を生むことになった。

淳和天皇が退位し、仁明天皇が即位すると、淳和皇子で皇太子の恒貞親王のもとで、二歳年下で良房の妹藤原順子

871	清和	13	太皇太后藤原順子没（冬嗣の女．良房の同母妹．文徳天皇の生母）／『貞観式』成る
872		14	基経，右大臣に昇任／太政大臣藤原良房没（69歳）．正一位を贈り忠仁公と諡／基経，摂政となる
876		18	清和天皇譲位
884		元慶 8	陽成天皇退位．基経，光孝天皇を擁立
887		仁和 3	宇多天皇，基経に関白の詔を賜わる
888		4	阿衡の紛議．基経に重ねて関白の詔を賜わる

を母とする仁明皇子道康親王が台頭し、しだいに皇太子の地位を脅かすようになった。承和七年（八四〇）、淳和上皇が嵯峨上皇に先立って没したことで、皇太子恒貞親王の地位は決定的に悪化したと思われる。

こうした皇室内部の矛盾は、承和九年（八四二）の嵯峨上皇の死を期して一挙に表面化した。いわゆる承和の変である。七月十五日に上皇が没すると、二日後の十七日、春宮坊の帯刀伴健岑・但馬権守橘逸勢ら謀反のことが発覚、関係者が逮捕された。二十三日には皇太子恒貞親王が廃され、恒貞親王に娘を入れていた大納言藤原愛発が追放、中納言藤原吉野・春宮大夫文室秋津が左遷された。二十八日には橘逸勢が伊豆、伴健岑が隠岐に配流され、このほか春宮坊官人の配流は六十余人に及んだ。八月四日、良房の女明子の嫁す道康親王が代わって皇太子に立てられた。淳和天皇系の官人のほとんどが追放され、それは一つの院宮王臣家の消滅を意味していた。

この事件の真相は明らかでない。『続日本後紀』によれば、事件の発端は十七日、弾正尹阿保親王（平城天皇の皇子）が書を嵯峨太皇太后（橘嘉智子）にたてまつったことであった。それによると、十日に伴健岑が阿保親王のもとに来て、皇太子を奉じて東国に入りたいという旨を述べた、ということであった。そこで嘉智子は良房に緘書を賜い、この旨を伝送させたという。おそらく嵯峨上皇の死に危機を感じた春宮坊官人の間に何らかの動きがあり、それを仁明側の良房らが察知したのであろう。良房はそれを巧みに利用し、皇太子の廃立を実現したのではないかと思われる。

表10　藤原良房関係年表

西暦	歴代	年号	事　　項
794		延暦 13	平安京へ遷都
803		22	藤原良房，冬嗣の二男として誕生．母は藤原真作の女尚侍美都子
810	嵯峨	弘仁元	藤原冬嗣らを蔵人頭とする／平城上皇の変
823		14	嵯峨天皇譲位／淳和天皇即位
825		天長 2	良房，蔵人となる（22 歳）
826	淳和	3	藤原冬嗣没
828		5	良房，従五位下に昇叙（25 歳）
833		10	良房，蔵人頭となり従四位下に昇叙（30 歳）
834		承和元	良房，参議左近衛中将となる（31 歳）
835		2	良房，権中納言となり（7 人に超越）従三位に昇叙（32 歳）
840		7	淳和太上天皇没／良房，中納言となる（37 歳）
842		9	正.7 良房，正三位に昇叙（39 歳）／7.15 嵯峨太上天皇没／7.17 承和の変／7.23 皇太子恒貞親王廃位．大納言藤原愛発・中納言藤原吉野らを追放・左遷／7.25 良房大納言・右近衛大将となる／7.26 春宮坊官人を処分．配流 60 余人／7.28 橘逸勢・伴健岑を配流／8.4 道康親王立太子
844	仁明	11	仁明天皇，冷然院の太皇太后に朝覲行幸／大納言藤原良房，文章博士らに嵯峨太上天皇の遺誡の解釈につき意見を問う
845		12	尾張浜主，龍尾道上にて和風長寿楽を舞う
846		13	仁明天皇，冷然院の太皇太后に朝覲行幸
848		嘉祥元	良房，右大臣となる（45 歳）
849		2	良房，従二位に昇叙（46 歳）／仁明天皇 40 の算賀．興福寺大法師ら天皇の算を賀し長歌を献上
850		3	仁明天皇，冷然院に朝覲行幸／良房の女明子，惟仁親王（清和天皇）を生む／仁明天皇没．良岑宗貞（遍照）出家／文徳天皇即位．惟仁親王立太子（生後 9 月）／太皇太后橘嘉智子没
851		仁寿元	良房，東都第にて先皇のために法華経を講じる／良房と妻源潔姫に叙位．良房，正二位に昇叙（48 歳）
853	文徳	3	文徳天皇，良房の第に幸し桜花を観賞
854		斉衡元	右大臣良房，左近衛大将となる（51 歳）
857		天安元	良房，太政大臣となる（54 歳）
858		2	文徳天皇没．清和天皇践祚．天皇の外祖父たるにより太政大臣良房に従一位を授ける（55 歳）
859		貞観 3	皇太后藤原順子，良房の東京染殿第に宴する
863		5	神泉苑に御霊会を修する／清和天皇，良房 60 算賀の宴を内殿に行う
864		6	清和天皇元服（15 歳）／天皇良房の東京染殿第に行幸し桜花を観る
866	清和	8	天皇また良房の東京染殿第に行幸し桜花を観る／応天門の変．伴善男・紀夏井ら配流／良房，勅により天下の政を摂行（63 歳）／藤原基経，7 人を超え中納言に昇任
869		貞観 11	『貞観格』成る／藤原良房・春澄善縄，『続日本後紀』を撰進
870		12	基経，大納言に昇任

このように承和の変は、皇族・貴族層内部の対立が激化し、それが嵯峨上皇の死をきっかけに爆発したものと思われるが、ここで良房が積極的な役割を果たしたことは否定できない。これによって良房の覇権は決定づけられ、王権に密着し、姻戚関係を通じて天皇の権能を自己の家父長的支配の中に包摂した藤原北家が、以後その権力を確立していくことになる。

嵯峨太上天皇の家父長的支配を引き継ぐかたちで藤原北家の覇権が確立したのは、どういう理由によるのだろうか。桓武天皇・嵯峨天皇は後宮に多くの女性を擁し、多くの皇子・皇女が生まれた。これは強い天皇権力の象徴ではあったが、特権的な貴族層にとっては、王権が多くの皇子・皇女に拡散されることになり、好ましいことではなかった。彼らは親王や源氏を含め、婚姻関係を通じて相互の結びつきを強めていた。そうした彼らにとって、嵯峨皇女の配偶であり、皇子の外祖父である良房は、嵯峨上皇の死後の宮廷の不安定な状況を克服する上での拠りどころとなったのではないかと思われる。こうしたなかで良房は、源氏などの王氏や藤原氏の諸家、橘・紀・伴などの諸王臣家を抑え、強固な意志と積極的な活動によって、藤原北家の専権を確立していくことになる。

3　承和の変後の政治

承和九年（八四二）、承和の変の八日後、藤原良房は大納言に昇任した。

翌十年、冬嗣の死後長らく政権の首座にあった左大臣藤原緒嗣が老齢により辞任・死没し、十一年には源常が左大臣、太皇太后橘嘉智子の父氏公が右大臣となった。同十四年の氏公の死後、翌嘉祥元年（八四八）には良房は大納言から右大臣に昇進した。承和の変後の仁明朝後半の政治は、こうして藤原北家の良房・良相と、嵯峨上皇の遺子の源常・源信・源弘らとによってになわれたが、それを主導したのは右大臣の良房であった。良房の権勢の前に官人が萎縮し、「物言へば唇寒し」の雰囲気が生み出されていたことも考えられる。またこうしたなかで、嵯峨・淳和朝に活躍した文人的人物は、急速にその地歩を失っていった。

『秘府略』一千巻を編纂した滋野貞主《しげののさだぬし》は、淳和天皇の皇太子時代に東宮学士を勤め、淳和朝から仁明朝にかけて諸国の国司や八省の卿・大輔を歴任し、承和の変直後の九年七月、良房が大納言になったのと同日に参議となった。文人系の官人の代表であった。『文徳実録』仁寿二年二月乙巳条の伝によると、その貞主は承和十二年（八四五）、参議として「便宜十四事」を陳べたが、「事多く載せず、議亦行はれず」、太政官で議されることがなかったという。また嘉祥二年（八四九）には上表して大宰府官人の不正多きことを指摘し、大宰少弐小野恒柯《おののつねえだ》と筑前守紀今守とが対立し、官人の不正が正されていないことを述べたが、「言詞切直なれども、黙止して省みられず」、黙殺されてしまったという。

当時九州では、博多を中心に中国・朝鮮・渤海との貿易の利権をめぐって院宮王臣家の暗躍が著しかったが、おそらく貞主はその動きを指摘し、取り締まりの強化を要請したのであろう。それが受け入れられなかったのは、筑前守紀今守が良房の腹心であり、また良房自身を含め、それが王臣家の利害に関わるものであったためと思われる。

同じくこの時期、承和十年（八四三）に起こった文室宮田麻呂の配流事件も、当時の東アジア情勢、また博多を中心とする対外関係と密接に関わる事件であった。この事件と良房との関係についても、良房の編纂になる『続日本後紀』にはなんら記すところがない。宮田麻呂の京および難波の宅から多量の兵具が発見されたことが謀反の直接の理由とされるが、ここにも外交の利益をめぐる王臣家相互の争いがあり、良房もそれに関与していた可能性があろう。

4　文徳天皇と良房

嘉祥三年（八五〇）三月二十一日、仁明天皇は四十一歳で没した。この日、皇子宗康親王と源多とが出家、二十八日には「先皇の寵臣」である良岑宗貞（遍照）も出家した。翌仁寿元年（八五一）二月には常康親王、先帝の女御である藤原貞子も出家した。天皇の近親や寵臣があいついで出家したことは、一つの時代の終わりをそこに感じたためと思われる。

嘉祥三年四月十七日、皇太子道康親王が即位して文徳天皇となった。道康親王は仁明天皇の長子で母は藤原冬嗣の女順子、良房の妹である。承和九年（八四二）七月、承和の変で恒貞親王が廃位された後をうけて皇太子となった。同年三月二十五日、仁明天皇の死の直後、良房の女、中宮藤原明子は、文徳天皇の皇子惟仁親王（清和天皇）を生んだ。親王は同年十一月十五日、生後九か月で皇太子に立てられた。良房は将来の天皇の外戚の地位を獲得したことになる。

仁明天皇と良房との関係は大変良好であった。それに対し、文徳天皇との関係はあまり良くない。天皇は承和九年の立太子のときに十六歳、嘉祥三年の即位のおりにはすでに二十四歳であった。そしてこの年、良房の女明子が惟仁親王を生み、早々に皇太子に立てられたのだから、天皇にとっては早い譲位を迫られる状況となったわけである。

『三代実録』清和即位前紀には、惟仁親王の立太子時に、「大枝を超えて　走り超えて　躍りあがり超えて　我や護る田にや　捜り食む鴫や　雄々い鴫や」という「三越の謡」が流行したと伝えている。文徳天皇には惟喬《これたか》親王・惟条《これえだ》親王・惟彦《これひこ》親王・惟仁《これひと》親王の四人の皇子があったが、生まれたばかりの惟仁親王が三人の兄をさしおいて皇太子に立てられたことを諷したものである。

目崎徳衛は『貞信公記抄』の逸文かと思われる『大鏡裏書』の記事により、文徳天皇は長子惟喬親王の才を愛し、惟喬親王をまず即位させ、惟仁親王の成長を待って皇位を譲らせようと考えたが、惟喬の父紀名虎《きのなとら》が承和十四年（八四七）に没したため、親王はその後ろ盾を失ってしまったものと推測している。(1)

仁寿元年（八五一）十一月、良房は従二位から正二位に昇叙、その夫人源潔姫も正四位下から従三位に昇叙された。その後、斉衡元年（八五四）に左大臣源常が没すると、良房は右大臣で政権の筆頭となり、さらに三年後の天安元年（八五七）二月、良房は太政大臣となり、源信が左大臣、良房の弟の良相が右大臣となった。太政大臣への任命は八世紀の恵美押勝・道鏡以来の異例のことである。

良房を太政大臣とすることを述べた詔で天皇は、良房のいま帯びている左大臣という官職は先帝の賜わったもので、自分としては良房の多年の輔弼の功に対してまだ十分に酬いることをしていない。そこで特に太政大臣の官につけるのだ、と述べている。しかしそれ以上にこの時点で良房を太政大臣につけるという異例の措置についての積極的な意図が述べられているわけではない。目崎徳衛は、それが文徳天皇による積極的・自発的殊遇であったとは考えられないと述べている。(2)

承和の変後の仁明朝後半期から文徳朝にかけての政治は、当時の社会の変動に対する積極的な対応に欠け、新たな方策を打ち出すことがなかった。この時期、風水害にともなう飢饉が起こり、仁寿三年（八五三）には疱瘡が流行し、京中には盗賊がしきりに起こった。国司による私富の追求、郡司・土豪と国司の対立が武力の行使にも至り、天安元年（八五七）には対馬嶋守の殺害事件も起こった。他方では王臣家が富裕農民層と結び、私的な土地・人民支配を進めていった。

文徳天皇は最初東宮雅院にあり、仁寿三年（八五三）には梨下院《なしもとのいん》、さらに斉衡元年（八五四）には宮外の冷然院《れいぜいいん》へと移り、「新成殿」を造営してここに住んだ。『三代実録』貞観十三年（八七一）二月十四日条には、仁寿以降この日に至るまで、天皇が紫宸殿に御して政を聴くことは絶えて無かったという。これは天皇が良房と対立し、親政への意志を放棄したことを示すと考えられる(3)。

5　清和天皇の即位

天安二年（八五八）八月、文徳天皇は三十三歳の若さで冷然院新成殿に急逝した。「天皇倉卒に不予のことあり。近侍の男女、騒動精を失ふ」という容態の急変であった。

天皇の死後、皇太子惟仁親王が九歳で践祚し、十一月には即位して清和天皇となった。外祖父の良房は幼少の天皇に代わり、太政大臣として万機を総攬した。『大鏡裏書』や『公卿補任』には、良房は十一月七日に宣旨によって摂政となったとするが、『三代実録』にはそのような記述はない。幼少の天皇の擁護者として、家父長として天皇の政務を背後にあって支えるという役目をになったのであろう。

文徳天皇の突然の死は、良房にとってもおそらく偶然の変事だったのではないかと思われる。九歳という幼帝の出現は、それを護持する者にとっては大きな危機であり、良房を初めとするその近親者は、幼帝の擁護に腐心した。清和天皇は即位当時東宮雅院にあったが、母藤原明子も天皇元服の翌貞観七年まで東宮雅院にあった。即位後の一時期には、祖母藤原順子も東宮にあった。

良房は幼少の天皇に対し、求心性を賦与することに努力した。貞観四年（八六二）に出されたいわゆる貞観の新制は、その一つである。天皇即位の初めにあたっていくつかの新しい政策を発表し、それによって政治的指導者としての新帝の存在を人々に知らしめようとする政策は、以後の「新制」の初例となった。

この年政府は、参議以上の官人に時政の是非を論じさせ、官人らはこれに対し、国政の良否はその人を得るに待つとして、学者や僧侶、さらには現実に地方政治に当たっている、良吏とされる人々の意見を聞くべきであるとした。ここで推挙されたのは、山城守紀今守、伊予守豊前王、大宰大弐藤原冬緒、大和守弘宗王らであった。

これらの人の意見にもとづき、政府は同年、畿内諸国に対し、官稲の出挙をやめて代わりに田租を倍徴し、一方雑徭の日数を軽減して公私の窮乏を防ごうとした。しかしこの新制は、貞観六年に至り、紀今守の上言により、かえって正税の消費、田租の未進、民の疲弊を招くものとして廃止され、成功しなかった。

貞観六年（八六四）正月、清和天皇は十五歳で元服した。天皇元服直後の同年二月、良房は自邸染殿第に天皇を迎え、盛大な桜花の宴を催した。同じ桜花の宴は、同八年閏三月にも催された。ここでは伶人・文人による歌舞・賦詩のほか、天皇みずから弓を射、郡司百姓が耕田の礼を行い、京中貧窮者へは新銭を頒給し、近京諸寺においては金剛般若経・般若心経の転読を行わせるなど、王公・貴族のみならずあらゆる人々に天皇の元服を知らせ、その地位の擁護をはかったことを知ることができる。

6　応天門の変と良房の摂政

貞観八年（八六六）閏三月、染殿第での桜花の宴のわずか九日後の同月十日の夜、朝堂院の南門である応天門に火災が発生し、応天門と棲鳳・翔鸞両楼とを焼いた。八月三日に至り、大納言伴善男・右衛門佐伴中庸《なかつね》らが共謀して放火したとの密告があり、同七日には伴善男が勘問を受け、九月二十二日には伴善男・伴中庸ら五人が遠流に処せられた。肥後守紀夏井が土左国に配されるなど、伴・紀氏を中心に縁坐配流される者八人、善男の田宅私財は没官されて内蔵寮に付せられた。

この変に良房が関与したということは、果たしてありうるのだろうか。

貞観六年（八六四）の天皇元服直後のこの時期は、平安宮内では諸殿の改修がさかんに進められていたと考えられる。貞観六年の元服の翌年八月、天皇はそれまでの東宮から内裏へと移り、仁寿殿をその居所とした。同八年十一月には、母皇太后明子も東宮から内裏常寧殿へと移っている。染殿第での桜花の宴の直後、このような状況のもとに起こった事件は、やはり良房にとっては不慮の事件であったと見られよう。

この変と関連して注目されるのは、この変を機に、政権の中枢にある多くの貴族が政権から離脱したことである。院宮王臣家の盛衰という点では、承和の変に匹敵する影響を政界に及ぼした事件であったと言えよう。

嵯峨源氏の源信は良房に次いで左大臣の地位にあったが、伴善男から信・融・勤の三兄弟が共謀して反逆を企んでいるとの風聞を立てられ、所有する駿馬や従者を天皇に献上して罪なきを示し、謹慎の生活に入った。しかし変後の貞観十年（八六八）閏十二月、摂津国で狩猟中に不慮の死を遂げた。

良房の弟の右大臣藤原良相も、善男とともに信の家を囲むことに加担したらしく、八年十二月辞表をたてまつり、九年十月に没した。このような状況を見ると、当時の太政官の中枢部は良房のみが隔絶した存在であり、他の公卿は相互に連帯を欠き、良房の顔色を窺って互いに疑心暗鬼の状態であったことが推測される。

事変直後の貞観八年（八六六）八月、太政大臣良房は六十三歳で勅により天下の政を摂行した（摂政）。今まで幼少の天皇に対して行ってきた輔弼の任を、天皇が元服した後も行うことを命じたものと思われ、応天門の変という朝廷の大事にあたり、それを明確にする必要からなされたものであろう。

ここで注目されるのは、良房の養子基経の急速な官途の昇進である。良房には明子のほかに子がなく、兄長良の子基経を猶子とした。基経が良房の猶子となったのは、基経が叙爵した仁寿四年（八五四）以前のことかと推測される。(4)

基経は貞観六年（八六四）左中将従四位下で参議となり、八年、従四位上・正四位下、応天門の変後の同年十二月には天皇の手勅によりさらに従三位へと昇叙し、七人を超えて中納言となった。この年基経は三十一歳。七人の超越は義父良房の先例によったものである。この後貞観九年には右大臣藤原良相・大納言平高棟、同十年には左大臣源信があいついで没し、十二年には基経は大納言へと昇任した。こうして応天門の変後は、良房と基経、ことに基経の力が朝廷を動かすようになっていったものと考えられる。

貞観十年（八六八）には、清和天皇に皇子が誕生した。良房は清和天皇の配偶者たるべき女子に恵まれず、兄長良の女で基経の妹に当たる高子を天皇の妃とした。天皇の七歳年上である。高子は十年十二月に皇子貞明《さだあきら》を生み、貞明は翌年二月、生後三か月で皇太子に立てられることになった。基経の昇進といい、皇嗣の誕生といい、良房は次の時代への布石を着々と打ったことになる。

7 藤原良房の死と清和天皇の譲位

貞観十三年（八七一）四月、清和天皇はこの年六十八歳を迎えた良房に封戸三千戸を賜わった。良房はこれを辞したが、「頽齢漸く暮れ」なんとしている良房に今加異の章を崇める必要があるとの天皇の考えに出るものであった。翌十四年春、良房は京中に流行していた咳逆にかかり、二月十五日、内裏内の直盧を出、療病のため東一条の私第に戻った。得度・大赦が行われ、八月二十五日には大納言源融を左大臣、藤原基経を右大臣とし、二十九日には基経を左大将、大納言藤原常行を右大将に任じて変事に備えた。九月二日、良房は没した。六十九歳。正一位を贈られ、美濃国に封じられ、忠仁公と諡された。

応天門の変後の貞観期後半は、天候の不順、諸種の災害の頻発した時期であった。貞観六年（八六四）には富士山、七年には阿蘇山、九年には豊後国の鶴見岳があいついで噴火し、十一年には陸奥国に大地震が起こって津波が発生し、多くの死者を出した。十三年には出羽の鳥海山が大噴火してこれに追い打ちをかけ、十六年には薩摩の開聞岳も噴火した。気候の不順による不作で京中の米価は騰貴し、瀬戸内海などでは海賊が発生、九州では新羅海賊の襲来が頻発するなど、地方政治の混乱・動揺は著しかった。

しかしこの時期はまた、法典や史書の編纂、銭貨の鋳造などの国家的事業が次々とその完成を見た時期でもあった。貞観十年（八六八）には『新定内外官交替式（貞観交替式）』が施行、翌十一年には『貞観格』が施行、十三年には『貞観式』が撰進、十七年には『左右検非違使式』が撰進された。現存する『儀式』十巻もこの時期に編纂されたものと考えられる。貞観十一年には仁明天皇一代の歴史書である『続日本後紀』二十巻が藤原良房・春澄善縄によって撰進され、翌十二年には「貞観永宝」が新鋳された。これらの事業の多くは、自分の在世中に形あるものにしておきたいとする藤原良房の意志と、その意志を忖度し事業の推進をはかった清和天皇や基経の力によって実現したものであろう。

良房の死の四年後、貞観十八年（八七六）十一月、清和天皇は皇太子貞明親王に譲位した。天皇はまだ二十七歳の壮年であったが、みずからの例に倣い、この年九歳に達した皇太子に譲位したのである。皇太子は翌元慶元年（八七七）即位し、陽成天皇となった。

清和天皇の在位は十八年に及んだが、この間天皇がどれほど政治にその主体性を発揮しえたのかは疑問である。良房の家父長としての保護のもとにあって、ほとんどその主体性を育むことのないまま、良房の死に至ったというのが事実ではあるまいか。

貞観十三年、変によって焼失した応天門が再建された。しかし良房の死後、十六年四月には淳和院、翌十七年正月には冷然院があいついで火災し、さらに十八年四月には大極殿が火災、周囲の諸堂や回廊などにも延焼した。良房の死によって自信を失った天皇は、こうしたなかで譲位の意志を固めていったものと思われる。

清和上皇は譲位二年後の元慶三年五月落飾入道し、翌四年十二月、三十一歳で没した。山岳に修行し、我とわが身を滅ぼすような苦行を重ねたと『三代実録』は記している。

清和天皇の譲位、陽成天皇の践祚とともに、藤原基経が摂政となった。基経は清和朝に官人として幼帝の治世を体験し、かねて皇権のありかた、藤原氏による輔弼の体制について、自己の識見を形成していたものと思われる。やがて元慶八年（八八四）、基経は陽成天皇と対立し、天皇を廃位へと追いこむことになった。

8　摂関政治体制の形成と藤原良房

摂関政治体制の形成のうえで、良房の果たした役割は大きい。それはいくつかの面で指摘することができる。

その第一は、藤原北家による政権独占の体制を確立したことである。良房はいくつかの政変のたびごとに、自己と対立する諸勢力を政界から駆逐していった。承和の変における藤原愛発や吉野、伴健岑・橘逸勢、文室宮田麻呂、応天門の変における伴善男など、いずれも配流・左遷によってその地位を追われ、田宅私財を没官された。それは事実上一つの王臣家の滅亡、経済的基盤のとり潰しを意味していた。その高圧的な政策はまた他の貴族たちに対する無言の圧力となり、良房の専権を容易にしたものと思われる。

第二には、獲得した種々の特権を集積し、摂関家という一つの権門を創出したことが挙げられる。良房には祖不比等の「淡海公」にならって「忠仁公」の諡号が贈られるが、これは以後「昭宣公」（基経）「貞信公」（忠平）と、藤原氏の太政大臣に贈られる諡号の最初となった。年官・随身兵仗（内舎人・近衛・兵衛）・封戸を三宮（太皇太后・皇太后・皇后）に準じて賜わることも（「准三宮」）、良房がその初例を開き、以後「忠仁公の例（故事）」として慣例化された。良房という一人の有力貴族に対する異例の優遇措置が先例となり、それが既成事実化していく様相を見ることができる。

官途の昇進の上でも、特権貴族に有利な昇進過程がこの時期に形成された。良房は蔵人頭から左近衛中将を経て参議となり、中納言・大納言へと進んだが、これは基経に継承された。基経のたどった侍従→兵衛佐→近衛少将→近衛中将→参議（中将兼帯）→中納言（大将兼帯）という昇進コースは、以後十世紀にかけて公卿の子弟がたどる典型的な優遇コースとなった。摂関の子弟の昇進のために他の官人が職を辞し、道を開けるような事例も多く見ることができる。(5)

良房はこうして自分の対抗勢力を政界から駆逐し、天皇の外戚としての地位を独占して、摂関家という権門の基礎を築くことに成功した。しかし国制の上では、外戚としての藤原氏が天皇を補佐する体制を確立したとは言えなかった。

良房は天安二年（八五八）、清和天皇の即位にあたって太政大臣として幼少の天皇の政務を補佐し、天皇の元服後、貞観八年（八六六）の応天門の変にあたり、勅によって天下の政を摂行した。天皇の外祖父による後見の制は子の基経にも継承されたが、成人後の天皇に対する政務輔弼の任は、万機関白の詔によって天皇の代ごとに保証されるものであり、法的に不安定な面を有していた。その点を強く認識していたと思われる基経は、宇多天皇との間のいわゆる「阿衡の紛議」を通じて関白の法的権限を明確にさせた。この後、幼主擁護の体制が充実し、北家による皇権を囲いこむ体制は強化されていくが、しかし偶然的な要素に依存する摂関政治の不安定な体質はその後にも残されていった。(6)

坂本太郎は、「藤原良房と基経」の論文で両者を対比し、その人物と業績とについて論じている。(7) 坂本は良房について、天賦の才を持ちつつも一面幸運な人であったとし、良房の栄達の理由として、㈠嵯峨天皇の寵愛を受け、その皇女に嫁したこと、㈡ただ一人の子が女子であり、それが文徳天皇の後宮に入り、皇子を生んだこと、㈢猶子基経が器量に優れ、その遺業を継いだこと、を挙げ、良房は六十九歳の長寿を保ち、後顧の憂いなくバトンを基経に託したと評している。

国史の記述を見る限りでは、良房は一見平々坦々とした道を歩んだかに見える。しかし『続日本後紀』の編者が藤原良房本人とその信任厚い春澄善縄とであり、『文徳実録』が藤原基経、『三代実録』が藤原時平であることを考えれば、良房の政権掌握に至る過程には実際にはさまざまな軋轢が存在し、国史の記事がそれを隠蔽している可能性は十分に考えられよう。しかし重要な事件にあたって的確に状況を判断し、果断にことを処置していることは十分に察せられるのであり、良房がただの幸運児でなかったことは明らかである。

二　藤原良房と国風文化

藤原良房の生きた時代は、文化史的にはまた唐風文化から国風文化への大きな転換期に当たっている。国風文化の形成に、良房はどのような役割を演じたと見られるのだろうか。

1　「くにぶり」と和歌の復興

承和九年（八四二）のいわゆる承和の変は、良房が政治的権力を確立していく上での大きな一歩となったが、変後の仁明朝後半期には、文化的にも新しい動きが現れる。

その第一は、漢詩文盛行のなかで起こった和歌復興の動きである。承和十二年、百十三歳の尾張浜主は大極殿の竜尾壇上で和風の長寿楽を舞い、仁明天皇の前で「翁とて侘びやは居らむ草も木も栄ゆる時に出でて舞ひてむ」と詠じた。尾張氏は天武朝以来国風の奏上などで宮廷に奉仕してきた氏であるが、ここでの浜主の「翁とて侘びやは居らむ」という思いとは、唐風文化の花咲く世に、おのれもその伝える芸能をもって加わりたいという、伝統的旧氏族の思いを代表したものだったであろう。

嘉祥二年（八四九）、仁明天皇四十の賀にあたり、奈良興福寺の大法師らが上京して三一〇句に及ぶ長大な和歌を奏上したことも、よく知られている。『続日本後紀』は和歌の全文を載せ、「それ倭歌の体、比興を先となす。人情を感動せしむること、最もここに在り」と、漢詩文に対して人間の感情に重きを置く和歌の優位を主張している。『続日本後紀』編纂の中心人物は藤原良房であり、興福寺の大法師らは良房の家を宿所としていた。良房がこの時期の和歌再興の動きに共感し、それを支持する立場にあったことは明白である。仁明天皇没後の仁寿元年（八五一）三月、良房の染殿第で催された天皇を偲ぶ桜花の集いでは、公卿大夫らはあるいは詩を賦して懐を述べ、あるいは歌に和して逝くを歎いた（『文徳実録』）。ここに「賦詩」と「和歌」とが対等に扱われていることも、注目されるところである。(8)

和歌は唐風文化の試練を受けて新たな展開を見せ、やがて在原業平や遍照ら、いわゆる六歌仙の時代を迎えることになる。しかし和歌が宮廷にその地位を確立するのは光孝朝以後のことであり、良房全盛期の清和朝のことではない。川崎庸之は、清和朝の和歌は、仁明天皇の死後出家した良岑宗貞（遍照）らのように、宮廷とは離れた「わび人」によってになわれていたと推測している。(9)目崎徳衛はこのような理解に否定的であるが、(10)いずれにしても清和朝においては、幼主たる清和天皇にも、またパトロンである良房自身にも、宮廷歌壇をリードするだけの求心力には欠けるところがあったと見られよう。

2　呪術的世界の復権

承和の変後の仁明朝後半期は、呪術的世界の復権という点においても注目される。儒教的合理主義の立場から怨霊思想を否定した嵯峨上皇は、承和九年（八四二）の死にあたり遺詔して薄葬を命じ、「世間の事、物恠あるごとに祟りを先霊に寄す。これ甚だ謂れなし」と述べたが、この遺誡への対応をめぐって官人の間では困惑が生じた。「卜筮を信ずること無く、俗事に拘ること勿れ」との語が、神祇官の職務としての卜筮の結果を用いるべきか否かの議論を呼んだのである。

承和十年、上皇周忌の斎会の期日をめぐって議論が生じた。嵯峨の本来の忌日は七月十五日であるが、その日は太皇太后橘嘉智子と天皇の本命日に当たり、凶事を避けるべきなので、前日の七月十四日に斎会を行うとしたところ、嵯峨皇子の中納言源信・参議源弘らが上皇の遺誡の趣旨に反すると異議を唱えた。仁明天皇はこれを決しかね、大納言藤原良房に勅して公卿と議定させた。その結果、遺誡に言うところの「俗事」とは「郷曲忌むところの細事」であり、「朝家行ひ来たれる旧章」を指すものではないとして、前日の十四日に行うことに決したのであった。

翌承和十一年八月、先霊の祟りを重んずべきか否かの問題をめぐっての決着がはかられる。大納言藤原良房は、文章博士春澄善縄・大内記菅原是善らに対し、上皇の遺誡を改めるべきか否かを諮問した。博士らはこれに対し、君子は考うるに義をもってすべきであり、君父の命も宜しきを計りて取捨すべしと答申し、これに従うことに決したのである。

この事件は、藤原良房が朝廷の旧慣を盾とし、嵯峨上皇の遺志を否定して上皇の影響力の排除に成功したもので、良房の大権掌握の上で大きな意味を持つ事件であったと理解されている[11]。この事件は同時に、政治思想や官人意識の上でも大きな転換を示すものであった。呪術や祈禱といった行為の否定から容認へ、「怪力乱神を語らず」という儒教的合理主義からの後退がこれ以後急速に進んでいく、そのきっかけになったと考えられるのである。

嵯峨天皇の時代における宮廷の急速な唐風化は、儀礼や服装の面にとどまらず、官人の意識の上にも大きな変革を及ぼし、社会に広く存在していた呪術的な意識を希薄化させ、各種の呪術的な風習を消滅させる結果をも生んだ[12]。しかしそうした急進的な唐風化は、官人層のあいだにかなりの反発を生んだとも思われる。伏流として存在していたそのような反動が嵯峨上皇の死とともに噴出したのであり、そうした古い呪術的意識の復権の動きを主導する役割を演じたのが藤原良房であったと考えられる。

呪術復権の動きを推進した一人は、文章博士として良房の信任厚い春澄善縄であった。善縄は『三代実録』の伝にあるように超自然的な霊威を極端に恐れる人物で、仁明天皇に『荘子』を講じるなど老荘思想に傾倒し、仁明天皇もまた老荘思想に関心をもち、疾病と服薬のことに深い関心を抱いていた。

超自然的な霊威への依存は、良房政権のもとでいよいよ強まった。密教の加持祈禱が盛行し、良房は円珍の渡唐にあたり、皇太子惟仁親王（清和天皇）の安泰を祈願すべく莫大な資金を援助した[13]。そして清和朝の貞観五年（八六三）五月には、疾病流行への祈禱に対する報賽のため、御霊会が神泉苑で盛大に執行されるに至る。それは、嵯峨天皇が「恠異のこと、聖人語らず」と語ってからほぼ半世紀のちのことであった。

「孝」の思想が強調されたことも、この時期の特徴である。嵯峨上皇による宮廷支配の強まるなかで、家父長制的秩序が君臣秩序に優先する傾向が生まれた。これは、摂関による宮廷支配を合理化する思想としても有効であった。嘉祥三年（八五〇）正月、仁明天皇が冷然院に朝覲行幸し、北面して母太皇太后橘嘉智子を拝したことについて、

『続日本後紀』は、「天子の尊、北面して地に跪《ひざまづ》く。孝敬の道、天子より庶人に達すとは、誠なるかな」と、天皇の行動を賛美している。本来南面すべき天命思想のもとでの天子のありかたよりも、ここでは父母に対する「孝敬の道」が優先され賛美されているのである。踰年改元が一般化し、孝経の講説が盛行し、清和朝の貞観二年（八六〇）には、それまでの古文孝経に代えて唐玄宗勅撰の『御注孝経』が採用された。『続日本後紀』や『文徳実録』には孝子・孝女の表旌に関する記事も多い。嘉祥二年の仁明天皇四十の算賀、貞観五年の藤原良房六十の算賀など算賀の盛行も、長寿を願いそれを賛美する、老荘思想との関わりの深い事象であると考えられる。(14)

3 舞台としての染殿第

藤原良房の文化的活動の中心となったのは、左京の染殿第であった。染殿第は平安京の東北の隅に位置し、鴨川を望む風光明媚の地で、桜の美しさをもって知られていた。

桜の美しさを愛でることが貴族のあいだに高まりを見せたのは、仁明朝であった。そしてその動きの中心にあったのは、仁明天皇自身と良房とであった。(15)

先に述べたように、清和天皇の元服にあたり、貞観六年（八六四）二月、良房はこの染殿第に天皇を迎え、盛大な桜花の宴を催した。多くの官人の見守る前で天皇は弓を射、また東の垣の外では山城国の郡司百姓らが耕田の礼を行った。染殿第への行幸は二年後にも行われ、ここでも天皇の弓射、耕田のさまの天覧のほか、京内貧窮者への新銭と飯の賑給、近京四十三寺での金剛般若経・般若心経の転読が行われた。これらの行事を通じて、良房は成人した天皇の存在を広く人々に印象づけ、天皇と王公・官人との一体感を醸成し、その求心力を高めようとはかったものと思われる。

染殿第は良房の政治的活動の拠点であるとともに、淳和院・冷然院、宇多天皇の亭子院などに匹敵する文化的活動の拠点でもあった。良房の文化的活動の特質を明らかにすることは難しいが、宮廷を中心とする天皇中心の文化活動とは異なる特色を持つものであったことは推測される。

染殿第での桜花の宴と同時期の貞観五年（八六三）五月、神泉苑では疫病流行への祈禱への報賽としての御霊会が盛大に行われた。雑伎・散楽、騎射・相撲など各種の民間の風習・芸能が取り入れられ、門を開いて平安京の市民にも解放された。この国家的行事の企画にはおそらく良房が深く関与しており、その意志が反映していると思われる。

藤原良房はまた、天台宗と藤原北家との結びつきを強め、天台仏教の擁護者として大きな役割を果たした。良房が仁明朝以後、文徳・清和両天皇の時期の宮廷文化を領導し、積極的な役割を演じていることは否定できない。清和朝の貞観年間には、貞観寺などの御願寺の造立、全国諸社への神階奉授、石清水八幡宮の勧請、貞観儀式の制定など、このほかにも文化的に注目される事象が多い。良房の事績にはとかく謎がつきまとうが、これらの事象と良房との関わりについては、なお検討していくべきことが少なくないと思われる。

注

（1）目崎徳衛「惟喬・惟仁親王の東宮争い」（『日本歴史』二一二、一九六六年一月）。
（2）同「文徳・清和両天皇の御在所をめぐって―律令政治衰退過程の一分析―」（『貴族社会と古典文化』所収、吉川弘文館、一九九五年。初出は一九七〇年）。
（3）目崎徳衛「文徳・清和両天皇の御在所をめぐって―律令政治衰退過程の一分析―」（前掲）。
（4）坂本太郎「藤原良房と基経」（『坂本太郎著作集』第十一巻所収。吉川弘文館、一九八九年。初出は一九六四年）。
（5）笹山晴生「摂関政治体制の形成と近衛府上級官人」（『日本古代衛府制度の研究』Ⅲの第一、第二章。東京大学出版会、一九八五年）。

(6) 笹山晴生「平安時代の王権」(本書第一部第五章)。
(7) 坂本太郎「藤原良房と基経」(前掲)。
(8) 川崎庸之「文学史上の貞観期について」(『川崎庸之歴史著作選集』3、東京大学出版会、一九八二年。初出は一九六五年)。
(9) 川崎庸之「文学史上の貞観期について」(前掲)。
(10) 目崎徳衛「在原業平の歌人的形成」(『平安文化史論』所収、桜楓社、一九六八年。初出は一九六六年)、同「僧侶および歌人としての遍照」(同上所収。初出は一九六六年)。
(11) 遠藤慶太「『続日本後紀』と承和の変」(『平安勅撰史書研究』所収、皇學館出版、二〇〇六年。初出は二〇〇〇年、吉川真司編『平安京』(日本の時代史5、吉川弘文館、二〇〇二年)。
(12) 笹山晴生「唐風文化と国風文化」(本書第二部第三章。初出は一九九五年)。
(13) 佐伯有清『智証大師伝の研究』(吉川弘文館、一九八九年)。
(14) 笹山晴生「平安時代の王権」(本書第一部第三章)。
(15) 紫宸殿南庭の桜樹は、桓武天皇のとき以来植えられていた梅の木が承和年中に枯死したため、仁明天皇によって梅から桜に代えて植えられたものという(『古事談』六)。仁明天皇はかねて良房の染殿第の桜の美しさを聞き、それを見たいと望んでいたが、病のため急逝し、思いを遂げられなかった。良房はそれを恨み、天皇の死の翌仁寿元年(八五一)三月、染殿第に法会を営んだ(『文徳実録』)。良房の歌としてただ一つ『古今和歌集』に載せられるのが、

「染殿后(明子)の御前に、花瓶に桜の花を挿させ給へるを見て、よめる

年ふればよはいは老いぬしかはあれど花をし見れば物思ひもなし」

であり、良房にとって染殿第の桜は、まさに自分の栄華を象徴する意味を担っていたと思われる。

良房の孫として染殿第に生まれた清和天皇は、即位後は母明子とともに東宮雅院に住したが、貞観元年(八五九)七月条の『三代実録』によれば、ここにも桜樹が植えられていた。また良房の弟右大臣良相の右京の第も桜の美しさで知られていたらしく、貞観八年三月には清和天皇が行幸し、桜花を見ている。近年の発掘でこの良相第と見られる邸宅の遺構が発見され、苑池の遺構から仮名を記した墨書土器と木簡とが大量に出土し、注目を集めている。

あとがき

終わりにあたって、この書物に載せた九篇の論考について、その一覧を示せば以下の通りである。

第一部　平安初期の王権と武力

第一章　「兵衛と畿内の武力――平城宮西宮兵衛木簡の分析から――」

原題は「兵衛についての一考察――とくに畿内武力との関係をめぐって――」。青木和夫先生還暦記念会編『日本古代の政治と文化』所収。一九八七年吉川弘文館。

第二章　「検非違使の成立」

原題同じ。皇學館大学史学会講演会における講演。二〇〇三年十二月五日皇學館大学。『皇學館論叢』三七巻三号（二〇〇四年六月）に収録。

第三章　「滝口の武者――その武力をめぐって――」

原題同じ。第三十四回白山史学会大会における公開講演。一九九六年十一月三十日東洋大学。『白山史学』三三号（一九九七年四月）に収録。

第四章　「政治史上の宇多天皇」

原題同じ。第十九回学習院大学史学会大会における講演。二〇〇三年五月三十一日学習院大学。『学習院史学』四二号（二〇〇四年三月）に収録。
第五章「平安時代の王権」
原題同じ。二〇〇五年度日本歴史学協会総会における記念講演。二〇〇五年七月二十三日学習院大学。論文化して『日本歴史学協会年報』二二号（二〇〇七年四月）に収録。
第二部　史書の編纂と文化の動向
第一章「続日本紀と古代の史書」
原題同じ。『続日本紀』一（「新日本古典文学大系」12）解説。一九八九年岩波書店。
第二章「続日本後紀」
原題同じ。皆川完一・山本信吉編『国史大系書目解題』（下）所収。二〇〇一年吉川弘文館。
第三章「唐風文化と国風文化」
原題同じ。『岩波講座日本通史』第5巻（古代4）所収。一九九五年岩波書店。
第四章「藤原良房の史的位置――時代の転機に果たした役割――」
原題同じ。東京大学布施学術基金第十八回公開講演会における講演。二〇一〇年五月二十七日東京大学文学部。後半の一部は論文化し「藤原良房と国風文化」として『岩波講座日本歴史』月報に収録。二〇一五年一月岩波書店。

本書校正中の二〇一六年五月、私は突然脳梗塞の発作（小脳からの出血）に襲われ、以後七月末まで都内で入院生活を送った。幸いに大事を免れ、現在は自宅で療養を続けている。書物製作の最終段階でのこのような事故のため、所期に計画した刊行期日に変更を余儀なくされたが、こうして校正を終えるに当たり、三十余年の研究を一書として成しえたことに、ひとまず安堵している。また吉川弘文館編集部の堤崇志氏には、昨年刊行の『古代をあゆむ』と同様、多くの御尽力を賜わったことをあらためて感謝したい。

二〇一六年九月二十日

笹山晴生

平安初期の王権と文化（オンデマンド版）

Digital Publishing

2024年10月1日　発行

著　者　笹山晴生《ささやまはるお》
発行者　吉川道郎
発行所　株式会社 吉川弘文館
〒113-0033　東京都文京区本郷7丁目2番8号
TEL　03(3813)9151(代表)
URL　https://www.yoshikawa-k.co.jp/

印刷･製本　株式会社　デジタルパブリッシングサービス
URL　https://d-pub.sakura.ne.jp/

笹山晴生（1932～2024）
ISBN978-4-642-74632-8

著者略歴
一九三二年　東京都に生まれる
一九五五年　東京大学文学部国史学科卒業
一九六〇年　東京大学大学院文学研究科博士課程単位取得退学
東京大学教授、学習院大学教授などをへて
現在、東京大学名誉教授、文学博士

〔主要著書〕
『古代国家と軍隊』（中央公論社、一九七五年、講談社学術文庫、二〇〇四年）
『日本古代史講義』（東京大学出版会、一九七七年）
『日本古代衛府制度の研究』（東京大学出版会、一九八五年）
『奈良の都』（吉川弘文館、一九九二年）
『平安の朝廷』（吉川弘文館、一九九三年）
『古代をあゆむ』（吉川弘文館、二〇一五年）

平安初期の王権と文化

二〇一六年（平成二十八）十一月十日　第一刷発行

著　者　笹《ささ》山《やま》晴《はる》生《お》

発行者　吉川道郎

発行所　株式会社　吉川弘文館
郵便番号一一三―〇〇三三
東京都文京区本郷七丁目二番八号
電話〇三―三八一三―九一五一（代）
振替口座〇〇一〇〇―五―二四四番
http://www.yoshikawa-k.co.jp/

印刷＝株式会社 三秀舎
製本＝株式会社 ブックアート
装幀＝山崎　登

索　　引

人　　名

あ　行

か　行

さ　行

た　行

な　行

は　行

ま　行

や・ら・わ行

事　　項

あ　行

か　行

さ　行

た　行

な　行

は　行

ま　行

や・ら・わ行